中国社会科学院大学专项资助成果

满语文系列教材
朝克 主编

清代满语言文字研究概论

朝克 著

中国社会科学出版社

图书在版编目（CIP）数据

清代满语言文字研究概论 / 朝克著. -- 北京：中国社会科学出版社，2025.1. --（满语文系列教材）.
ISBN 978-7-5227-4586-2

Ⅰ. H221

中国国家版本馆 CIP 数据核字第 2024YV3745 号

出 版 人	赵剑英
责任编辑	单 钊
责任校对	韩天炜
责任印制	李寡寡

出　　版	中国社会科学出版社
社　　址	北京鼓楼西大街甲 158 号
邮　　编	100720
网　　址	http://www.csspw.cn
发 行 部	010-84083685
门 市 部	010-84029450
经　　销	新华书店及其他书店

印　　刷	北京明恒达印务有限公司
装　　订	廊坊市广阳区广增装订厂
版　　次	2025 年 1 月第 1 版
印　　次	2025 年 1 月第 1 次印刷

开　　本	710×1000　1/16
印　　张	18.5
字　　数	270 千字
定　　价	79.00 元

凡购买中国社会科学出版社图书，如有质量问题请与本社营销中心联系调换
电话：010-84083683
版权所有　侵权必究

前　　言

　　这是一本对清代满语及由清代传承的严重濒危满语口语研究进行概括性论述的教材，主要用于研究生教学。本教材更多地涉及20世纪80年代以后有关清代满语满文和清代历史文献资料所载语言文字、由清代传承的严重濒危满语口语研究的成果。同时，也涉及对相关教材、辞书、词汇集等成果的分析讨论。

　　本教材由二十一课组成。第一课阐述了清代满语同包括女真语在内的满通古斯语族语言的内部关系及其分类原理。第二课着重从清代满文研究、清代满语语音研究、清代满语教学课本及读本、清代满语虚字和接字及缀语、清代满文各类辞书与词汇集、清代满语成语研究、清代满译汉和满译蒙及汉译满或蒙译满等语言翻译技巧及方法、国外清代满语满文研究八个方面概括性论述了从清代到民国时期国内外对清代满语满文开展的各项研究工作，以及取得的学术成绩与成果。第三课到第五课，讲述了由清代传承的严重濒危满语口语语音、词汇、语法研究基本情况及其取得的学术成果。第六课概述了清代满文文字研究的情况。第七课论述了清代满文词典与词汇集的编写出版工作及其在此领域取得的学术成绩。第八课概述了清代满文文献资料的翻译注释及学术研究工作。第九课讨论了清代满语满文使用关系和特殊用语及地名研究。第十课分析了清代满文文献资料的考证与分析研究及其成就。第十一课讨论了清代满文历史文献资料的综合性研究。第十二课概述了清代满语书面语教材及其编辑工作。第十三课和第十四课阐述了清代满语满文同满通古斯语族语言在语音、词汇、语法等方面的共性及区别。第十五课讨论了清代满语同本语族不同语言间展开的不同角度与层面的比较研究。第十六课概述了清代满语与满通古斯语族语言间进行全面比较研究的基本情况及其学术研究成果。第十七课分析了清代满语及阿尔泰语系语言间的比较研究。第十八课讨论了清代满语同汉语之间的对比研究及其相互影响。第十九课概述了清代满语及北极圈、东北亚相关语言间的对比研究。第二十课论述了清代满语满文研究在20世纪至21世纪初经历的三个历史性发展阶段。第二十一课介绍中华人民共和国成立后，国内创建的清代满语满学研究机构和学术研究刊物。本书最后还附有国内外清代满语研究主要文献等内容。

目 录

第一课	清代满语及满通古斯语族语言	1
第二课	清代满语满文研究	8
第三课	清代满语语音及由清代传承的严重濒危满语口语语音研究	23
第四课	清代满语词汇及由清代传承的严重濒危满语口语词汇研究	44
第五课	清代满语语法及由清代传承的严重濒危满语口语语法研究	62
第六课	清代满文文字研究	85
第七课	清代满文词典与词汇集及其相关研究	88
第八课	清代满文文献资料翻译注释及学术研究价值	101
第九课	清代满文特殊用语的研究	106
第十课	清代满文文献资料的考证及分析研究	111
第十一课	清代满文文献资料综合性研究	121
第十二课	清代满语书面语教材及其编辑工作	137
第十三课	清代满语与满通古斯语族语言语音及词汇关系	146
第十四课	清代满语与满通古斯语族语言语法关系	159
第十五课	清代满语同本语族相关语言比较研究	180
第十六课	清代满语及满通古斯语族语言的全面比较研究	187
第十七课	清代满语及阿尔泰语系语言比较研究	202

第十八课　清代满语与汉语对比研究 ……………………………… 210
第十九课　清代满语及北极圈、东北亚相关语言对比研究 ……… 217
第二十课　清代满语满文研究的三个历史阶段 …………………… 222
第二十一课　中国清代满语满学研究机构及学术研究刊物 ……… 234

附录　清代满语研究主要文献 ……………………………………… 243

后　记 ………………………………………………………………… 287

第一课
清代满语及满通古斯语族语言

中国清代满语隶属于阿尔泰语系满通古斯语族,该语族除清代满语之外,还有锡伯语、鄂温克语、鄂伦春语、赫哲语以及历史上的女真语。国际上除称满通古斯语族语言外,还有满洲通古斯语、通古斯满语族语言、通古斯诸语等说法。在中国的满通古斯语族语中,(1)使用女真语的女真人跟历史上的"肃慎""挹娄""勿吉""靺鞨""生女真""女直"等族群或民族有直接的渊源关系。(2)清代满语是女真语的延续,起初称为满洲语,后改为满语。目前,由清代传承的满语口语已成为严重濒危语言。(3)锡伯语同样是从女真语中分离出来的语言,在历代资料中,使用锡伯语的人们分别被记载为"须卜""犀毗""师比""失比""席北""西博""西伯""史伯""席伯""锡伯"等,后人甚至认为锡伯族是满族早期的一个分支。(4)鄂温克语、鄂伦春语、赫哲语也都是在历史不同发展阶段先后由女真语分化出来的语言。包括清代满语在内的满通古斯语族语言,在语言系属关系上均属于阿尔泰语系分支语言,所以这些语言被我国民族语言学界统称为阿尔泰语系满通古斯语族语言。在满通古斯语族语言里,历史上的女真语以及清代满语和锡伯语有文字,分别被称作女真文、满文、锡伯文。女真文分大字和小字,女真大字创制于 1119 年,女真小字创制于 1138 年。但伴随金朝的灭亡,女真文也退出历史舞台。满文分无圈点满文和有圈点满文,无圈点满文创制于 1599 年,有圈点满文创制于 1632 年，在官方文件中，有圈点满文一直使用到清朝的灭亡。但在个别地区的小学教育和一些大学的研究生培养中还在使用满文。锡伯文创制于 20 世纪 40 年代末期，目前在新疆伊犁锡伯族地区还在使用锡伯文。

具体而论，女真文是以汉字笔画为基础创制的文字。如前文所述，女真文有大字和小字之分，女真大字是表意文字；女真小字属于按音拼写的文字，不过还保留了一部分表意文字的书写形式。女真文创制以后，只使用了 120 余年就不再被使用。现在只留下极其有限的女真字历史文献资料。女真语作为女真人使用的语言，伴随女真人建立的金朝（1115—1234）的灭亡而失去使用功能和作用。

满文是 1599 年参照回鹘式蒙古文字母创制的拼音文字。在清朝政府的强力推动下，清代满文作为政府用文在全国范围内被广泛使用。不过，随着清朝灭亡，清代满文使用范围逐渐缩小。在今天，清代满文只用于大学专门人才的培养，以及清代满文历史文献资料的阅读、翻译、研究工作方面。另外，作为由清代传承的严重濒危满语口语，只在黑龙江省个别满族村落的满族老人中被使用。在全国范围内，使用由清代传承的严重濒危满语口语的老人不到 10 人，且其语音、词汇、语法系统均变得很不完整。在所谓的满语口语内，有大量来自鄂温克语、达斡尔语、蒙古语的词汇。不过，从 17 世纪初满族兴盛到 20 世纪初清朝衰落的近 300 年历史中，产生并留下了浩如烟海的清代满文历史文献资料。

锡伯文是在 1947 年经民间组织"伊犁锡索协会"的倡导和积极参与下，在对当时新疆伊犁地区锡伯族使用的清代满文进行改制的基础上，创制的清代满文式回鹘字母体系的拼音文字。锡伯文作为锡伯族法定民族文字，在新疆伊犁地区锡伯族聚居区的学校或机关单位里仍被使用。

概言之，在满通古斯语族使用的女真文、满文、锡伯文三种文字中，女真文已经不再被使用，清代满文只在特定范围或领域内的教学和科研工作中被使用，锡伯文的使用人口也在减少。毫无疑问，清代满语及满通古斯语族的语言文字,已经进入濒危或严重濒危状态,本民族语言文字使用者在整体上减少。这与他们参加工作的人们基本上都使用汉文、蒙古文或哈萨克文等文字有关,与他们的适龄儿童基本上都通过汉文、蒙古文、哈萨克文等学习和掌握文化知识等密切相关。并且,我国境内的鄂温克族、鄂伦春族、赫哲族只有本民族语言而没有本民族文字,他们只能通过汉语文或蒙语文等其他民族文字学习文化知识。例如,鄂伦春族与赫哲族主要使用汉语文读书和工作,鄂温克族中约有52%的人使用蒙语文读书和工作,另外48%的人使用汉语文读书和工作。

我国的满通古斯诸民族主要居住在黑龙江、辽宁、吉林、河北、北京、内蒙古、新疆等省、自治区、直辖市,还有一部分人生活在山东、河南、天津等省市。据2023年全国各民族人口统计,满通古斯诸民族共有10663931人。其中,满族有10423316人,锡伯族有190481人,鄂温克族有34612人,鄂伦春族有9168人,赫哲族有5354人。由于清代满语及满通古斯语族语言的生活格局属于小聚居、大分散结构类型,加上绝大多数人口散居于边疆地区,不同语言区间距离太大,从而直接影响彼此使用母语交流。

同时,清代满语及满通古斯语族语言均处于强势语言的包围之中。例如,锡伯语处于突厥语族语言的使用区,满语和鄂伦春语及赫哲语完全处在汉语的使用区,鄂温克语则处于使用蒙古语和汉语的语言区。正因如此,清代满语及满通古斯语族语言受外来语言影响很大,他们的民族语不同程度地借入了汉语、蒙古语、哈萨克语、维吾尔语等的词语,且其影响不断扩大和加深。结果,除了清代满语和赫哲语还有70岁左右的一些老人会使用不太完整的本民族语之外,其他人在日常生活以及学习和工作中几乎都改用汉语汉文。鄂伦春族使用母语者现在也达不到50%。而且,也是中年以上的鄂伦春人使用本民族语言,青少年及孩童中使用母语者越来越少,许多鄂伦春青少年及孩童已失去用母语交流的能力,甚至一些40—50岁的中青年人也不懂母语。这使鄂伦春语也成为严重濒危语言。锡伯语和鄂温克语使用情况较好,使用本民族语人口基本上达到了65%。不过,包括鄂伦春族、鄂温克族、锡伯族在内,那些会母语的人,除了基本上都懂汉语之外,还不同程度地掌握蒙古语、达斡尔语、维吾尔语、哈萨克语、俄罗斯语等语言。比较而言,鄂伦春族懂本民族语者几乎也都掌握汉语以及达斡尔语等;鄂温克族懂本母语者也基本上都掌握汉语、蒙古语、达斡尔语等;锡伯族懂本民族语者多数会维吾尔语和哈萨克语等突厥语族语言,同时也都不同程度地掌握和使用汉语言文字。此外,在鄂温克族和锡伯族的会本民族语的老人中,也不同程度地掌握日语。尽管在鄂温克族和锡伯族里会母语的人有不少,但伴随这些民族地区的经济社会快速发展,广播电视事业及电脑手机的不断普及、汉族移民的增多以及与汉族建立婚姻关系的现象越来越多,使用鄂温克语和锡伯语的人口比例也开始逐年下降,这使鄂温克族和锡伯族也不得不开始思考本民族语将要面临的濒危问题,以及保护母语的具体措施。总而言之,我国满通古斯诸民族,已经全范围面临本民族语的濒危或严重濒危等现实问题。

满通古斯语族语言除了我国之外,在俄罗斯、蒙古国、日本的使用者也有不少。其中,俄罗斯境内的满通古斯语族语言分别被称为埃文基语(Evenki/Eweŋki)、埃文语(Even/Ewen)、涅基达尔语(Negidal)、那乃语(Nanai)、乌利奇语(Ultʃa)、奥罗克语(Orok)、乌德盖语(Udege)、奥罗奇语(Orotʃ)等,人口约十万。蒙古国境内只有一部分驯鹿鄂温克人,人口有1000人左右。日本北海道网走地区一直到20世纪30年代末期生活过被称为乌依拉特(Uilta)的通古斯人,在当时的人口统计表上显示有400多人。蒙古国的通古斯人基本上都使用介于突厥语和蒙古语之间的一种特殊语言。在日本的通古斯人的一部分迁徙到萨哈林岛,一部分融入日本人之中,后来自然也都不使用本民族语言了。俄罗斯的通古斯诸民族,在使用本民族语言的同时都会使用俄罗斯语。在这里,还有必要提到的是,俄罗斯的埃文基语、埃文语、那乃语等,根据斯拉夫字母符号系统创制了埃文基文、埃文文、那乃文,且一直在小学的母语教育和社会人的启蒙教育以及相关

第一课 清代满语及满通古斯语族语言

的母语教科书、母语会话资料集、母语民间故事集中被使用。遗憾的是，现在被使用得越来越少。

有关清代满语及满通古斯语族语言的概念，早在1883年，俄罗斯的什连克就提出通古斯-满语族语言之说，他把当时被称为通古斯诸语言和满语诸语言的语言均归类为一个语族范畴。20世纪30年代，通古斯-满语族语言被俄罗斯科学院北方民族研究所解释为：

(1) 通古斯语支语言：应包括俄罗斯的埃文基语、埃文语、涅基达尔语及中国境内的索伦语；

(2) 满语支语言：应包括中国境内清代满语及赫哲语，还有俄罗斯的那乃语、乌德盖语、乌利奇语、奥罗克语、奥罗奇语等。

到了20世纪50年代，俄罗斯的满通古斯语专家阿夫罗林把清代满语及满通古斯语族语言进一步划分为：

(1) 北部语言群：包括俄罗斯的埃文基语、埃文语、涅基达尔语，以及中国境内的索伦语；

(2) 东部语言群：是指俄罗斯的那乃语、乌利奇语、奥罗克语、奥罗奇语、乌德盖语；

(3) 西部语言群：说的是中国清代满语和历史上的女真语等三个部分。

紧接着俄罗斯的通古斯语专家苏尼克、瓦西列维奇等将清代满语及满通古斯语族语言再次划分为：

（1）满语支语言：中国清代满语书面语、锡伯语、女真语；

（2）通古斯语支西伯利亚次语支语言：俄罗斯的埃文基语、埃文语、涅基达尔语及中国境内的索伦语；

（3）黑龙江次语支语言：那乃语、乌利奇语、奥罗克语、奥罗奇语、乌德盖语。

随后，中国学者罗常培和傅懋勣将国内的清代满语及满通古斯语族语言分为：

（1）通古斯语支语言：索伦语（鄂温克语）、鄂伦春语；
（2）满语支语言：满语、锡伯语、赫哲语。

后来，中国社会科学院民族研究所满通古斯语研究室原主任、著名满通古斯语族语言学者胡增益研究员又把国内清代满语及满通古斯语族语言分类为：

（1）满语支语言：满语、锡伯语、赫哲语；
（2）通古斯语支语言：鄂温克语、鄂伦春语。

最后，中国社会科学院民族研究所满通古斯语研究室朝克研究员，在对国内清代满语及满通古斯语族语言等方面进行了比较研究的基础上，将它们分类为：

（1）满语支语言：满语、锡伯语以及历史上的女真语；
（2）通古斯语支语言：南部次语支语言鄂温克语和鄂伦春语、北部次语支语言赫哲语。

研究表明，包括清代满语在内的满通古斯语族语言跟蒙古语族语言和突厥语族语言属于亲属语言，且都属于阿尔泰语系语言。比较而言，包括清代满语在内的满通古斯语族语言同蒙古语族语言的各方面关系，要优越于同突厥语族语言间的关系。另外，清代满语跟满通古斯语族语言同日本语、日本的阿伊努语、朝鲜语以及北美的爱斯基摩语、印第安语、北欧的萨米语等之间，均存在不同程度的共有关系。

第一课 清代满语及满通古斯语族语言

如上所述，我国现存的由清代传承的严重濒危满语口语，作为已经进入严重濒危状态的语言，且已成为仅十几个人使用的严重濒危口语形式，实际上失去了作为方言讨论其差别的意义，其口语更多反映的是个体化了的语用现象。就从黑龙江省富裕县三家子满族村的几位满族老人的口语使用情况来看，他们使用的满语口语同样存在一定程度的区别性特征。这是因为我们对由清代传承的严重濒危满语口语进行调查时，发音合作人之间经常进行激烈争论，其争论的焦点不只是涉及语音问题，还包括语法关系和词汇方面的内容。后来，我们发现，他们口语中存在的一系列问题，主要跟历史来源有关，来自不同地区或不同年代人的口语中存在不同程度的区别关系。在三家子村的满族人里，可能也有除了满族以外的、来自满通古斯语族的鄂温克族、鄂伦春族和锡伯族人。另外，黑龙江省泰来县由清代传承的严重濒危满语口语里，同样存在与此相关的问题，不过该地区由清代传承的严重濒危满语口语使用者只有两人。同时，在富裕县和泰来县的母语使用者间也存在不少差异。

也就是说，我们认为的现代满语口语，已经失去满语原有的语音、词汇、语法特征，而成为非完整性、系统性、全面性、整体性产物，只有在调研者用现已掌握的清代满语书面语提示、引导下才能被动又不完整地发出来，甚至不发声只是点头示意、表示认同。我们从20世纪80年代以后多次到黑龙江省满族较为集中生活的村落开展过实地调研，结论都是如此。如黑龙江省富裕县的所谓满语口语更像是由鄂温克语、达斡尔语、蒙古语等语言构成的混合语。换言之，已经完全失去语音、词汇、语法系统的严重濒危满语口语，很难从语言角度开展完整研究。20世纪80年代以后出版的黑龙江省的满语研究成果，基本上也是以清代满语研究为底本或前提，或充分利用早期调研资料来完成的。正因为如此，我们在该成果里将满语口语称其为由清代传承的满语口语。

第二课
清代满语满文研究

　　本书说的清代是指1616年到1912年的296年时间。将对清代满语满文或者是清代作为官方语言文字来使用的满语满文，称为清代满语满文。

　　对于清代满语满文，从清初开始便存在各方面的学术研究，并留下浩如烟海的历史文献资料，有相当重要的语言文字学、历史文化学、社会制度学、军事战争学、文献资料学等诸多方面的价值和意义，本书主要从语言文字学和文献资料学角度，展开深入且具针对性的分析和讨论。对于清代及清代以后使用的满文，在有关史料及教材里也被称为清文。清代满文是1599年参照回鹘式蒙古文字母创制的拼音文字，清代满语满文盛行于我国东北地区，乃至作为清代通用语言文字传播到全国各地。然而，随着清朝政府的逐渐衰弱，清代满语和满文的使用范围也逐渐缩小。到了清朝灭亡后，清代满语和满文的使用范围变得十分有限，甚至到很少人使用的程度，这使清代满语和满文很快成为了濒危语言文字。现在，黑龙江省满族较为集中生活的个别偏远村落，只有一些满族老人内部偶尔说两句本民族语，其他满族几乎都失去了使用本民族语言文字的功能，全部都改用了汉语和汉文。由此，学者们认为，由清代传承的满语口语已成为严重濒危语言，母语使用者只有十几人，且使用的母语已在语音、词汇、语法等方面变得很不完整和系统。

第二课 清代满语满文研究

据史书记载,清代满族在先秦时被称为"肃慎"、两汉和三国以及魏晋时被称"挹娄"、南北朝时被称"勿吉"、隋唐时被称"靺鞨"、宋辽金元明时被叫"女真"。然而,1635年皇太极废除女真之称谓,定名为"满洲",从此以后到现在满族一直被称为满洲人或满族人。中华人民共和国成立后,完全改称为满族。也就是说,清代满族是由过去居住在黑龙江中下游和松花江、乌苏里江一带的女真人之称改变而来的叫法。清朝结束后,许多满族融入汉族、蒙古族以及其他民族之中。同时,现在的满族中,也有一定数量的汉族、蒙古族、达斡尔族和鄂温克族等。

就如前文所言,清代满语作为一种已进入严重濒危状态的语言,现在只有在黑龙江省富裕县三家子满族村等满族集中居住的个别村落的满族老人内部作为辅助性语言被使用。根据调研资料,其使用者一般都是70岁以上的满族老人,70岁以下的满族人基本都不使用本民族语,或者只会说简单的几句母语,他们无论在生活或工作中都使用汉语汉文。还有一小部分东北满族使用蒙古语等其他少数民族语言,他们的孩子都就读于使用汉语汉文教学的学校,通过汉语文学习文化知识,在机关单位工作的满族也都使用汉语和汉文。不过,清代满文曾经作为清朝政府官方使用文字,在全国范围内广泛被推行和使用。同时,从17世纪初满族的兴盛到20世纪初满族衰亡的近300年历史过程中,留下的清代满文文献资料所涉及的领域非常广泛、内容也极其丰富,对于了解和研究清代满文历史文献资料,包括清代历史、文化、社会、制度、军事、政治、经济、教育等的研究,均有非常重要的学术价值和深远的历史影响力。

伴随满族建立的清朝政府退出历史舞台,清代满文也逐渐缩小了使用范围,现在只有黑龙江省三家子满族村小学内教授满文。另外,像中国社会科学院大学、中央民族大学、黑龙江大学、内蒙古大学、中国人民大学清史研究所、中国第一历史档案馆、北京社会科学院满学研究所等大学和研究部门,给清史学和满通古斯语学研究生或科研人员讲授清代满文。不过,还有必要提到的是,新疆锡伯族使用的锡伯文是根据民间组织"伊犁锡索协会"的相关决定和倡议，于1947年对当时锡伯族使用的清代满文进行必要修改后创制而成，与清代满文基本同属回鹘式字母体系的拼音文字。

我国的满族主要居住在黑龙江、辽宁、吉林、河北、北京等省市。据2023年统计数据，满族人口数为10423316人。国内有岫岩、凤城、新宾、青龙、丰宁等满族自治县，还有若干个满族自治乡镇及满族较为集中生活的乡村。满族有传统的萨满信仰，传统的经济方式是狩猎业和畜牧业，但早在公元5世纪满族民就开始接触农耕文化和农耕生产，由此逐渐转换传统的生产方式，过渡到以农业为主的生产生活方式。

从严格的意义上讲，从16世纪末清创制满文时就有人开始研究满语语音和语法。不过，清代满语研究起初完全是为了满文创制和满语满文教学工作，到了17世纪初和19世纪中的历史发展阶段，清代满语满文研究达到一定广度和深度，有关清代满语语音、词汇、语法研究的成果相继印刷和发行。但从语言科学角度来分析，其中涉及真正意义上的科学研究成果并不太多，绝大多数属于教材、会话读本、文献资料读本和各种辞典及同其他语言比较的词汇集等。也有讨论或讲授清代满语语音和语法结构性特征、使用关系、掌握技巧等方面研究性著作。然而，从20世纪以后，特别是20世纪70年代中后期开始，清代满语满文研究事业在国内外快速发展，并取得显著学术成就。

自17世纪初清朝建立以来，经达海改进的新满文被正式宣布为清朝官方书面语言文字。而且，一直延续到1912年清朝退出历史舞台。清代满语口语，直到顺治时期（1644—1661）得到较理想的保留、开发和广泛使用。特别是，在清朝政府的宫廷和高层阶级中成为主要交际工具，从而在当时的社会政治生活中占有了相当重要地位。然而，自从17世纪末以后，清代满语口语的使用开始逐渐被满族统治阶级所忽视，进而一步步走向衰落。到了康熙末年（1722），清代满语口语在宫廷以及社会重大重要场合使用得越来越少。后来，宫廷及满族上层阶级逐渐把使用汉语汉文视为一种时尚，由此自然淡化了说满语学满文,对满族使用母语造成一定消极影响。在这种状况下,很快出现了不能熟练运用母语的满族。在当时,清朝政府为了挽救这种局面做了很大努力,但局势并没有像他们所渴望的那样好转,反而使用满语口语的满族人口数量不断减少,说汉语和使用汉文的满族却不断增多。

从清代满语满文研究角度来分析,17世纪40年代以后该学术研究逐渐走向成熟,到了18世纪已开始出现一定分量的清代满语满文著作。涉及面广、有较高学术价值和理论价值的清代满语满文研究成果是在19世纪以后问世的。其中,多为研究清代满语词汇结构系统及其使用特征的著作,以及清代满语的各种解释性辞典或教科书。而且,清代印刷刊行的书籍,包括语言学著作或语言学教材及辞书,均有讴歌封建王朝和统治阶级的内容。另外,感到遗憾的是,清代有些书籍缺少印刷出版的具体时间。清朝被推翻后,民国时期的清代满语满文研究工作,几乎处在对满文历史文献资料的整理及相关语言资料的分析解读的阶段。总之,在清代满语满文研究方面,确实有大量工作需要认真完成。下面,根据国家图书馆、首都图书馆、第一历史档案馆、故宫博物院明清档案部、中国社会科学院图书馆以及中国社会科学院民族学与人类学研究所图书馆和近代史研究所图书馆、中央民族大学图书馆、民族文化宫图书馆、北京大学图书馆、中国人民大学清史研究所资料室、雍和宫图书馆等机构和高校收藏的清代满语满文历史文献研究资料及其相关研究成果,从八个方面概括性论述从清代到民国时期,国内外对于清代满语满文开展学术研究的基本情况及其取得的学术成绩。

第一,清代满语满文研究工作,集中体现在清代满文文字研究方面,且绝大多数成果属于满汉合璧结构类型的抄本和刻本。其中,主要包括《初学辨识清字须知》、《单字》、《清汉对音十二字头》、《康熙字典姓氏》、《满汉字头》、《清书十二字头》(该书副名为《清书全集》)、《十二字头》等。其中的《清书十二字头》除了有1861年京都文兴堂刻本一册外,还有1902年的抄本一册和1902年沈弘照用满文撰写的崇礼堂刻本一册。以上成果基本属于清代满文文字的解释、分析研究，意为清代满语文教学、学习和使用提供技巧，多数是以满汉合璧结构类型编写而成。这对于汉族或懂汉语汉文者接触了解、学习掌握清代满文提供了一定方便，同时给满族学习汉语汉文同样创造了一定的便利条件。

第二，清代满语语音方面的成果，也主要属于满汉合璧结构类型的抄本或刻本。其中，包括《同音合璧》《圆音正考》《音韵逢源》《虚字韵》《虚字韵薮》《对音辑字》等。清代满语语音方面的著作，除了这些满汉合璧结构类型的抄本或刻本之外，也有一些由满汉藏梵对照类型编辑而成的成果，以及单用清代满文撰写的满语语音方面的书籍。例如，《同文韵统》《满洲字母》等就是属于此类书。以上提到的书中，《圆音正考》除了有1830年的一册刻本之外，还有1831年存之堂集刻本一册和1929年石印本一册；《音韵逢源》由裕恩撰写，共有四卷刻本；《虚字韵》由潘维城编辑，共有五卷；《虚字韵薮》有满汉文五卷、尚友堂书坊刻本；《对音辑字》刻本二册，由志宽和培宽于光绪十年（1884）编著而成。由傅恒于乾隆十五年（1750）主编的《同文韵统》四册刻本不属于满汉合璧结构类型，而是由满汉藏梵对照形式编辑而成。该书于1910年由理藩部重刊成五册，1925年，"蒙藏院"根据理藩部仿殿五册版本重新印刷，从而提高了该资料的保存质量和使用率。《满洲字母》是由金九经用满文编写而成，为待书堂铅印本。这些对清代满语语音系统及其结构特征或相关音变形式进行分析、解释、论述的成果，对于初学清代满语满文者提供了便利。

第三，在这一历史时期，有关清代满语教学课本或清代满语读本方面，出版了数量可观且质量相当高的教材，绝大多数还是以满汉合璧结构类型撰写或编辑而成。此外，也有一些根据教学对象和清代满语满文学习者的需要，编写的满蒙古语合璧结构类型、满俄语合璧结构类型以及满汉蒙古语合璧结构类型等的清代满语教学课本或满语读本。例如，满汉合璧结构类型的清代满语教科书或读本，有《清文

第二课　清代满语满文研究

备考》《清话条射的》《清文启蒙》《清汉对学千话谱》《一学三贯清文鉴》《清语问答》《清话问答四十条》《清语易言》《满语要指》《清文指要》《满汉合璧四十条》《满汉文四种》《清语摘抄》《初学辨识清字须知》《初学必读》《清文试册》《清语采旧》《兼汉清文指要》《兼满汉字满洲套语清文启蒙》《续编兼汉请文指要》，等等。其中，《清文备考》由戴毂撰写，有刻本十册；《清话条射的》由常钧撰写，有刻本二册；《清文启蒙》由舞格撰写，有雍正八年（1730）三槐堂序刊本四册、雍正八年宏文阁刻本四册、咸丰六年（1856）品经堂刻本二册；《清汉对学千话谱》有雍正十一年的京都老二酉刻本一册；《一学三贯清文鉴》为屯图撰写，有乾隆十一年（1746）的静宜斋刻本四册和京都奠华堂徐氏书坊刻本四册；《清话问答四十条》由那拉氏常钧编著，有乾隆二十三年刻本一册；《旧清语》全称《实录内摘出旧清语》，清朝乾隆年间由大学士傅恒、舒赫德、阿桂相继主持编纂而成，共 14 卷。该书摘录满文《实录》和《加圈点字档》的难解词语 807 条，并用当时通行的清代满文逐条解释，内容涉及清代满语语法、语源、语义结构等，对于清史语言资料的研究和清代满汉语言接触研究、由清代传承的严重濒危满语口语研究，均有一定的学术价值和应用价值；《清文指要》有嘉庆十四年（1809）大酉堂刻本四册；《满汉文四种》于光绪四年（1878）编写完成，有八旗官学刻本四册；《清语摘抄》和《初学辨识清字须知》为满汉合璧结构类型抄本；《初学必读》有光绪十六年的聚珍堂刻本六册抄本四册；《清文试册》由刘增年撰写，有光绪十七年写本二册；《清语采旧》为兆成所著，有刻本一册；《兼满汉字满洲套语清文启蒙》舞格撰，有乾隆二十六年刻本一册；《续编兼汉请文指要》有乾隆五十二年双峰阁刻本和抄本等。

清代满语教科书和读本也有满蒙合璧结构类型抄本。例如，有《摘录清语摘抄》《兼汉满洲套话》《满汉杂抄》等。另外，也有满俄合璧类型的教材，例如《读书要道》就属于此类。比较而言，在满语教科书或读本中，满汉合璧结构类型比满蒙合璧等结构类型要多，满俄合壁结构类型的不多。

在清代满语教科书或读本里，用满汉蒙合璧结构类型撰写或编辑而成的成果也有不少。例如，有《满蒙学堂课本》《初级教科书》《一学三贯》《三合便览》《三合类编》《三合语录》《满蒙汉合璧教科书》《三合汇书》等。其中，《满蒙学堂课本》是油印本，有九十六册；《初级教科书》有铅印本十册；《三合便览》由敬斋编辑，有乾隆四十五年（1780）刻本十二册；《三合类编》有四卷，有 1912 年的石印本；《三合语录》由智信编著，有道光九年（1829）序刊本四册；《满蒙汉合璧教科书》由蒋维乔等编译，有宣统元年（1909）刻本十册；《三合汇书》由巴古什额尔德尼等撰写，有 1913 年北京正蒙印书局石印本十二册。

这些有关清代满语满文的学习教科书或读本的刊行，不仅规范了清代满语满文的教学工作，提高了清代满语满文教学质量，而且给清代满语满文的教学工作注入了活力，促进了清代满语满文教学事业的发展。

第四，围绕满语虚字、接字、缀语等语法现象进行论述的抄本或刻本，在清朝的满语满文书籍中占有一定的比例。例如，有《虚字解》《清文虚字讲约》《清文接字》《清文虚字指南篇》《清文虚字指南篇读本》《重刻清文虚字指南篇》《清文虚字歌》《满汉缀语》《字法举一歌》《阿拉篇》等。其中，尚玉年撰写的《清文虚字讲约》为二十卷，有雍正二年（1724）鸣臬阁刻本；嵩洛峰撰写的《清文接字》有同治五年（1866）聚珍堂刻本和光绪十四年（1888）三槐堂刻本；万福撰写的《清文虚字指南篇》有光绪十一年刻本二册以及宣统元年（1909）刻本二册。《重刻清文虚字指南篇》也由万福撰写，有光绪二十年的隆福寺聚珍堂刻本二册；徐隆泰著的《字法举一歌》，有光绪十一年的文宝堂刻本二册；《阿拉篇》为清代满蒙高等学堂用的满语语法类教材。可以看出，以上这些清代满语语法方面的书籍，占绝大多数属于满汉合璧结构类型，只有《阿拉篇》是具有一定代表性的满蒙合璧结构类型语法类书。同时，我们也可以了解到，当时清代满语满文语法研究的重点更多地放在对于复杂多变的虚字、接字、缀语等词缀系统或所谓虚词类词形态变化现象的分析和解释等方面。

第五，如前所述，在清代满语满文研究中，编写各种类型的词典或不同民族语词汇对比及其对照的辞书、词汇集占有相当大的比例。这对于清代满语满文的规范化、清代满语满文的教学和学习、清代满语满文更广泛的使用和传播发挥过极其重要的作用。而且，这些辞书类书编写形式的多样性、涉及内容的丰富性、词汇系统的全面性和关系面的广泛性都是举世公认的。这些辞书类书中占绝大多数的，同样由满汉合璧结构类型编写而成。例如，有《大清全书》《同文广汇全书》《汉满词典》《同文物名类集》《满文名词》《满汉类书》《满汉同文全书》《满汉同文杂字》《满汉文语解》《满汉袖珍字典》《满洲类书》《御制清文鉴》《御制清文鉴补遗汇抄》《清文汇书》《音汉清文鉴》《清文典要》《御制增订清文鉴》《清文补汇》《清文典要大全》《清汉文海》《清文鉴外新语》《清文鉴择录》《清文捷要》《清文类腋》《清文全书》《衙署名目》《清语》《清语选汇》《三蒙字解》《新旧清语汇书》《钦定清语》《钦定新清语》《选录清文鉴要语》《音译明全书》《辽金元三史国语解》等。其中，由沈启亮编写完成的《大清全书》，有康熙二十二年（1683）的京都宛羽斋刻本十四册和康熙五十二年的三义堂重刻本十五册；阿敦、刘顺及桑格编辑的《同文广汇全书》有康熙三十二年的天绘阁刻本；《汉满词典》有抄本十册；李纯如编写的《满文名词》有抄本一册；桑额编写的《满汉类书》有康熙三十九年刻本；《满汉同文全书》有康熙三十九年刻本；《满汉同文杂字》有文翰斋刻本；《御制清文鉴》有康熙四十七年殿刻本；李廷基编的《清文汇书》，有康熙年间的京都四合堂刻本、雍正二年（1724）刻本、乾隆十六年（1751）的英华堂刻本等；董佳明铎编的《音汉清文鉴》有雍正十三年的文瑞堂刻本四册以及宏文阁刻本四册；《清文典要》有题秋芳堂主人于乾隆三年编辑完成的版本；《御制增订清文鉴》有乾隆三十六年的殿刻本；宜兴撰写的《清文补汇》有乾隆五十一年的刻本；明昌和伍尔泰等撰写的《清文典要大全》，有乾隆五十八年的抄本；瓜尔佳巴尼珲编辑的《清汉文海》有道光元年的江南驻防衙门刻本；《衙署名目》有光绪十五年的三槐堂刻本和聚珍堂刻本；《清语》有阿思哈与佛德家刻本二册；赵英编写的《清语选汇》有四卷本。

另外，清代印刷过一些满蒙合璧结构类型的工具书，也就是后来人们所说的满语和蒙古语词汇对照词典。例如，康熙四十七年（1708）的《满蒙古文鉴总纲》刻本五册，拉锡等于康熙五十六年（1717）编的《御制满蒙古文鉴》殿刻本，《字汇》抄本六册以及《择抄三合便览》抄本一册等。但这种类型的辞书在数量上远比满汉合璧结构类型的工具书要少得多，使用范围也基本上限于蒙古语使用区，主要作为当地人学习满语时的辅助性资料来使用，为他们学习清代满语满文发挥过相当重要的推动作用。

清代满文辞书类成果中，还有一些满汉蒙合璧结构类型以及满蒙回合璧结构类型的抄本或刻本。例如，有满汉蒙合璧结构类型的《御制满洲蒙古汉字三合切音清文鉴》、石印本四册《实录满蒙晰义》、精写本二十五册《满蒙汉字书》、抄本三册《满蒙回三体字书》等。同时，还有满汉达斡尔语合璧结构类型的辞书《满汉达斡尔合璧词典》以及《满洲达斡尔语词》等。

除了以上提到的三种民族语言合璧结构类型构成的辞书类抄本和刻本以外，在清代编写的诸多工具书里，还有由满汉蒙藏四种民族语合璧类型的辞书和满汉蒙藏维合璧类型，以及满蒙藏维嘉戎合璧结构类型等编写而成的抄书或刻本。例如，乾隆年间编写的满汉蒙藏语分类三十二卷殿刻本《御制四体清文鉴》、乾隆年间精编而成的满汉蒙藏维语合璧结构类型晒印本三十六册《五体清文鉴》以及满蒙藏维嘉戎合璧结构类型的《五体字书》等。其中，《五体清文鉴》后来编辑成三册，于 1957 年由民族出版社出版。不过，与此相反，也有单用清代满文撰写而成的十四卷《实录内摘出旧清语》乾隆年间内府刊本，以及鄂尔泰和徐元梦于乾隆六年（1741）编辑的四册《无圈点字书》抄本等。

在这里，有必要提到的是《无圈点字书》。该书中说的无圈点字是指万历二十七年（1599）额尔德尼和噶盖等人，借用蒙古文字母的拼写方法创制的蒙古文式满文，也就是无圈点满文。该无圈点满文字存在标音不太全、字形不太规范、学习使用不太方便等问题。到天聪六年（1632），皇太极命达海将无圈点满文改成有圈点满文。无圈点满文字共使用三十余年，用该文字撰写并留下的档案资料也不太多，但用无圈点满文撰写的档案资料，在清初历史和清代的满族语言文字研究方面有十分重要的学术价值。《无圈点字书》是大学士额尔泰等受乾隆之命，于乾隆六年以《满文老档》为依据，检出难以辨认的字体词语，用新满文作注解，以十二字头为序编排而成。该辞书对于研究满语言文字的发展历史和翻译清代早期老满文档案资料均有重要参考价值。

总之，清代编辑的数量众多的辞书，以及与不同民族语词汇的比较、对照、对比的词汇集等工具类书籍，共编写了包括《清文鉴》在内的七十余部不同版本、不同格式、不同内容和不同用处的辞书。这对于清代满语满文的普及和推广，清代满语满文的教学、学习和使用带来了极大方便。这些辞书一般分为单一语种（满语）结构类型、双语合璧（满语、汉语）结构类型、三种语言合璧（满语、蒙古语、汉语）结构类型、四种语言合璧（满语、蒙古语、藏语、汉语）结构类型和五种语言合璧（满语、蒙古语、藏语、维吾尔语、汉语）结构类型。其中，两种民族语合璧结构类型的辞书数量最多，尤其是满汉语合璧结构类型的辞书占绝对优势，其次是属于满蒙汉三种民族语合璧结构类型编辑的辞书。其他结构类型或不同语种合编的工具类书，在数量上比较少。另外，这些不同版本、不同语言的比较或对比、不同形式与内容的辞书或词汇集，除有单行本外，有的更达册（卷）或十几册（卷），甚至多达几十册（卷）。但比较而言，还是两种语言合璧结构类型的辞书类成果要多。

第六，在清代满语满文研究成果里，也有解释和讨论清代满语成语结构形式和内容以及使用关系等方面的书或工具书。例如，有满汉语合璧结构类型的四册抄本《成语杂文》；满汉语合璧结构类型的四卷《书经成语》；道光二十二年（1842）的满汉合璧结构类型的刻本《兵部成语》；嘉庆二十一年（1816）的满汉合璧结构类型的京都文盛堂六卷刻本《六部成语》，该书还有道光二十二年的小酉堂刻本版本。此外，还有满汉合璧结构类型的十三册抄本《成语词典》以及满汉合璧结构类型的抄本《满汉成语》、满汉合璧结构类型的四卷抄本《满汉成语对待》等。除此之外，也有将满汉成语进行对比的书籍。在该学术领域，也有一些以满蒙合璧结构类型以及满汉蒙合璧结构类型编辑而成的成语著作或辞书。例如，满蒙合璧结构类型的十二册抄本《总纲成语》、满汉蒙合璧结构类型的石印本三册《成语坷林》等。但是，属于此种结构类型的成语书或工具书并不很多。不论如何，以清代满语满文为主体的成语研究著作或工具书的相继出版，对于清代满语成语结构和特征的系统了解提供了必要的资料基础和理论依据。

第七，有关探讨或论述满译汉、满译蒙或汉译满、蒙译满等语言翻译技巧、翻译技能、翻译方法、翻译原理等方面的书，在这一时期也撰写出版过不少，有力地推动了不同语言间的相互翻译，同时对不同民族间相互学习彼此语言文字和相互交流沟通、共同发展发挥过应有作用。例如，有以满汉合璧结构类型撰写的四卷本《翻译话条》以及三册抄本《翻译练习》，有以满蒙合璧结构类型印刷的二册抄本《翻译蒙古一百条》、雍正十二年（1734）的九卷抄本《满蒙翻译纲要》和《满蒙单话》等。另外，还有忠宽和培宽在光绪十七年（1891）择录的荆州驻防翻译总学八册满汉合璧结构类型刻本《单清语》、光绪十七年的荆州驻防翻译总学二卷满汉合璧结构类型刻本《清语辑要》、志宽和培宽等于光绪二十三年（1897）编写的荆州驻防翻译总学满汉合璧结构类型十二卷刻本《清文总汇》、光绪二十五年（1899）京都翻译书坊出版的八册满汉合璧结构类型刻本《满汉文八种》等。可以看出，这些有关翻译学著作中，满汉合璧结构类型的抄本或刻本占绝

第二课 清代满语满文研究

对优势,满蒙合璧结构类型等翻译学成果不太显著。

第八,这一时期,国外对于清代满语满文展开的研究主要集中于朝鲜。朝鲜的清代满语学研究主要体现在朝鲜王朝司译院的清代满文翻译、编写清代满语满文教科书和工具书等方面。朝鲜仁祖十四年(1636)以后,清朝政府和朝鲜王朝之间的往来变得日益频繁,朝鲜的满语满文使用率不断提高。于是,在1639年朝鲜王朝司译院将《尚书》《八岁儿》《小儿论》等女真语教科书都译成了满文,这也是司译院首批出版的清代满语满文的教科书。到了17世纪末,为了满足朝鲜王朝上层阶级学习满文需求,以及为了应对日益增多的满文资料翻译工作,司译院又陆续出版了不少不同类型和版本的满文教科书和辞书。其中包括1684年崔厚泽、李洒、李宜白等编纂的十卷本《三译总解》、八卷本《新翻老乞大》、单行本《八岁儿》、二十卷本《小儿论》等,以及1691年出版的单行本《同文类集》、1704年出版的《清语老乞大》等。这些朝鲜王朝时期第一批编辑出版的清代满文教科书和辞书类书基本上都已失传,现在保存下来的只有1748年版的《同文类解》、1765年版的《新译清语老乞大》、1774年版的《重刊三译总解》、1777年版的《新译〈小儿论〉》及《新译〈八岁儿〉》、1779年版的《汉清文鉴》等。《同文类解》是1748年金振夏根据《御制清文鉴》《大清全书》《同文广汇全书》的词汇和词条解释内容编辑而成。该书属汉朝满词典、两卷本、木版,第一卷为63页,第二卷有61页,附录有《语录解》14页,包括5500个词条。其中,清代满语词或词条用朝文拼写,满文的朝文翻译十分精确和到位,对研究17世纪满语语音很有价值。该书是国外编制的第一本清代满语词典,现由首尔国立大学奎章阁收藏。《汉清文鉴》是《御制增订清文鉴》的修订版,《汉清文鉴》的编辑工作结束以后,在此基础上又编写了十五卷的《韩汉清文鉴》。该工具书是朝汉清语经典词典,共有992页,木版,有注释,主要内容在一至十四卷内,十五卷属于补充内容。该词典收入13640条词目,其中有不少满语新词,新词条主要来自官方文件的新词术语,但《韩汉清文鉴》的词条目要比《御制增订清文鉴》(18700

条词目）的词目少 5000 多条。该书稿最初出版时间不详，再版由李湛和金吉昊汇编，现收藏于韩国大学图书馆。另外，上面提到的《新译清语老乞大》《重刊三译总解》《新译〈小儿论〉》《新译〈八岁儿〉》均为清代满语满文的学习读本或教科书。也就是说，出于当时的历史条件和相关因素，朝鲜王朝司译院就把学习汉语汉文时使用的《老乞大》译成了满文，这给朝鲜王朝的贵族阶层学习清代满语满文以及清代满语满文的翻译者提供了较大的便利。不过，由于当时朝鲜的清代满语满文专家翻译功底较差，所以在《老乞大》的满文翻译里留下了不少差错。正是这个缘故，朝鲜英祖四十一年（1765），对已经译成清代满文的《老乞大》版本再次进行了文字加工，进一步修改和提炼语言，并由洪启禧题写序文，由金吉昊校对后第二次出版。再版后的《新译清语老乞大》在清代满文旁边加注了朝鲜文音译，还将清代满文词义逐一用朝鲜语作了较详细的解释，成为朝鲜人学习清代满语满文的理想工具书兼教科书。

1778 年，洪命福和徐命膺还编辑出版了四卷本《方言集释》。这是一本汉朝满蒙日词汇对照集，共收入 4700 个满语词条。每个词条包括朝文字母拼写的朝语词、满语词、蒙古语词、日语词以及用汉文写的汉语词，此书又名《方言类释》。上面说的《三译总解》是以顺治七年（1650）的《清国三国志》为底本，参照《三国志演义》汉文本以及清初刊行的清代满语词典类图书，并作了一定修订以后才撰写完成的版本。在书中，对于来自《三国志演义》的特殊语型、朝鲜司译院编译满文文书过程中产生的特殊语型、清初尚未定型化的满语口语特殊语型等进行了客观实在的分析。《三译总解》是 18 世纪朝鲜王朝司译院的清代满语学习课本之一，于康熙四十二年（1703）出版。所谓"三译"就是《三国志译》的简称，乾隆三十九年（1774）再版时有所增补。现收藏于首尔国立大学图书馆的六卷《三译总解》是李义风于 1789 年译编出版的版本，书中的每个词条都有朝语、满语、蒙古语、日语对照，且均用汉文、朝文字母拼写。另外，为培养清代满语翻译人才，朝鲜王朝司译院还于 1774 年

第二课　清代满语满文研究

出版了十卷《〈三译总解〉再版》，书的前页还附有李湛写的序文。此外，由李湛写序、金吉昊校对、朝鲜王朝司译院于1777年出版的《新译〈小儿论〉》一书，也属于培养清代满文翻译人才的教科书。总之，朝鲜王朝的司译院在满文翻译、编写满文教科书和工具书方面做了不少工作，也取得了较好成绩。从而为后人研究清代满语满文打下了较好基础，也为清代满语满文研究在朝鲜、韩国和日本展开更广泛领域的学术讨论打开了局面。

女真语是清代满语的前身，现在人们所说的清代满语实际上是历史上的女真语，清代满语是女真语在清代的叫法，沿用至今。就像上面所提，清代满语研究在17世纪初有了一些成绩，尤其是创制满文以后，清代满文历史档案和文献资料逐年增多，所以在清代近300年的历史中，留下了数量庞大的清代满文书籍和历史文献资料。其中，也有不少对清代满语的研究性著作及清代满语各种教材，以及清代满语满文词典和对比对照词汇集等，从而为后人研究清代和清代语言文字及社会历史留下十分丰厚的资料。像沈启亮的《大清全书》（1683）、清代官修的不同语种对照的系列辞书《清文鉴》（1708）、清舞格的《清文启蒙》（1730）等均有一定代表性和广泛影响力。

在国外，从18世纪末开始就有一定影响力和学术价值的研究成果先后问世。像阿米奥的《满语语法》（1798—1790）、盖博伦茨（Conon V. D. Gabelentz）的《满德词典》（1864）、扎哈洛夫的《满俄大辞典》（1875）和《满语语法》（1879）、哈列兹的《现代满语》（1884）以及穆麟多夫的《满语语法》（1892）等，同样也在国内外清代满语研究中发挥着积极推动作用。

总之，到了清朝后期，清代满语和满文的使用人口快速减少，社会使用范围也不断缩小。尽管清朝政府采取了一些措施，但还是未能挽救日益濒危的满语和满文。等到清朝政府退出历史舞台时，清代满语和满文已经成为满族人生活的零散村落内为数不多老人使用的严重濒危语言文字。所谓零散性满族村落，是指那些以满族为主而只有几十户人家的村落，且这些村落间存在一定的空间距离，形成不了一个整体而较大的满语使用社会空间,以满族为主生活的小村落内部只有十来名满族老人使用严重濒危而不太完整的母语,且这些满族老人还都掌握汉语或掌握其他民族语。在这种现实面前,对于所谓由清代传承的严重濒危满语口语,也就是零散性使用的严重濒危的清代满语口语开展实地调研,是一件很不容易的事情。何况由清代传承的严重濒危满语口语语音、词汇、语法现象都变得很不完整,甚至变得模模糊糊。此外,由清代传承的严重濒危的满语口语里有来自鄂温克语、达斡尔语、蒙古语的词语。从这个角度来讲,所谓满语更像是一种混合语。这给后人的实地调研也带来了许多麻烦和困难。

第三课
清代满语语音及由清代传承的严重濒危满语口语语音研究

清初就开始对满语语音进行分析研究，并取得了一定的学术成绩。我们在概述清代满语满文的基本情况时，讨论过与此相关的学术论著内容及其学术影响力。本课主要分析清代满语言文字专家学者对于由清代传承的严重濒危满语口语语音开展学术讨论的基本情况，包括其语音结构特征、音变规律、元音和谐原理、重音现象等，以及取得的相关学术研究成果。这里所说的由清代传承的严重濒危满语口语，指的是在极其有限的地域环境和条件下，由极少数满族老人使用并传承的严重濒危满语口语。不过，处于严重濒危状态的那些由清代传承的满语口语语音，受汉语、蒙古语、鄂温克语、达斡尔语等的长期不同程度的影响，原有的语音系统和结构性特征已变得不十分完整。在此基础上，专家学者根据实地调研获得了弥足珍贵的第一手口语资料，对由清代传承的严重濒危满语口语语音开展较为全面的分析研究，撰写了不少具有一定代表性的学术研究成果。这些论著从 20 世纪 80 年代以后陆续公开发表。

首先应该提到的是内蒙古大学对由清代传承的严重濒危满语口语的实地调研。由清格尔泰、金启孮、恩和巴图、白音朝克图四人组成的内蒙古大学满语调查组，从 1960 年 8 月开始按照拟定计划，到黑龙江省富裕县友谊乡三家子满族村对由清代传承的严重濒危满语口语展开调研。在此基础上，金启孮在 1981 年撰写出版了《满族的历史与生活》，第三章节涉及语音调查内容。过了一年，清格尔泰在《内蒙古大学学报》校庆 25 周年纪念专刊上刊发《满洲语口语语音》一文，对于三家子满族村由清代传承的严重濒危满语口语语音展开了较为全面的分析研究。在该文中，清格尔泰认为，在三家子满族村为数不多的满族老人使用的严重濒危满语口语元音系统中，有：

短元音有 a、ɯ（接近于央元音ə）、i、e、ɔ、u、o、æ、y 9 个。
长元音有 aa、ɯɯ、ii、ee、ɔɔ、uu、ææ、yy 8 个。
复元音有 ia、iɯ、ie、iɔ、iu、iæ、ua、uɯ、uæ、ai、ɯi、ɯu、ɔu、iaa、iee、iɔɔ、iuu、uaa、uɯɯ、uææ、iɔu、uai 22 个。
辅音有 b、p、m、f、v、d、t、s、z、n、l、r、dʑ、dz、tɕ、tʂ、ɕ、ʂ、ʐ、j、g、k、x 23 个。

同时，他还指出：(1) 根据辅音音位在使用方面的互补性关系以及具体存在的语音环境等理由，完全可以将 s、ɕ、ʂ 三个辅音归为一个音位，把辅音 dʑ 和 dz、tɕ 与 tʂ 也各归为一个音位，只是考虑到借词等特殊词语里使用情况的不同各自列为一个音位；(2) 辅音 g 有 g、ɣ、ʁ、ɢ 四个音值，辅音 k 有 k、q、χ₁ 三个音值，辅音 x 有 x 和 χ₂ 两个音值。此外，文中还将由清代传承的严重濒危满语口语语音，同清代满语书面语语音进行了比较分析，并对词重音和长元音现象、借词记音规则、元音和谐现象等作了一定深度的分析。文后还附有满语口语话语资料、满语口语词汇等。

另外，清格尔泰还撰写了《关于满洲文字母第六元音的读音》(《满族研究》1985 年第 1 期) 一文，讨论了存在一定争议的元音特征及其使用原理。他提出，清代满语的第六元音 ū 虽然同元音 o 或 u 间的关系十分复杂，但在实际发音上和元音 o 没有什么差别。他还认为，清代满语的第六元音 ū 在词首被发为 o 音，在辅音 x、G、ŋ 前

第三课 清代满语语音及由清代传承的严重濒危满语口语语音研究

后要发为 u 音。换言之,清代满语第六元音 ū 实际上被发为 o 和 u 两个音,而且元音 o 和 u 在发音上十分接近,在具体使用时具有很强的互补性。他在该文最后写道:"为什么用一个字母表示两种音呢? 因为它表示的两个音处于音位学上所说的互补地位。而且,这两个音的差别很小,发音部位很接近。"确实如此,在由清代传承的严重濒危满语口语里,对于元音 o、u、ū 区别关系的定位比较复杂。由此,一些清代满语语音研究专家认为,该语言的元音音位应该有 a、ə、i、o、u 五个,没有 ū,元音 ū 是清代参照回鹘式蒙古文字母创制满文时,受蒙古文相关元音字母影响而创制的字母或非确定性的语音音位。也有的清代满语专家认为,满语在历史上有过 a、ā、ə、e、i、o、ō、u、ū 等元音音位,后来元音 a 和 ō 先后消失而成为 a、ə、e、i、o、u、ū 七个元音音位。总之,清代满语的元音 ū 是一个非常有争议的音位,对此的结论有待进一步深入研究。

王庆丰在《满语研究》1986 年第 1 期上刊发的《试论满语的元音 o、u、ū》一文中提出:(1)清代老满文里元音 o、ū 很难分清,它们的差别微妙而非常接近;(2)用清代老满文字母区分由清代传承的严重濒危满语口语的 o、u、ū 三个元音比较困难;(3)清代新满文的元音 o 为阳性元音,其前后使用的是小舌音 G、q、χ,元音 ū 为阳性元音,其前后使用的同样是小舌音 G、q、χ,元音 u 为阴性元音,其前后使用的是舌根音 g、k、x;(4)在语音记录上,清代老满文接近于蒙古语,如把正黄旗的"正"老满文同蒙古语一样写成 gūlu,新满文则标音为 gulu 等;(5)满语 o、u、ū 的音值比较复杂,很难把它们的区别关系说清楚。此外,孙宏开等在《中国的语言》一书的"满语"一节中,根据 1964 年对黑龙江省爱辉县(今黑河市)五家子屯由清代传承的严重濒危满语口语实地调研时获取的第一手资料,全面分析了该屯满语口语语音,进而明确提出该地区由清代传承的严重濒危满语口语语音系统中有:

a、ə、i、e、ɛ、o、u、y 8 个短元音音位。

ai、əi、ui、au、əu、ie、ia、io、iu、yɑ、ye、yɛ、ua、uə、ue、uɛ、uai、iau 18个长复合元音。

b、p、m、f、v、d、t、ʥ、ts、s、n、l、r、dʐ、tʂ、ʂ、z、ʥ、tɕ、ɕ、j、g、k、x、ŋ、G、q、χ 28个辅音音位。

孙宏开等还认为,现存的严重濒危满语口语有重音现象,且要落在词第一音节的元音。同时,爱辉县五家子屯满语口语还有微弱的元音和谐现象。也就是说,元音系统里 a、ɛ、o 属于阳性元音,而 ə 为阴性元音,i、e、u、y 则属中性元音。

这一对于由清代传承的严重濒危满语口语语音现象的分析,在王庆丰于 2005 年由民族出版社出版的《满语研究》一书中也再次得到论证。书中写道,自己于 20 世纪 60 年代初对黑龙江省黑河地区爱辉县大五家子屯满语口语语音调研资料进行分析,再次明确提出大五家子屯满语口语有 8 个元音音位、16 个二合元音和 2 个三元音;辅音系统里去掉 G、q、χ 3 个音位,新增加 w 音,变成 26 个。他还认为,由清代传承的严重濒危满语口语内还有受元音 i 影响而出现的 bj、pj、mj、nj、lj、rj、gj、kj、xj 9 个颚化辅音,以及受元音 u 影响而产生的 bw、pw、tw、lw、rw、dʐw、gw、kw、xw 9 个唇化辅音。他还强调,颚化辅音主要用于词首和词尾,词中很少出现;唇化辅音主要用于词末。另外,他还提出词重音要落在词第一音节的元音上,且有以阳性元音 a、ɛ、o 与阴性元音 ə 及中性元音 i、e、u、y 为中心的元音和谐规律。在该成果的相关分析及搜集整理的词汇里,还将由清代传承的严重濒危满语口语同清代满语进行了比较。

与上面提到的由清代传承的严重濒危满语口语语音研究有关,2012 年北京大学出版社出版了戴光宇的《三家子满语语音研究》一书。该成果研究了黑龙江省富裕县三家子村满语口语,由绪论、满族及其语言发展历程、三家子满语语音系统、三家子村满语口语辅音同满文的对应关系、三家子满语辅音音变、满文音节的三类收尾字母、满通古斯语音节钝音收尾、锡伯语达斡尔语三家子满语语音异同、满语支

第三课 清代满语语音及由清代传承的严重濒危满语口语语音研究

辅音音变初探、满语支音节收尾辅音设定等内容组成。该书第三章讨论三家子满语口语语音系统时指出，这一由清代传承的严重濒危满语口语有：

a、ə、i、ɛ、e、o、ɔ、u、y、ꞯ、ʅ 11个单元音。
ai、əi、ui、ɑu、əu、iɑ、iɛ、iə、iɔ、iu、uɑ、uɛ 12个二合元音；
iɑu、uɑi 2个三合元音。
b、p、f、v、m、d、t、ɖ、ts、s、z、dz、tʂ、ʂ、ʐ、ʥ、tɕ、ɕ、
j、n、l、ɹ、r、g、k、x、ɣ、ŋ、ɢ、q、χ、ʁ、ɴ 33个辅音。

在第四章中，该书首先阐述了清代满文辅音字母在由清代传承的三家子满族村满语口语中的读音，其次分析了三家子满语口语的辅音及其在不同音节内的使用关系；第五章着重探讨了由清代传承的三家子满语辅音音变现象及其规律；第六章主要讨论了清代满文音节中出现的由元音和浊辅音及其辅音 b、k、r、s、t 等收尾音节的现象等；第七章分析了清代满语及满通古斯语族语言钝音收尾现象的形成及其构成原理；第八章把锡伯语等同由清代传承的三家子满语语音进行了比较研究，在此基础上，提出了其中存在的异同现象；第九章探讨了满语支语言的双唇音、唇齿音-舌根音、小舌音交替现象，以及有关辅音音变规律；第十章论述了满语支语言音节收尾辅音；第十一章作为结束部分，讨论了由清代传承的三家子满语及满语支语言语音关系。附录部分涉及三家子满语口语宽式音标转写形式、黑河市四季屯满语口语资料、吉林九台莽卡满族乡祖传家祭神本、乌拉纳喇氏神本（节选）、《乌布西奔妈妈》满语汉字记音稿转写等内容。不过，这本书名为《三家子满语语音研究》，却涉及了鄂温克语语音、赫哲语语音、锡伯语语音、通古斯诸语语音及其达斡尔语语音，日本海沿岸诸语语音特点，俄罗斯西伯利亚地区突厥语音变现象，亚美环太平洋地区诸语语音变化特征，金代女真语汉字标音韵尾问题，还有锡伯族姓氏和三江地区的古代部落、兀狄哈诸部落及其分布地域等内容。从而

使人有一种涉及面太广、论述比较广泛、论点比较分散的感觉。

还应该提到的是黑龙江满语研究所的创立者、原满语研究所第一任所长穆晔骏教授，对黑龙江边远地区由清代传承而散存于一些满族村的严重濒危的满语口语研究做出的突出贡献。他从20世纪60年代初至80年代中后期的25年间里，几乎走遍了黑龙江省所有满族村落，对只有极少数满族老年人使用、严重濒危且不完整的满语口语开展了全面系统的实地调查。为了拿到弥足珍贵的第一手资料，他对于由清代传承的严重濒危满语口语使用村落做过反复多次的语音调查和记录。在此基础上，他在黑龙江省满语研究所主办的《满语研究》上，刊发了《阿勒楚喀满语语音简论》（1985年第1期）、《拉林满语语音概论》（1986年第2期）、《十二字头拉林口语读法解》（1987年第1期）、《巴拉语》（1987年第2期）、《论巴拉语的语音变化》（1988年第1期）、《阿勒楚喀语元音发生的音变特点》（1988年第2期）等多篇论文。他在这些论文里，对黑龙江省的阿城、双城、富裕、五常、木兰、呼兰、尚志、宾县、白彦、延寿、方正、通河等县的满族村落中极个别老人使用的由清代传承的严重濒危满语口语，也就是所谓的现存满语方言土语语音进行了讨论，对这些村落内由清代传承的严重濒危满语口语的语音特征、音变现象，包括同清代满语语音间存在的异同现象、语音差别，以及外来语言的语音影响、语音混合使用现象，清代满文中的十二字头在满语口语中的具体读法和音变原理等展开了深入浅出的分析。他所做的这些工作，对由清代传承的严重濒危满语口语语音资料的搜集整理、抢救保护和分析研究发挥了极其重要的作用。他学习过清代满文，熟练掌握清代满语，这些优势对于他清代满文文献资料研究发挥了重要作用，同时对他调研由清代传承的严重濒危满语口语产生了积极影响。在这里，我们根据他在论文里使用的满语口语记音符号，可以初步归纳出相关语音系统。

(1) 阿勒楚喀满语语音系统内有：
a、ə、i、e、ɔ、o、ʊ、u 8个单元音。

第三课 清代满语语音及由清代传承的严重濒危满语口语语音研究

ia、iə、ie、iu、ai、əi、ɔi、ui、uə、uɔ、iɔi、uai 10个二合元音及2个三合元音。

b、p、m、w、f、v、d、t、n、l、r、ʥ、ts、s、ç、ʨ、tʃ、ʃ、ʑ、g、k、x、ŋ、j 24个辅音。

(2) 巴拉满语语音系统内有：

a、ə、i、e、ɔ、u 6个单元音。

ai、əi、ɔi、ui、ua、uə、ui、uɔ、ia、iə、iɔ、iu、əɔ 13个二合元音。

b、p、m、w、f、v、d、t、n、l、r、ʥ、ts、s、ʨ、tʃ、ʃ、g、k、x、ŋ、j 22个辅音。

(3) 拉林语满语语音系统内有：

a、ə、i、e、ɔ、ʊ、u 7个单元音。

ai、əi、ei、ɔi、ui、ua、uə、ui、uɔ、iu、ia、iə、ie、iɔ、iɔi、uai 14个二合元音及2个三合元音。

b、p、m、w、f、v、d、t、n、l、r、ʥ、ts、s、ʨ、tʃ、ʃ、g、k、x、ŋ、j 22个辅音。

从穆晔骏以上的满语口语语音研究成果中，可以了解到阿勒楚喀、拉林、巴拉三地满族村落满语口语的元音、复元音、辅音等中存在的共同点。当然，这些由清代传承的严重濒危满语口语在语音结构、语音特点、语音使用、语音变化等方面还是有所区别。例如，在单元音方面，这些满语口语里均有 a、ə、i、o、u 5个单元音，但阿勒楚喀和巴拉满语口语均有元音 ʊ，阿勒楚喀满语还多1个 o 音位；在复元音方面，这三个地区的满语口语均有 ai、əi、ui、ia、iə、iu、uə、uo 8个复元音，阿勒楚喀满语口语还有 ei 和 ie 2个复元音，拉林满语口语也有 ie 与 io 2个复元音，巴拉满语口语里则有 oi、io、ua、əo 4个复元音；辅音方面，这三个地区的满语口语里均有 b、p、m、 f、v、ʥ、ts、s、t、d、n、l、r、ʨ、tʃ、ʃ、g、k、x、ŋ、j、w 22 个辅音音位，阿勒楚喀满语口语和拉林满语口语则比巴拉满语口语多了 1 个 ç 辅音，阿勒楚喀满语口语比拉林满语口语和巴拉满语口语多了 1 个 ẓ 辅音。比较而言，阿勒楚喀满语口语要比拉林满语口语和巴拉满语口语的语音系统复杂一些。总之，根据穆晔骏对于以上三个地区由清代传承的严重濒危满语口语语音系统的分析结果来看，它们之间的共同点占绝大多数。

穆晔骏对于这些由清代传承的严重濒危满语口语语音研究清楚地告诉我们，黑龙江省内满族集中生活的不同村落，保存并被极其少数的满族老人间使用的满语口语语音差别不是很大，尤其是拉林满语口语和巴林满语口语的语音差别比较少。穆晔骏的这些研究，进一步反映出黑龙江省满族集中生活的村落中由清代传承的严重濒危满语口语被使用的实际情况，同时给晚清满语口语语音研究和严重濒危语言语音研究提供了必要的语言资料和新的思考。然而，美中不足的是，他未能对由清代传承的严重濒危满语口语语音系统进行音位学理论视角的科学归纳。

从 20 世纪 80 年代以后，季永海、刘景宪、乌拉熙春、赵杰、赵阿平、朝克等专家学者纷纷到黑龙江省满族生活区进行实地田野调查，并获得了相当有价值且十分珍贵的由清代传承的严重濒危满语口语材料，包括语音研究第一手资料的口语语音资料等。在此基础上，赵杰在《满语研究》1987 年第 1 期上发表了《泰来满语音位解析》一文，对黑龙江省泰来县依布气满族村满语口语语音进行了分析，提出该地区严重濒危的满语口语的语音系统里有：

a、ɤ (ə)、i、e、ε、y、o、u 8 个单元音。

iA、ie、iɔ、iu、uɛ、uA、uɔ、ou 8 个复元音。

b、p、m、f、v、d、t、n、l、s、ts、ʥ、tɕ、ʥ、ç、dẓ、tʂ、ʂ、j、g、k、x、ŋ、w 24 个辅音。

第三课　清代满语语音及由清代传承的严重濒危满语口语语音研究

他还认为，在泰来满语口语里，辅音 r 和 l 没有区别词义功能，而且泰来的满族人也听不出辅音 r 和 l 在发音上的不同，所以将辅音 r 和 l 归为 l 一个音位，把辅音 r 看成是 l 音的一种变体或不同发音形式。这种说法是否合适，需要进一步推敲。同时，赵杰还对泰来满语口语语音变化现象，作了相当详细的分析。可以说，包括穆晔骏和赵杰在内的满语口语专家，对于由清代传承而现存的满语口语的元音和辅音进行分析时，基本上是用宽式记音法记录或标记了满语口语，但在讨论具体音位时，却受到来自严式记音法的一些影响。所以，学界中对于他们论述的由清代传承的严重濒危满语口语音位系统存在不同看法。

乌拉熙春根据其在田野调查中获取的由清代传承的满语口语语音资料，在同清代满语书面语语音系统进行全面比较研究的前提下，撰写了 20 余万字的博士学位论文《满洲语语音研究》。该文首先概述了由清代传承的严重濒危满语口语的分布地区和使用情况，其次分析了这些地区满语口语的语音系统，紧接着将这些严重濒危的由清代传承之满语口语语音同清代满语书面语语音进行了比较研究，在此基础上论述了清代满语语音发展规律。最后阐述了清代满语语音变化的历史过程与语音变化基本原理，以及该项研究的理论意义等。《满洲语语音研究》由绪论、现代满语的语音系统、现代满语语音和满语书面语语音比较、满语语音发展、结论五个部分组成。这里所谓的现代满语和满语书面语，分别指由清代传承的严重濒危满语口语及清代使用的满语书面语。在对该博士学位论文进行修改和补充的基础上，1992年日本玄文社出版了该书，书的前页还有清代传承之严重濒危满语口语使用村落地理分布图，以及日本著名满学家河内良弘所撰序言。《满洲语语音研究》的出版，对于人们了解由清代传承的严重濒危满语口语语音发展变化、继续探讨黑龙江省由清代传承的严重濒危满语口语语音结构和语音系统等，均有十分重要的意义。该书指出，由清代传承的严重濒危满语口语有：

a、ɤ、ə、i、e、o、u、y　8个元音

b、p、m、f、v、d、t、n、l、r、s、z、dʐ、tʂ、ʂ、ʐ、dʑ、tʃ、ʃ、g、k、x、ŋ、ɣ、ʔ、j、w　27个辅音。

　　该书还分析了满语口语的重音现象、元音及其辅音的和谐规律、音节的结构关系与特征等。书中还利用相当篇幅，比较分析了由清代传承的严重濒危满语口语和清代满语书面语间出现的语音对应现象。与此同时，她还阐述了由清代传承的严重濒危满语口语语音变迁规律，进而论证了由清代传承的严重濒危满语口语语音发展变化的历史过程。除此之外，乌拉熙春还发表了专门论述清代满语及满语支语言中使用的送气清擦音、松紧元音、过渡音等方面内容的学术论文。例如，她在《民族语文》上先后发表《满语支语言中的送气清擦音》（1993年第6期）、《满语支语言的松紧元音》（1995年第2期）、《满语支语言中的过渡音》（1997年第1期）等。

　　赵阿平和朝克编著的《黑龙江现代满语研究》一书于2001年由黑龙江教育出版社出版。该书是将他们从20世纪80年代到90年代间对于黑龙江省由清代传承的严重濒危满语口语进行调查的调查资料，与穆晔骏在《满语研究》上先后刊发的黑龙江省阿勒楚喀满语口语、巴拉满语口语、拉林满语口语、三家子满语口语研究成果密切联系的基础上完成的。书中包括对于黑龙江省满族较为集中生活的不同村落内极少数满族老人使用的、已成为严重濒危的清代传承之满语口语语音现象进行分析研究的内容，并对保存至今的由清代传承的严重濒危满语口语基础词汇进行搜集整理，还讨论了相关语法关系。其中许多观点，特别是对于不同地区的由清代传承的严重濒危满语口语语音分析、不同音位的确定、音位系统的确立等方面，基本遵从了穆晔骏的观点，只是在必要之处做了部分修改和补充。

　　在这一时期发表的清代满语语音和由清代传承的严重濒危满语口语进行调查研究的成果里，还包括对于清代满语书面语语音形式、语音结构、音变规则、元音和谐现象及有关历史文献资料的满语语音

第三课 清代满语语音及由清代传承的严重濒危满语口语语音研究

系统或语音特征进行分析的学术论文。例如，王庆丰在《民族语文》1986年第1期上刊发《试论满语的元音 o、u、ū》一文，较全面地论述了清代满语书面语的 o、u、ū 3个元音的使用特征和区别关系；刘景宪等在《民族语文》1997年第5期中发表论文《满语音节拼读现象和复合元音的产生》，讨论了清代满语书面语音节内出现的语音拼读原理和复元音现象。还需要强调指出的是，沈原和赵志强在《满语研究》1995年第1期上刊发的《满语元音简论》，是一篇分析清代满语书面语元音系统的论文，在清代满语书面语元音研究方面有着独特价值。在该文中，他们明确提出清代满语书面语单元音系统主要有 a、ə、i、o、u 5个音位，而不是 a、ə、i、o、u、ū 6个元音音位。进而他们认为，当初的清代老满文元音字母同蒙古文字母完全一样，有 a、ə、i、o、u、ō、ū 7个元音。而且，清代老满文的这7个元音，应来自蒙古文及蒙古文元音的拼写规则，属于蒙古语元音的复制性产物，后由清代满语研究专家把来自蒙古文的7个元音简化为满文中的6个元音音位。他们还提出，无论是清代满文最初使用时期的7个元音，还是后来简化而变成的6个元音，都是受蒙古书面语元音影响的结果，没有真实反映出清代满语语音系统的元音音位，更不是对于清代满语元音音位系统进行客观描写的产物。因此，在他们看来，清代满语语音中只有 a、ə、i、o、u 5个元音。他们的这一观点很有说服力，有助于对清代满语语音系统的元音音位进行科学把握和精准认识，从而给那些难以把握的清代满语元音音位的定位提供了科学依据。

与此相关，于鹏翔在《满语研究》1990年第2期，还刊发过讨论清代满文元音字母的论文《论满文元音字母的相变》。吴雪娟等关于清代满文文献资料及满语文研究，也对清代满语第六元音展开过学术讨论，并进一步撰写完成《满语第六元音研究》一文，刊发于《满语研究》2009年2期。文中，通过对清代满文第六元音 ū 的转写形式、第六元音 ū 字母字形的规范化使用、第六元音 ū 之实际音值的分析、专有名词中的元音 ū 的使用原理、清代满族方言的元音系统的整体结构特征等方面进行讨论,进一步阐述了满语第六元音 ū 的汉字记音、音位变体及其文字字形、转写手段及其原理。同时,该文还提出,对满语第六元音 ū 的研究成果之所以存在不同说法,主要源于对满语元音 u 和 o 在具体使用中出现的不同变体现象的不同解释。

  除此之外,还有一些讨论清代满语书面语元音和谐现象的论文。例如,1984 年由四川民族出版社出版的《民族语文研究》里,收录了季永海的《论满语的元音和谐——兼论元音和谐不同于语音同化》。《满语研究》1995 年第 2 期以及 1998 年第 1 期,分别发表过刘景宪的《论满语元音和谐律》和《关于满语中性元音和谐问题的探讨》两篇论文;《满语研究》2004 年第 2 期,刊发过哈斯巴特尔论述清代满语元音曲折性演变规律的论文《初论满语元音曲折现象》,等等。毫无疑问,这些对于清代满语元音结构和语音特征进行研究的学术论文,对于清代满语书面语以及由清代传承的严重濒危满语口语元音进行的系统科学分析,以及对于清代满语元音音位研究、元音音变现象的讨论、元音和谐规律的探讨都有十分重要的学术价值。江桥在《满语研究》2005 年第 1 期上发表论文《满文元音之汉字注音》,提出出于清代汉语言文字交流和使用需求,出现一些以汉字音读满文的文献,为人们通过汉字音掌握满文提供了条件,同时也为清代满汉字读音互鉴带去了良好语言交流环境。她以读本《御制满洲蒙古汉字三合切音清文鉴》内的"满文之汉字注音制成"为据,阐述了其注音特征、注音原则、对音汉字古今音现象、清代满文汉字注音方法等。在这些富有成效的前期研究的基础上,江桥于 2009 年由中华书局出版《清代满蒙汉文词语音义对照手册》一书,这是较全面、系统地对照整理了清代满蒙汉文词语音译现象及其内在规律的一本手册,对于清代满蒙汉文词语音译现象对照分析和研究有重要的学术参考价值。

  同清代满语元音研究相比较,对于清代满语辅音现象或辅音系统进行专题讨论的文章或论文不多,这主要与清代满语辅音结构系统本身复杂、多样、多变有关。换言之,在现有清代满语语音研究论著里,专门阐述或探讨清代满语辅音结构系统、音变原理,包括使用关系、

第三课　清代满语语音及由清代传承的严重濒危满语口语语音研究

使用特征、使用规则和原理等方面的成果不太多。仅在一些全面研究清代满语语音系统和语法关系的成果里，见到从不同层面、不同角度，对于清代满语书面语或由清代传承的严重濒危满语口语辅音结构体系、辅音结构特征以及有关辅音音变规律等展开讨论的内容。

有关对于清代满语辅音进行专题讨论的成果，首先可指出于鹏翔在《满语研究》1993年第1期上刊发的《满语辅音字母的原形研究》一文。该文首先提出研究清代满语辅音系统之真实性和科学性，其次强调了分析清代满语辅音音位原形结构的必要性和重要性。在此之前，他还在《松辽学刊（社会科学版）》1988年第1期上刊发论文《满文音素原相结构浅论》，专门讨论清代满语书面语音素的原始结构特征等。哈斯巴特尔在《满语研究》2005年第2期上发表《满语辅音c/j探源》，该文根据满语辅音 c 与 j 同女真语及蒙古语辅音 d 和 t 及 g 与 k 的对应关系，提出清代满语辅音 c 与 j 的一部分不属于固有现象，而是由早期的 *d、*t、*g、*q(*k) 等辅音经过腭化演变而来的，进而提出在清代满语语音史中，曾出现塞辅音的腭化式发展阶段之推论。另外，关辛秋在《满语研究》2007年第2期、《满语研究》2008年第1期上先后发表《关于满文辅音字母读音的探讨（上）》《关于满文辅音字母读音的探讨（下）》两文，讨论清代满文语音系统中的22个辅音字母内出现的12个辅音字母的读音分歧。该文主要依据清代汉文、朝鲜文、英文等，对当时的满文文献资料中的满文注音资料，深入浅出地分析了这12个有争议的辅音字母的不同读音。在该文看来，清代满文文献资料中使用的满文注音符号里：（1）j 与 c 应该属于辅音 ʤ、ʧ、ʃ 的记音形式；（2）k、g、h 出现于元音 a、o 前面时，要发音为小舌音 q、ɣ、x；（3）b、d、g 属于清辅音而非浊辅音；（4）r 和 l 在音节结尾部分使用时应发作 r 和 l；（5）w 应该读作 w 音而不应读成 v 音。同时，该文还分析了清代满文辅音 b、d、g 的具体读音，以及辅音 r 和 l 在音节末尾出现时的读音形式等。

与此研究有关，黄锡惠在《满语研究》2012年第2期里撰文《满文外音字 ts 的词头、词中形式研究》。该文主要根据现已出版的清代满文教材和相关辞书中使用的辅音 ts 在词头及词中使用的具体实例，认为清代满文外音字 ts 的写法多为在下牙上接出长字牙，甚至在独立使用与词尾使用时存在发音方面的异同现象。在他看来，在《满汉字清文启蒙》里，清代满文外音字 ts 只列有独立形及词尾形两种使用形式，进而指出从语音发生学角度，其辅音应该源于 s 音。他还写道，《五体清文鉴》中藏文和维吾尔文等的满文切音、对音拼写及满文诸佛经刻本、御制碑文、殿本刻书等文献中，满族将其他民族语地名，包括把汉语汉字名等都按照满语满文书写习惯连写成 ts 音，在清代民间满语文学习范本《抄本初学满文指蒙歌》中，也写成 ts 音。作为御制大型辞书，《五体清文鉴》的满文注音及其规范性拼写不容置疑。那么，作为成熟而规范性字母系统，应当具有很强的代表性和影响力，因此有必要为清代满文的辅音 ts 确定规范化书写规则。

在清代满语语音研究成果里，也包括讨论某一词或某一类词的语音现象的论文。例如，黄锡惠在《黑龙江民族丛刊》1994 年第 3 期上发表的《疑难满语水体名称续考——"毕拉"、"窝模"变音的再研究》一文，考证过这两个河流的名称及其语音结构特征和音变规律。之后，他还在《民族语文》1995 年第 1 期发表《满语水体通名音变研究》一文，探讨满语中与江河湖海等密切相关的名词术语及其语音特点、语音结构关系和音变现象等。再如，季永海在《满语研究》上先后刊登《〈清语易言〉语音探析》（1992 年第 1 期）、《〈清文启蒙〉的语音研究》（1994 年第 2 期）等论文，分析过《清语易言》《清文启蒙》等清代文献资料中的满语书面语语音结构及其特征。季永海、刘景贤、屈六生合著的《满语研究》（民族出版社 1986 年版），以及刘景宪、赵阿平、赵金纯合著的《满语研究通论》（黑龙江朝鲜民族出版社 1997 年版）等以清代满语文教材为基础的成果里，也都不同程度地阐述过清代满语书面语的语音系统。这些研究共同认为，清代使用的满语书面语有：

第三课　清代满语语音及由清代传承的严重濒危满语口语语音研究

a、ə、i、o、ū 5个元音。
b、p、m、f、v、d、t、n、l、r、s、dʑ、ts、dz、tʂ、ʂ、z、g、k、x、ŋ、G、q、χ、j 25个辅音。

在对于我国满语语音研究成果进行全面系统总结梳理的基础上，朝克撰写《论满语语音及其研究》一文，刊发于《满语研究》2007年第1期。他认为，满语语音研究经过三个多世纪的学术发展历程，已经取得了诸多重要学术成果，刊发了不少有影响力、有学术价值、有理论观点的论著。这些论著的内容不仅涉及清代满语的元音、语法、语音系统、音变规律、元音和谐现象、语音重要特征等方面，还涉及由清代传承的严重濒危满语口语语音研究领域。特别是对于清代满语书面语及其口语的元音系统、辅音系统、音变规则、语音和谐原理、外来语语音影响等各方面已取得十分显著的成果。在他看来，满语语音研究，无论在国内还是在国外，都已取得较理想的学术进展。其中，国内学界做出的成绩最为显著且最具代表性。同时，清代满语语音与其他相关语言的语音比较研究或对比研究工作也取得了较理想的推进。其中，清代满语语音同汉语和蒙古语等的语音比较研究和对比研究工作开始较早。例如，清代就出版过数量可观的满汉合璧、满蒙合璧、满蒙汉合璧辞书和历史文献资料及研究成果，为清代不同语言间的语音比较研究和对比研究，提供了相当丰厚的历史文献资料。之后，也刊发过不少讨论清代满语同其他语言间的语音比较研究或对比研究。例如，邓永龄在《国立中央大学半月刊》1930年第16期上，发表了将清代满语书面语语音同汉语音韵进行对比分析的论文《从满语对音论看中国音韵问题》，深入浅出地论述了汉语音韵研究中遇到的新学术问题。他认为，清代满语语音研究方法对于汉语音韵研究有一定的借鉴作用。哈斯巴特尔在《满语研究》1992年第2期上发表的《关于满语和蒙古语某些辅音的比较（一）》一文，对满语和蒙古语的相关辅音进行了相当深入的比较研究。李兵在《新疆师范大学学报（哲学社会科学版）》1998年第2期上发表的《满语和锡伯语元音系统结构的历时比较》一文，从历时比较语音学的理论视角，论述了满语和锡伯语元音系统中存在的异同现象，以及相关音位表现出的共同历史来源问题等。

总而言之，我国满语研究专家学者，对清代满语语音研究做出了相当突出的学术贡献。其中，包括由清代传承的严重濒危满语口语语音研究中取得的成绩。相关成果首先体现在对清代满语书面语和由清代传承的严重濒危满语口语语音音位进行系统性研究、专题性研究、区别性研究、分类型研究、共时性和历时性研究等方面。其次，将清代历史文献资料的满文中使用的元音系统同由清代传承的严重濒危满语口语元音系统展开深入比较研究的成果也有不少。再次，探讨清代满语特殊辅音的使用关系、特殊元音的结构性特征以及清代满语的音变原理、语音和谐规律、重音现象等方面的论文也有一定的代表性。最后，还有论述清代满语个别词语的语音现象或将清代满语语音同相关语言的语音进行比较研究或对比研究的成果。以上这些研究，很大程度上规范了清代满语语音研究，同时对清代满语语音体系的科学定位提供了重要理论依据，并对进一步深入研究清代满语语音系统、为有问题有争议的元音音位和辅音音位的进一步科学探讨奠定了十分可靠的理论基础，从而使清代满语书面语及由清代传承的严重濒危满语口语语音研究迈向规范而理论化、科学化的发展轨道。

国外学界的清代满语语音研究，主要集中在分析清代满语书面语语音的方面。首先应该提到的是穆麟多夫（P. G. von Möllendorff）在《满语语法》（*A Manchu Grammar, With Analysed Texts*）里提出的观点。在对清代满语书面语语音系统作全面分析的基础上，该书提出，清代满语书面语有：

a、e（ə）、i、o、u、ū 6个元音。

b、p、m、f、w、d、t、n、l、r、s、š、c、j、y、g、k、h 18个辅音。

第三课　清代满语语音及由清代传承的严重濒危满语口语语音研究

同时，他还认为，清代满语书面语的实际发音中应该有 a、ə、i、y、o、ɵ、u、ʉ 8 个元音，以及专门用于记写汉语语音的 g'、k'、h'、ts'、ts、dz、ž、sy、c'y、jy 10 个音符。对此说法，穆晔骏和爱新觉罗·瀛生等国内满语学者则认为，穆麟多夫所说的清代满语的 c、j、š 三个辅音发出的音不是 dʐ、tʂ、ʂ，满语书面语里使用的辅音 dʐ、tʂ、ʂ 属于"汉音满语""变音满语"或使用汉语辅音时出现的音变现象。换言之，穆麟多夫所说的 c、j、š 三个音，属于清代满语辅音 ʤ、tʃ、ʃ。

在国外学界对于清代满语书面语语音的讨论中，涉及清代满语书面语元音 o、u、ū 的区别关系或转写规则的内容较多，这和清代满语 o、u、ū 三个元音的音位确定的复杂性有直接联系。以上提到的穆麟多夫《满语语法》一书里，即将这三个元音写成 o、u、ū。然而，哈列兹在《现代满语》一书内，却使用了 o、ô、ū 三个元音符号。扎哈洛夫在《满语语法》中，则用 o、y、ý 三个符号替代了 o、u、ū。学术界比较倾向于穆麟多夫的标写法，但对于清代满语元音 ū 的标写和解释，包括对其音位的确定等方面还是存在不同看法。如有学者认为，清代满语元音 ū 不属于独立性音位，也有学者认为元音 ū 是指长元音，还有学者提出元音 ū 属于独立性音位。以上论点，对于深入研究清代满语语音系、某些语音的结构性特征或实际读法、使用规则的科学把握、不同语音间的搭配关系、结合原理及区别性特征等方面有一定益处。但遗憾的是，在他们的研究里，一些十分棘手的语音问题却没有得到解决。例如，有关元音 ū 以及辅音 ʤ、tʃ、ʃ（dʐ、tʂ、ʂ~c、j、š）等的使用中存在的一系列问题，依然未能得到解决。

清代满语语音研究方面，西方学者虽然开始得较早，但日本和韩国的学者则后来居上，在该领域取得了较好成绩。在日本，对于清代满语语音研究领域做出较大贡献的有服部四郎、今西春秋、早田辉洋等学者。另外，像上原久、清濑义三郎则府、池上二郎、菅野裕臣、坂井卫、渡部薰太郎、中岛干起等也不同程度地讨论过清代满文文献资料中的满文满语语音，撰写过与清代满文满语语音相关的论著。但这些成果的绝大多数涉及中清代满语书面语语音，较少探讨由清代传承的严重濒危满语口语语音，仅有服部四郎在《言语研究》1956年总第30期上发表《满语口语音韵体系与结构》一文，讨论过由清代传承的严重濒危满语口语语音系统。针对清代满语书面语语音进行分析的论文，例如，服部四郎在《声音研究》1937年第6期上发表的《满语语音史资料》一文，概述了清代满语书面语语音研究的史料及其价值。在日本学界，清代满语书面语第六元音 ū，无论是其发音还是解读，都是一个难度较大的问题，所以也就自然成了他们关注和讨论的焦点。池上二郎在《东洋语研究》1946年第1期上撰写论文《满语书面语元音 ū》，阐述了清代满语书面语元音 ū 的音位及其结构特征和使用关系。今西春秋在《东方学纪要》1959年第1期上，同样发表了考证和分析清代满语书面语元音 ū 的学术论文《满语 ū 音考》。

日本学界也刊发过讨论清代满语书面语某一辅音音位或个别辅音使用规则和原理的学术论文。例如，清濑义三郎则府在《语言研究》1984年第86期上刊发了《满语腭化音 /š/ 和 [š]》一文，等等。这些论文有针对性地论述了清代满语书面语辅音系统中的鼻辅音 m 与 n 的使用关系及其共有特点，以及腭化音 š 的结构性特征和音变现象。另外，早田辉洋在2002年出版的《1999年度日本科学研究补助金基础研究项目报告书——满语书面语、满语口语、近世汉语比较对照研究》中，还分析了清代满语元音系统及其整体性结构特征。

清代满语书面语元音和谐现象的研究，也是日本满语学者较为关心的研究课题。上原久在《亚洲语言研究》1952年第5期上发表《关于满语元音和谐》一文，较全面地分析了清代满语书面语元音和谐的结构性特征和基本原理。早田辉洋在《阿尔泰学报》（1998年第8期）和《九州大学言语学研究室报告》（总第11期）等学术刊物上，先后发表《关于满语书面语文字表记及音韵研究报告》《关于〈满文金瓶梅〉里的满语书面语的汉字音》等论文，阐述了清代满语书面语的文字表记形式同满语语音实际发音的关系，阐明了清代满语书面语与汉

第三课　清代满语语音及由清代传承的严重濒危满语口语语音研究

字读音间的内部关系和相互影响等。菅野裕臣对朝鲜司译院收藏的清学书谚文对音作过分析，他的研究成果《关于朝鲜司译院清学书的谚文对音的性质》一文，还被译成中文、刊发于《满语研究》2001年第1期。

在日本的清代满语语音研究成果中，也包括将清代满语语音同女真语、蒙古语、汉语、日语语音开展比较研究的内容。例如，渡部薰太郎在《大阪东洋学会》1925年第2期刊发的《满洲语女真语与汉字音的关系》一文，探讨了满语同女真语和汉语间极其复杂且多层级、多角度、多方面的语音关系。坂井卫在《熊本史学》1951年第7期上发表论文《清代满语音所表现的蒙古语语音影响》，论述了清代满语书面语语音系统中存在的蒙古语语音特征，从而进一步证实了清代早期满语书面语受到蒙古语语音影响。早田辉洋在《日本研究年报》1993年第13期刊发的《从满语及日本语的语音史思考语音变化及原有语音体系的保持》一文，对满语及日本语语音做了对比研究，阐述了清代满语语音变化和日本语语音变化中出现的共性化特征，以及这两种语言的深层语音结构系统中体现的原始性共有关系等。

韩国的清代满语语音研究也取得了较好成绩，主要体现在韩国首尔大学成百仁的研究中。他的研究基本上均涉及清代满语书面语语音结构形式和内容。首先，他研究了清代满语书面语元音和谐问题，先后在《文理大学报》和《韩国》等刊物上发表《关于满语元音和谐现象》（1959年第2期）、《关于满语元音和谐现象——系统区别及区别特征》（1968年第141期）等论文，较系统地论述了清代满语书面语元音和谐现象的基本特征及其和谐原理。他还在韩国金芳汉纪念文集《历史语言学》（1985）内撰写《满语长元音》一文，阐述了清代满语书面语长元音及其表现形式和使用关系。成百仁对于清代满文资料的语音系统和结构特征也作过相当有价值的探讨。例如，他在《明知大学论文集》、韩国语言学会刊《语言学》、梅田博之古稀纪念论丛刊行委员会编的《韩日语文学论丛》等刊物及论文集中，先后发表《满语语音史研究——清文启蒙 异施清字研究（其一）》（1975）、

《满语语音史研究——清文启蒙 异施清字研究(其二)》(1976)、《〈旧满洲档〉满语语音论特征》(2001)等论文,深入浅出地讨论了《清文启蒙》《旧满洲档》等清代满文历史文献资料中的满语书面语语音。尤其应该提到的是,他在震檀学会办的《震檀学报》总第45期发表的《关于满语语音论著学术问题》(1978),以及由明知大学出版部于1981年出版的《满语语音论研究》,是他在清代满语书面语语音研究方面的代表性论述。这些研究成果较全面系统地论述了清代满语书面语语音研究中存在的一系列问题,以及清代满语书面语语音的结构性特征,颇具学术指导意义和理论价值。

除了成百仁之外,崔鹤根、金东昭、金周源、高东昊等学者也发表过探讨清代满语语音变化现象、清代满语某一音素的结构性特征的论文。例如,崔鹤根的《满文书面语元音系统中的U元音》(1969)、金东昭在1972年和1974年的《语文学》上连续发表的《〈清语老乞大〉满语书面语形态音素记述(1)(2)》,以及金周源在韩国《阿尔泰学报》1990年总第2期上发表的《满语元音系统之变化》、高东昊在韩国《阿尔泰学报》1999年总第9期里刊发的《三家子满语元音 i 的同化现象》等,都对清代满语书面语以及由清代传承的严重濒危满语口语语音变化现象、音变音素的结构形式、元音音素或元音系统的变化规律等展开了分析研究及科学讨论。

综上所述,在日本和韩国,从20世纪20年代以来,特别是从20世纪50年代之后,有关清代满语语音的研究取得了较理想的进展。不过,他们在此领域的研究,更多涉及清代满语书面语语音,很少讨论由清代传承的严重濒危满语口语语音。20世纪80年代以后,金周源、浩东昊、朝克合著的《现代满语口语》一书,以及高东昊的《三家子满语元音 i 的同化现象》等文章,在对满语口语进行田野调查的基础上,开始讨论活的满语语音现象。此外,在日本和韩国的清代满语语音研究领域中,讨论清代满语元音音位关系、元音音变现象、元音和谐规律的内容相对较多,对于清代满语辅音音位或同其他语音现象比较研究、对比研究内容较少。这恐怕与清代满语辅音系统过于复

第三课 清代满语语音及由清代传承的严重濒危满语口语语音研究

杂、使用越来越少、满语语音变化越来越多等有一定联系。

概而言之,国内外学界在清代满语书面语语音,以及由清代传承的严重濒危满语口语语音研究方面已取得一定学术成果,但需要进一步研究的问题还有很多。如纵览国内外刊印的清代满文字母的书写形式,以及清代满语书面语记音或转写内容时,除可看出其中存在的共性化结构性特征之外,也能发现一些区别性特征或例外之处,这给后人留下不少值得深入讨论的学术话题。

第四课
清代满语词汇及由清代传承的严重濒危满语口语词汇研究

词汇研究,包括词的构成原理、结构特征、词义内涵、使用关系、演变规律等方面,是语言学界最感兴趣的话题之一,同单调苦涩的语音研究和错综复杂的语法现象研究相比显得较为轻松。清代满语词汇研究,同样是满语学界学者比较感兴趣的议题,在此方面取得的成果十分显著。

国内满语学界的学者取得的成果最为显著,绝大多数论文发表在黑龙江大学满语研究所主办的《满语研究》上,主题主要涉及词义学、词类学、词用学、词源学、构词学、词译学以及特殊词汇的分析等领域。例如,赵阿平对于清代满语词汇基本结构特征进行概括性阐述的论文《论满语词汇的特点》,便刊发于《满语研究》1990年第1期。她还从词用学、词义学以及文化语言学角度,对清代满语相关词义的内涵、演变、使用关系以及词义中包含的社会文化含义等展开过十分有价值的讨论,这些论文先后都发表于《满语研究》。例如,她分析清代满语书面语同义词、多义词、同音词使用功能和使用特征的论文有《满语同义词的辨析与运用》(1991年第1期)、《满语多义词与同音词的辨别与运用》(1991年第2期)等;从语言文化学的角度出发,对清代满语书面语个别词义结构或对特殊词类的词义内涵等进行讨

第四课　清代满语词汇及由清代传承的严重濒危满语口语词汇研究

论的论文有《满汉谚语语义辨析》(1992年第1期)、《颜色词"白色"的民族文化内涵》(1995年第1期)、《满语语义文化内涵探析(一)》(1992年第2期)、《满语语义文化内涵探析(二)》(1993年第1期)、《满语中动物词语的文化含义(上)》(1995年第2期)、《满语中动物词语的文化含义(下)》(1996年第1期)等。这些论文的发表，标志着清代满语书面语词汇研究，尤其是有关词语中包含的历史文化内涵的研究，开始走向更加成熟和多元化。

在此研究方面，屈六生也做出了一定成绩。例如他在《满语研究》上发表《满语中的多义词、同义词、反义词》(1986年第2期)、《满语中的兼类词举隅》(1991年第2期)等论文，较全面而深入地分析了清代满语书面语中多义词、同义词、反义词、兼类词等的分类及结构特征和使用现象。黎艳平阐述清代满语词汇的借代义和比喻义的论文《论满语词的借代义和比喻义》，以及分析名词类词标志性结构成分 ninge 的使用原理的论文《谈 ningge 一词在满语中的运用》等论文，先后发表于《满语研究》1992年第2期及1989年第1期。

另外，《满语研究》上也刊发过专门论述清代满语名词、方位词、数词、形容词、动词以及语气词与复合词的论文，并对这些词的语义结构和词义变化，包括个别词的特殊用法及个别词类的词根结构系统与构词原理等开展过相当广泛的讨论。例如，罗杰瑞、朱麟在2005年第2期上发表《满语词源二例研究》一文，探讨了满语"雪"和"白杨"两个名词的起源及其相互间存在的底层共有关系，进而论述了这些词语同阿尔泰语系语言间存在的渊源关系。长山在2012年第1期上撰写《论满语 irgen》一文，提出满语名词 irgen 的原义应为"人民"和"百姓"，之后其词义发生了变化，除了泛指"人民"与"百姓"之外，还引申出"汉人"等内涵，在清代满语的某些口语里，还演化为单指"汉人"的专用名词。赵志忠《试析满族亲属称谓》(《满语研究》2005年第1期)从满语亲属称谓的结构特征和使用关系的角度，阐述了它们在语音结构方面的互补性和区别性、使用关系方面的复杂性和完多重性、民族文化内涵的变异性和多样性。在他看来，随着满族受汉族文化影响逐渐加深,他们的亲属称谓也产生相应变化。这是清代满语亲属称谓变得越来越丰富的重要社会因素。波·索德在2010年第2期发表的《再论满语亲属称谓 eme》一文,从词源学的层面,论述了清代满语书面语亲属称谓 eme"母亲"的词义结构及其语用关系。此外,还有一些研究清代满语复合词的论文。例如,敖特根其其格在《满语研究》2005年第2期上刊发《满语复合名词的构词特点》一文,在对清代满语复合型名词及其构成原理、构词特点、结构关系进行分析的基础上指出,清代满语中存在实词类词词根后面接缀相关构词词缀派生新词的构词法,以及用词干与词干相结合的形式构成新词的复合型构词法。前者所创新词叫派生词,后者所创新词称复合词,复合词内部还可以分类出完全复合型结构形式的词、简略复合型结构形式的词、简略融合复合型结构形式的词三种。早在《满语研究》1991年第2期上,吴宝柱的《试论满语复合词的语义结构》一文,从词义学角度解释过满语复合词词义结构及其使用特征。季永海在《满语研究》2008年第2期刊发的《满语探索三题》一文中,通过分析清代早期文学作品中使用的满语,指出清代满语内有极其丰富的合成词,根据其构成原理可分为简单合成词和复杂合成词两种结构类型。

关于清代满语方位词研究的成果有长山等于《满语研究》2008年第2期发表的《满语方位词 dergi、wargi 词源考证》一文。该论文阐明了清代满语方位词 dergi、wargi 的构词手段及词义结构特点。在作者看来,这两个方位名词是在词根 de- 与 wa- 后面接缀构词词缀 -rgi 而构成,构词词缀 -rgi 由满语的 ergi"方""边"演化而来,词根 de- 与 wa- 则属于非独立性词干,只有接缀相关构词词缀才能够表达完整词汇意义。从语义结构上分析,dergi 表示"上"或"东"之意,而 wargi 意为"下"或"西"。这些词义的形成,与满族早期把太阳升起的方向称为"东",太阳落下的方向称为"西"有密切关系。长山等在《满语研究》2010年第2期上刊发《满语口语 d(e)rgi、vergi 来源探析》一文,从词义学、词源学、民俗文化学角度,讨论

第四课　清代满语词汇及由清代传承的严重濒危满语口语词汇研究

了清代满语书面语方位词 dergi "东"、wargi "西" 在由清代传承的严重濒危满语口语中演变为 d(e)rgi "西"、vɛrgi "东" 的音变现象，以及 "西" "东" 之说与满族尊西卑东习俗之间的关系。此外还有吴宝柱的《满语方位词词根辨析》（《满语研究》1994 年第 2 期）等文章。有关清代满语数词方面的论文，有奇车山的《满语数词 "tofohon" 及几个数词探析》（《满语研究》1996 年第 1 期）、朝格查的《论满族神话中数字 "三" 的含义》（《满语研究》1999 年第 2 期）等。

此外，研究满语形容词的一些成果，也多发表在《满语研究》上如黎冉的《满语词语的形象色彩及其修辞作用》（1991 年第 1 期）、吴宝柱的《论满语颜色词》（1992 年第 2 期）、贾越的《满语颜色词 fulgiyan 词源探析》（2009 年第 2 期）等。其中，贾越的论文认为，清代满语颜色词 fulgiyan "红" 虽属于词根 ful- 后接缀构词词缀 -giyan 而派生的词例，但其词根 ful- 却源于早期阿尔泰诸语内使用的名词 *pula "火"，构词词缀 -giyan 则属于清代满语派生形容词的构词成分。该文还提到，*pula 的语义从 "火" 演化为表示 "红" 之意的形容词，符合早期人类的认知观念。

这些论文，使人们对于清代满语的一些名词类词的产生、语音结构、词义关系、语用特点等均有了不同程度的认识。尤其是对于清代满语名词、方位名词、数词、形容词等的来源和语音形式、词义内涵、音义演变现象及使用规则的讨论，对于清代满语多义词、同义词、反义词的结构特征和语用关系的针对性分析、清代满语词汇中出现的借代义和比喻义的探讨、对于清代满语复合词形成原理及名词类词中隐含的文化因素等的论述，使人们更加深入、清楚而全面地了解到清代满语词汇体系里展现出的错综复杂的语音和语义关系。

此外，学者也有一定广度和深度地探讨过清代满语的动词类词，多论及那些使用范围比较广、使用率较高、语义结构又比较复杂的动词类词。例如，佟永功等在《中央民族大学学报》1985 年第 3 期上发表的《从满文文献看满语的形动词》一文，以及《满语研究》上先后

发表的黎艳平《谈动词 sembi 在句中的用法》(1988 年第 1 期)、清
裔《论满语形动词和动名词》(1991 年第 2 期)、方汇等《清代公文书
中常用的几个满语动词》(1994 年第 2 期)、赵志忠《谈满语动词
arambi》(2002 年第 1 期)等论文,均论述了清代历史文献资料中常
用动词、形动词、动名词等的结构特征和使用原理。与此相关,王小
虹在《满语研究》2004 年第 1 期上发表《谈谈满语 sembi、hendumbi、
gisurembi 三个"说"字的区别》,阐述了清代满语书面语动词
sesembi、hendumbi、gisurembi 的区别性结构特征及其各自具有的特
定语义内涵。晓春在《中央民族大学学报》2002 年第 6 期上刊发《满
语否定动词"akuu"的语义及起源》一文,从历史语言学角度全面系
统地论述了清代满语动词 aku 的词义结构和历史来源。另外,赵令志
在《满语研究》2006 年第 1 期上发表《满语副动词 pi 与 fi 浅析》
一文,系统归纳、整理、概述了迄今为止有关清代满语副动词 pi 与
fi 的研究成果。在他看来,具体研究中确实出现不同认识、不同说法、
不同解释和不同观点。这自然而然地影响了人们对清代满文副动词词
义及使用原理的精确把握和科学翻译。同时,他还列举大量可靠而有
说服力的实例,全面论述了满语副动词 pi 与 fi 的实际内涵,并以
《清文虚字指南编》为理论依据,在相互比较的基础上深入探讨了 pi
与 fi 在句中使用时出现的共性特征及区别。

  总之,以上提到的论文为人们进一步深入讨论清代满语书面语的
动词类词提供了重要前提条件和理论依据。特别对于语义结构比较复
杂的动词类词的使用关系的全面认识和正确使用,包括同一个动词类
词在不同语句中表现出的极其微妙而深层次的不同词义关系的科学
把握等,提供了相当重要的理论思考及研究路径。

  清代满语书面语虚词类词研究也取得一定成果,相关论文基本上
都发表在《满语研究》上。例如,法里春概述清代满语书面语后置词
基本情况的论文《论满语的后置词》(1985 年创刊号),李书的《谈满
语的 be》一文(1986 年第 1 期),黎艳平讨论清代满语书面语模拟词
结构特征的论文《论满语的摹拟词》(1987 年第 2 期)、《满语模拟词

第四课　清代满语词汇及由清代传承的严重濒危满语口语词汇研究

补谈》（1993年第2期），赵阿平论述清代满语书面语有关虚词具体用法及其区别关系的论文《谈虚词 de 与 ci 在满语书面语中的用法》（1988年第2期），安双成讨论清代满语书面语代表性虚词类词的不同使用关系的论文《满语虚词 be、de、i、ci、deri 的用法》（1991年第2期），栗振复探讨清代满语书面语虚词中具有特定使用价值的论文《谈谈几个虚词》（1992年第1期），王小红的《浅谈满语"be"字在句子中的作用及其汉译方法》（2002年第2期）一文等。此外，王敌非在《满语研究》2009年第2期上发表《满语语气词研究》一文，指出，清代满语语气词是句子中的一个十分活跃的成分，有着相当高的使用率，所表达的语气含义比较复杂和丰富。准确掌握满语肯定语气词、祈使语气词、疑问语气词、感叹语气词、猜度语气词等的错综复杂的词义关系及各种用法，对清代满语文的学习与研究具有相当重要的意义。

　　以上论文的发表，使清代满语书面语虚词类词的讨论变得更加深入、广泛而系统，使人们对于清代满语中那些词义结构及使用现象复杂多变的虚词类词的了解更加准确。与此相关，屈六生在韩国《阿尔泰学报》2000年总第10期上刊发的《论满语 seme 的几种常用法及词性》一文，归纳和整理并全面阐述了清代满语书面语 seme 在不同语言环境和使用条件下所发挥的极其复杂而多变的语义功能。他提出，清代满语书面语 seme 可以起到连词、助词、附属词等词的作用，因此对于清代满语书面虚词的掌握和使用，必须要充分考虑到虚词类词在句子或特定语言环境下使用的不同条件和要求。刘景宪全面分析清代满语书面语的 manggi 句中充当后置词、连词、副词等词类功能和作用，以及清代满语书面语的 nakū 充当后置词的特定使用价值的论文《对满语 manggi 和 nakū 的探析》，在《满语研究》1996年第1期上刊发后，引起学界的较好评价。他在该文强调指出：满语manggi 和 nakū，"只有清楚地了解这两个词的各种用法，在具体的语言环境中进行认真分析，才能准确地表达句子内容。"通过以上研究，人们充分认识到清代满语虚词类词不仅在结构类型和语用关系的复杂性，及其本身具有的多样性、多变性、灵活性结构关系和使用特征。

在有关清代满语词汇的讨论中,也有专门论述满语专用名词及满语人名、满语地名等方面的成果。尤其对于人们比较关注而使用范围较广、使用率较高的清代满语名词术语的来源、产生过程、语音结构、语义关系、使用特征等方面,展开了不同程度和不同层面的探讨。比如,刘小萌在《满语研究》1987年第2期上发表的《库图勒考》一文,阐述了该名词的历史来源、使用意义及其语义结构中包含的特殊内容等。腾绍箴在《民族研究》1996年第4期上发表的《"满洲"名称考略》一文,考证和分析了"满洲"这一清代对于满族族称的历史来源、词义和使用关系。王昊等在《史学集刊》1996年第3期上,同样以《"满洲"名称考释》为题发表论文,从不同的视角解读了"满洲"一词的产生过程和语义结构。对于满族族称的讨论是一个热门话题,相关讨论一直延续到今天且总是各自持有不同说法和解释。如邸永君的《关于汉语"满洲"一词之由来》一文,刊登于《满语研究》2005年第1期。他认为,早在皇太极用"满洲"取代"诸申"(女真、肃慎)一词为族名之前,汉文史籍中已多次出现"满洲"一词,后为学术界确认指代满族的"满洲"一词系女真 manju 一词之对译词。选取"满洲"作为对译词,有深刻的文化内涵,反映出当时满族上层汉学修养之精深和最高统治者立志之高远。长山在《满语研究》2009年第1期上发表的《族称manju词源探析》一文认为,满族族称 manju 一词是在词根 man- 后面接缀构词成分 -ju 而派生的名词。其中,man- 是由满语表示"硬""强"等概念名词的 maŋgis 一词词根 maŋ->man- 演变而来,而构词成分 -ju 是原始阿尔泰语中"箭"一词在满语中词尾音连续脱落的同时、词首辅音腭化的结果,故manju 一词表达的应该是"强悍的箭"之意。进而他还认为,这种表达法与满族及其先民的狩猎生产活动有内在联系。此外,也有涉及满族清代官职称谓的论文。例如,哈斯巴特尔在《关于清代官职beile"贝勒"词源》(《满语研究》2006年第2期)一文中提出,清代官职称谓"贝勒"是一个非常古老的专用名词,它源于满族早期对部落长的称谓。后来,

第四课　清代满语词汇及由清代传承的严重濒危满语口语词汇研究

伴随清朝的建立,该称谓的实际内涵演变成清代特定官职称呼,主要指称具有实权的行政官员。再后来,伴随清朝行政制度及官员名称中不断借入汉语术语,"贝勒"这一官职称谓虽然被沿用了下来,但由实权官职称谓逐渐演变为虚权爵位名称。在他看来,"贝勒"之称在来源上与"结实""坚固"等词义有必然联系,同时与包括满通古斯语族语言在内的整个阿尔泰语系语言均有不同程度的历史来源关系。从"贝勒"一词的使用范围来看,不只是在满通古斯语支语言中,乃至在蒙古语族及其突厥语族语言里均被不同程度地使用。季永海在《满语研究》2008年第1期中撰文《满语研究二题:mandarin 与 cihakū》,论述了 mandarin 一词不是"清代北京官话",更不能把它音译为"满大人"。该词最初是葡萄牙人对中国明朝官员的称谓,意为"指挥""命令"等。后来,才引申出"官话"等词义。他还明确提出,满语的 cihakū 不是名词,依据其用法特点应被视为无变化结构类型的动词。通过以上讨论,人们对于满族族称及一些专用称谓有了更加全面的认识和把握。

除此之外,也有论述满族人名历史特征、神话传说中的人名与地名的产生因素、来龙去脉、使用关系、文化内涵等方面的论文,且基本均发表在《满语研究》上。其中,冯璐在《满语研究》2010年第2期上刊发的《满族人名的历史特征分析》一文提出,满语姓名是满族文化符号及其历史文化的组成部分,且有其特定的演变规律和变化过程,能够反映出清代满族所经历的历史文化演变。清代不同时期的满族人名,均有特定的历史年代特征,早期满族人名自然朴素,后受汉族文化影响,逐渐反映出汉文化因素。司徒《清代三仙女传说中人名和地名考释》(1987年第1期)深入细致地考证和解释了满语民间传说中的有关人名和地名;扎昆、依兰《谈满文中人名的写法》(1995年第3期)讨论了清代满文历史档案资料里的人名转写形式和基本规则;吴春娟《试析满族人名与文化》(2004年第1期)从清代满族传统文化角度,分析了满族人名里包含的鲜明的文化内涵。

对于满语地名进行分析的论述也相当多。例如,尹铁超在《满语研究》2000年第2期上发表《"嘎仙"语义考》一文，阐述该地名的历史来源及其深层次意义。金美在《民族语文》2002年第5期上发表《满语地名的语义特征》一文，将满语地名根据其语义特征分为标记类、提示类、警醒类三种分别展开讨论。该文还认为，满语地名的语义系统具有鲜明的对称性，体现出不同结构类型的满语地名及其认知主体和对象间相互作用的语义关系。吴雪娟在《满语研究》2008年第1期上，刊登了考释五大连池满语地名的论文《五大连池满语地名考释》。在她看来，五大连池地名呈现出多元文化特征，火山旧名"和尔冬吉山"含有"烽火山"之意、湖泊旧名"乌德林池"源于"乌云德林倭和"之说，表达的是"九磐石"之意。她还认为，考证五大连池清代满语地名的发展演变、探讨其词源和语义，有助于人们进一步了解满语地名特征及其历史演变原理。她的另一篇论文《满语地名"兴安"及其语义辨析》，刊登于《满语研究》2012年第2期。该文对清代满文相关档案进行考证的基础上，指出清代满语地名 hiŋgan "兴安"不仅具有多种写法，且使用情况十分复杂：不只表示"内兴安岭"之意，还能用 amba hiŋgan "大兴安"之说指称"外兴安岭"。另外，像 dabagan "岭"、mudun "山腿梁"、mulu "山梁"等也有"外兴安岭"的含义。她认为，hiŋgan 一词的本义应为"不长草而到处都是高大石头绵延的山"。这种解释，与其他学者将 hiŋgan 阐释为源于满语形容词 şaŋgiyan＞şiŋgian＞ʃiŋgan "白的"，而"兴安岭"是属于形容词 ʃiŋgan "白的"与名词 alin "山"合二为一的地名 ʃiŋgan + alin ⇨ ʃiŋganalin＞ʃiŋgaalin＞ʃiŋgalin "兴安岭"，意为"白色的山岭"的观点不同。这种观点认为，由于"兴安岭"一年四季被白桦树覆盖，特别是到了冬天加上厚积的白雪，不论从近处看还是由远处遥望，山上展现出一片白色，所以人们就叫它"兴安岭"，意为"白色的山岭"或"白山"。

　　论及满语地名研究及其取得的成果，不得不提到黑龙江大学满语言文化研究中心，即原黑龙江省满语研究所的黄锡惠研究员。在多年的科研工作中，他对黑龙江地区的满语地名研究做出了相当突出的贡献。他不仅对由清代传承的现存满语地名进行研究，还对清代满文历

第四课　清代满语词汇及由清代传承的严重濒危满语口语词汇研究

史文献资料中的满语地名展开了讨论。他多年来一直收集、整理、考证黑龙江地区的满语地名资料，同时广泛运用地名学、语言学、民族学、文化学、地理学以及历史学和翻译学理论知识，从多视角多层面深入细致地分析了黑龙江省清代满语地名。这些成果先后在《满语研究》《民族语文》等学术刊物上公开发表，引起了满语学界和地名学界的广泛关注。如他在《满语研究》上先后发表的论文：《黑龙江省满语地名翻译的几个问题》（1985 年第 1 期）、《满语地名中"毕拉"、"穆克"音变初探及相关河流之考译》（1986 年第 1 期）、《〈吉林通志〉中与植物有关之满语水体名称考释》（1987 年第 1 期）、《清代志书中以动物为名之满语水体考释》（连载于 1987 年第 2 期、1988 年第 1 期、1988 年第 2 期）、《清代文献中与水文有关之满语水体考释》（1989 年第 1 期）、《文献中以自然地理实体地理通名为专名之满语水体考释》（1989 年第 2 期）、《文献中与地理方位及数词有关之满语水体考释》（1990 年第 1 期）、《文献中以颜色为名之满语水体考释》（1990 年第 2 期）、《文献中以地形地貌的形象特征为名之满语水体考释》（1991 年第 1 期）、《文献中以草本植物为名之满语水体续考》（1992 年第 1 期）、《"山市河"语音含义探析》（1992 年第 2 期）、《文献中以木本植物为名之满语水体续考》（连载于 1992 年第 2 期、1993 年第 1 期）、《文献中以动物为名之满语水体续考》（连载于 1993 年第 1 期、1994 年第 1 期、1994 年第 2 期、1995 年第 1 期、1996 年第 1 期）、《满语地名翻译的同音同形异义问题》（1994 年第 1 期）、《满语地名翻译的同音异源问题》（1995 年第 2 期）、《文献中与经济生活有关之满语水体考释》（连载于 1996 年第 2 期、1997 年第 1 期、1997 年第 2 期、1998 年第 1 期）、《满语地名与满族文化》（2000 年第 2 期）、《满语地名研究方法谈》（2004 年第 1 期）、《"哈尔滨"地名考释》（2010 年第 1 期）等。他在《"哈尔滨"地名考释》中指出，"哈尔滨"一词的来源和词义一直为学界所关注，而时下已成"通说"的女真语"天鹅说"之论存在两大"硬伤"：一是从词源上讲"哈尔滨"并非属于女真语，二是从语音学上看"哈儿温"与"哈尔滨"风马牛不相及。

所以"哈尔滨"并非源于女真语"天鹅"之说,而来自于由清代传承的严重濒危满语口语"哈儿边",规范说法应为"哈勒费延",意为"扁"。另外,黄锡惠还在《黑龙江民族丛刊》1994 年第 3 期发表《疑难满语水体名称续考——"毕拉""窝模"变音的再研究》一文,在《民族语文》1995 年第 1 期上发表过《满语水体通名音变研究》等论文。

上述黄锡惠论文中提到的一系列所谓水体地名,主要指清代满文文献资料中出现的同江河湖泊等相关的称谓及地名。他在这些论文里,对跟江河湖泊的称谓密切相关的动物、植物、自然环境、地貌特征以及相关名词、数词、形容词等进行了探讨。此外,黄锡惠还对满语地名的音变现象和规律、满语地名研究的理论方法、满语地名翻译中遇到的同音异源问题、满语地名翻译中出现的同音同形异义现象、满语地名与经济生活的关系、满语地名与早期满族文化的关系等进行了有一定深度和力度的分析,取得了显著的学术成绩。他于 1998 年由黑龙江人民出版社出版的《满语地名研究》一书,是从名词解释学和地名学、民族学的角度撰写的一部清代满语地名的研究性著作。书中分为满族语言与文字、满语地名与研究、满语地名的语源问题、满语地名的音变问题、满语地名的同音异义问题、满语地名的同音异源问题、满语水体名称的通名成分、满语水体名称的汉语成分等章节。本书的出版,进一步提升了人们对清代满语地名结构体系的认识,对于与此相关的满语词汇系统、乃至与清代满语密切相关的名词术语,特别是对于那些历史悠久而内涵丰富的满语地名及其演变规律的准确科学把握和正确使用,均有十分重要的现实意义和长远的学术价值。

除了以上提到的对清代满语书面语词汇及其相关结构特征展开的研究外,也有对由清代传承的严重濒危满语口语词汇进行分析的论文,这些论文基本上亦均发表于《满语研究》。如穆晔骏对阿城地区由清代传承的严重濒危满语口语数词等展开讨论的论文《阿勒楚喀满语的数词与格助词》(1986 年第 1 期)、恩和巴图讨论由清代传承的严

第四课　清代满语词汇及由清代传承的严重濒危满语口语词汇研究

重濒危满语口语动词的论文《满语口语联系动词 gɯ-》(《民族语文》1997 年第 3 期)、戴光宇对富裕县三家子由清代传承的严重濒危满语口语集数词进行了实地调查基础上，撰写完成的《三家子满语口语集合数词词缀 -vεli 考》(2003 年第 1 期)论文等。比较而言，由清代传承的严重濒危满语口语词汇的研究论文的数量，要远低于讨论清代满语书面语词汇的成果。

在清代满语词汇研究里，也有少量研究对其构词形式和构词方法、构词词缀系统及词组结构类型展开探讨。在我们所掌握的资料里，主要有赵阿平在《满语研究》1989 年第 2 期上发表的《论满语词的构成》一文。所谓满语词的构成，指清代满语词汇的构成形式和内容。在该论文里，赵阿平较系统地阐述了清代满语书面语利用派生法构造新词的系统功能，以及用合成法构词手段创造新词的基本方法等。另外，安双成在韩国首尔大学的《阿尔泰学报》(1999) 中发表《满语构词法》一文，讨论清代满语书面语构词手段和构词原理等。双山在《内蒙古民族师范学院学报》1997 年第 3 期上发表《满语构词词缀 -rgi 之探源》，论述了清代满语书面语中经常出现的构词词缀 -rgi 的来龙去脉及其使用规则。此外，赵阿平在对清代满语书面语词和词间的组合形式及结构类型进行深入分析基础上，在《满语研究》上发表了《试论满语词的组合类型》一文，具体论述了清代满语书面语中经常出现的词和词间的不同组合类型。通过这些论文，人们可以一定程度地了解清代满语书面语基本构词手段和方法，掌握清代满语书面语错综复杂的词组结构和词与词间的组合原理。

在清代满语词汇学方面的研究里，也有讨论清代文学艺术语言词汇特征的论文，基本上也都发表在《满语研究》上。例如：赵志忠的《清代文学作品中的满语词》(1995 年第 2 期)、印丽雅的《京剧〈请清兵〉满语唱词译释》(1996 年第 1 期)、江桥的《康熙〈御制清文鉴〉选词特点举要》(2001 年第 1 期)、吴雪娟的《满语谜语浅谈》(1994 年第 1 期)等。这些论文对于清代文学作品中的满语词、清代京剧《请清兵》满语唱词、康熙《御制清文鉴》中的清代满语词以及清代满文资料谜语等，作了不同视角和不同层面的分析研究。同时，也有学者将清代满语简略化现象同清代满语有关词汇的名词化实例相联系，进行过探讨。例如，胡增益在《语言与翻译》1989 年第 1、2 期上连载的《满语中的名词化手段和语言经济原则》一文，分析了清代满语有关词汇在名词化过程中出现的语音或音节结构简略化现象及其规律。

此外，也有研究对清代满语和汉语中共同使用的词汇，以及清代满语里借入的汉语词汇，或汉语里使用的满语借词等展开了讨论。例如，越振纪于《华年》1934 年上刊登的《北平语中之满语成分》、长白愚叟在《燕都》1989 年第 6 期上发表的《北京话里的满语词》、赵志忠在《满族文化》（台北）1995 年第 21 期上发表的《北京官话中的满语借词》、赵杰刊登在《民族语文》2002 年第 1 期上发表的《京郊火器营北京话中的满语词》等论文，以及爱新觉罗·瀛生于 1993 年由北京燕山出版社出版的《北京土话中的满语》、赵杰于 1996 年由辽宁民族出版社出版的《满族话与北京话》等论著。以上研究，均从不同视角不同程度地分析和阐述了借入汉语北京话里的清代满语借词。季永海在《论汉语中的满语借词》（《满语研究》2006 年第 1 期）一文中，言简意赅地论述了清代汉语中的满语借词，进而阐明了清代汉籍文献中的满语借词及其特点和发展趋势。任玉函于《满语研究》2012 年第 2 期上发表的《"哏叨"探源》一文，通过对《骑着一匹马》《北京官话伊苏普喻言》等书中与"哏叨"发音相似的"哏得""哏哆"等词义的分析，认为东北方言和北京方言中颇为流行的"哏叨"（又作"哏得""哏哆"，表示"呵斥""叱责"等词义），属于清代满语 hendumbi 的直接命令式 hendu，表示"呵斥"之意。奇车山在《语言与翻译》1998 年第 3 期上发表的《汉语和满语支语言共同词比较研究》、季永海在《满语研究》1985 年创刊号上发表的《论满语中的汉语借词》、乌日根在《满语研究》1992 年第 1 期上发表的《满语借用汉语的方式和方法》等文章，均讨论了清代满语和汉语中共同使用的一些特殊词汇，分析了满语借入汉语词汇的基本方法，并阐述了在清代被京郊火器营北京话介入的满语个别词汇等。黄新亮在《满语研究》2007 年

第四课　清代满语词汇及由清代传承的严重濒危满语口语词汇研究

第 1 期上刊发的论文《满语借词与满族习俗变迁浅议》中指出，在清代满族南迁的过程中，伴随生态环境与社会环境的改变、与汉文化的不断深度接触，生产方式和手段由渔猎游牧走向农耕，语言交流内容与思想文化相应发生变化，从而改变了清代满族的婚葬习俗，财产继承亦改为"幼子继承"，宗教信仰方面亦趋多元。文中还充分运用文化语言学理论方法，从汉语借词角度对满族习俗和信仰变迁进行了实证研究。

此外，赵杰在《满语研究》1999 年第 1 期上以《满语词与朝鲜语语系归属》为题发表论文，对所谓同源词进行分析，指出了这两种语言自远古时期以来存在的亲密关系。哈斯巴特尔在《满语研究》2002 年第 2 期上发表《从满语 butambi 词源文化看不同民族关系》一文，以清代满语动词 butambi 为例，论述了词源文化的多元性以及不同民族间产生的复杂而多层面的关系。除此之外，《满语研究》《语言与翻译》等学术刊物上还先后发表了诸如邓天红的《谈清代史籍中"满名汉字音译"问题》（1991 年第 1 期）、赵阿平的《论满语特有词语的翻译》（1994 年第 2 期）等文章，黄锡惠还在《满语研究》里发表了有关满语汉译的论文。这些都是属于论述满语词汇的汉文翻译、汉字音译技巧和方法的成果。

总之，在对清代满语词汇从不同角度、不同层面、不同使用关系和理论方法进行研究的论著里，首先，关于清代满语书面语词汇结构特征和使用现象等讨论的内容较多，涉及由清代传承的严重濒危满语口语词汇方面的成果较少。其次，从词义学和地名学角度，讨论清代满语词汇意义及词义结构特征的成果也相当多。尤其是在考证、解释名词术语或特殊词汇的语义结构，以及语义的产生、发展、演化之原理和规律方面取得的成绩十分突出。相比之下，讨论清代满语构词法、词组结构以及有关基本词汇系统论述的内容不太多。不过，对于个别词汇的个别现象进行分析的论文还是有一些。最后，在清代满语和其他语言词汇比较研究领域，能够见到较多的是将满语和蒙古语词汇进行比较论述的成果。此外，也有谈论清代满语满文汉译的技巧和方法的成果。需要指出的是，与清代满语词汇研究相关的绝大多数论著，特别是那些有分量、有价值且有影响力的满语词汇研究成果基本上都公开发表于20世纪80年代以后。这些成果一般都刊登在《满语研究》《民族语言》《中央民族大学学报》《黑龙江民族研究丛刊》等学术刊物上。其中，在《满语研究》上刊登的最多。此外，在像季永海等的《满语语法》(1986)、刘景宪等的《满语研究通论》(1997)、爱新觉罗·瀛生著的《满语杂识》(2004)等较全面系统论述满语语音、词汇、语法结构的专著里，也有从不同层面不同程度分析研究满语词汇结构特征、构词系统等方面的内容。以上成果的问世，很大程度上推动了清代满语词汇研究，使清代满语书面语和口语词汇研究不断向深度和广度发展。

  国外清代满语词汇研究领域，日本、韩国、美国等国学者的研究较为突出。在日本的清代满语词汇研究领域，取得较突出学术业绩的是早田辉洋。他主要从词义学和词用学角度，对清代满文文献资料中有关数词、名词、形容词、动词、副词等的使用特征或所表达的词义关系及其词义结构，作了较深入的分析研究。例如，他在《大东文化大学纪要》第33、34期上先后刊发《关于满语书面语数词 emu 之一面》《满语书面语动词"去"和"来"的用法》《关于〈满文金瓶梅〉里的满语书面语身体名词 geigen 的语义》等论文，在《文学研究》第85、87、90期上连续发表的《关于满语书面语疑问词词缀 +ci ——以〈满文金瓶梅〉为资料》《〈满文金瓶梅〉里的满语书面语有关形容词》《关于〈满文金瓶梅〉里的满语书面语动词"取来"一词的用法》等论文。此外，他还在《九州大学语言学研究报告》总第10期和总第12期上刊发《关于〈满文金瓶梅〉里的满语书面语 juken》《满语书面语动词 isi- 的用法》等论文，还在《语言教育研究论丛》总第14期内发表的《关于满语书面语动词 tukiyela》、在《语言学月刊》1995年第9期上刊登《分析满语单词的语义结构》、在《亚非语法研究》1996年总第25期上刊发《关于满语书面语 tere 的两种用法》、在《内陆亚语言研究》1999年总第14期上发表《关于满语书面表示〈只〉之意单词的分析》等论文。

第四课　清代满语词汇及由清代传承的严重濒危满语口语词汇研究

这些论文，以《满文金瓶梅》等清代满文文献为资料来源，对其中出现的清代满语书面语名词 geigen 和数词 emu 以及有关形容词的使用现象、使用特征及语言环境等进行了分析，还对 gene-、yo-、ji-、isi-、tukiye- 等清代满语书面语动词的使用方法和不同语境中表现出的不同词义作了相当深入细致的分析。同时，还对这些清代满文文献资料里使用的一些副词、疑问词及其词缀，以及个别词的使用功能和多变性语义关系展开了学术探讨。早田辉洋所取得的这些成果，对于清代满语书面语词汇里的个别词，乃至一些使用率较高的词及其词根、词干、构词词缀的音义结构特征、结构形式、结构原理及其使用现象，包括不同词义间存在的深层相互作用关系等进行了全面论述。他的研究，对于清代满语书面语有关词或词缀的构成和使用原理、词义错综复杂的变异现象的正确把握等方面，均产生了一定积极影响。

日本学界对于清代满语从词汇学角度展开的学术讨论，最早主要涉及清代满语书面语的名词、数词及动词，以及相关谚语和个别虚词等。而且，这些成果似乎更多地涉及清代满语书面语的谚语和相关虚词。例如，村越信夫于《满蒙》1924 年第 8、9 期上连载的《满州天气谚语》，池上二郎于《东洋学报》1951 年第 2 期上刊发的《关于满语谚语》一文等。村越信夫和池上二郎的文章，分别阐述了清代满语书面语谚语结构及其使用特征，村越信夫论述了与天气变化等自然现象密切相关的谚语，池上二郎讨论了清代满语书面语中出现率较高的谚语。较早分析清代满语书面语虚词的论文有山本守于《史林》1935 年第 3 期上刊登的《满语虚词研究》一文。研究清代满语特殊名词的论文有矢岛直一于《书香》1943 年第 7 期上发表的《满语 gurun 小考》等论文。在《满语 gurun 小考》一文中，作者深入浅出地考证和论述了满语书面语 gurun "国家"这一名词的来源和语义结构及其使用关系。服部四郎等在《语言研究》1955 年总第 28 期上发表《满语第一人称复数代名词》一文，对清代满语第一人称复数代词进行了十分有价值的研究。上原久也在《语言研究》1956 年总第 29 期上以

《关于满语数词》为题发表文章，阐述清代满语书面语数词的基本情况及结构特征。今西春秋在《朝鲜学报》1962年总第25期以及《东方学研究》1967年第2期上，分别刊发《关于满语的 soki 一词》《五体清文件满语后续词索引》等论文。1970年出版的《白鸟库吉全集》第5卷内，还收录了白鸟库吉的论文《满洲地名解释》。另外，在东京外国语大学亚非语言文化研究所主办的《语法研究》2000年第29期里，结城佐织以《关于满语书面语的颜色词》为题发表论文，分析了清代满语书面语里经常使用的 niwaŋgiyan、niniohon、sahaliyan、sahahuun、yacin 等形容词表达的"绿""碧""翠""苍""青""紫""黑"等语义结构及其使用特征。可以看出，日本学者从20世纪初就开始研究清代满语词汇中的相关词语在语音形式、词义结构、使用关系等方面存在的一系列学术问题。20世纪50年代以后取得的成绩比较显著，尤其是90年代以后陆续发表了一些有价值的科研成果，其中早田辉洋做出的贡献较突出。他们的论述基本上均涉及清代满语书面语词汇中出现的相关词的音义结构、使用规律和构成原理等方面。

韩国学者也对清代满语词汇研究做出了贡献，尤其对于清代满语构词法及有关词汇结构特征展开了富有成效的讨论。例如，刘昌惇在1957年的《国语国文学》上发表《〈汉清文鉴〉语汇研究》、崔鹤根在首尔大学《语学研究》1973年第5期上发表《满语构词法研究》、金荣一在韩国釜山教育大学出版的《李洙浩教授花甲纪念论文集》（1981）中发表《〈清语总解〉的虚词 be 之研究》和《满语书面语 i 之研究》两篇论文、成百仁在韩国《阿尔泰学报》1994年总第4期刊发的《满语数量词研究》、高东昊在韩国《阿尔泰学报》2002年总第12期发表的《关于满语拟声词结构特征》等论文。这些文章对于清代满语书面语基本构词形式和构词方法，构词系统的结构类型，清代满文文献资料中的相关词汇系统及有关数量词、虚词、拟声词的语音形式、词义结构、使用关系等方面作了相当有分量的分析。总体而言，韩国满语学界在清代满语书面语词汇的系统研究，以及词义结构的研

第四课　清代满语词汇及由清代传承的严重濒危满语口语词汇研究

究方面取得了较好成绩。

美国学者罗杰瑞和维姬·M.辛尼曼，在对清代满语书面语一些词的来源问题展开讨论的同时，对于清代满语书面语一些基本词汇与相关民族语之间的异同现象也做过较深入的研究。例如，罗杰瑞在《早稻田大学语言教育研究所》1992年总第44期上，用英文刊发《满语有关词汇的来源问题》一文，将清代满语书面语里一些常用基本词汇，同阿尔泰诸语言的相关词汇作了相当有说服力的比较研究，并进而对满通古斯语族诸语言和蒙古语族诸语言里共有的基本词汇作了相当细致的比较研究，较科学地阐述了这些共有词的历史来源。辛尼曼于1995年由华盛顿大学出版的《关于〈五体清文鉴〉的马皮毛片类词》一书，主要探讨了《五体清文鉴》内出现的38个马皮毛片类词的语音特点以及具体使用特征，同时阐述了这些词汇里出现的、与蒙古语、藏语、汉语等语言密切相关的内容及相同的使用现象等特别对于那些共性极强共有词作了相当深入的讨论。

总而言之，国外研究清代满语的学者，在清代满语词汇研究中取得了一定成绩。相比之下，日本学者在此研究领域做出了较好成绩，韩国和美国学者也取得了不少成果。他们的研究对象，基本上属于清代满文资料中的满语书面语词汇，对于由清代传承的严重濒危满语口语词汇特征等的讨论比较少。另外，还可指出的是，日本在此领域的研究，在20世纪20年代以后至90年代之间取得了较好成绩，而韩国和美国等国家的研究成果，基本上发表于20世纪70年代以后，内容集中于严重濒危的由清代传承的满语口语。另外，国外对于满语词汇的研究，往往集中在某一个词或某一个特殊词类的研究，全面而系统的研究成果很少见到。不论如何，国外学者在满语词汇研究方面取得的成绩，给我国满语词汇学研究工作的进一步发展注入了活力。

第五课
清代满语语法及由清代传承的严重濒危满语口语语法研究

　　清代满语语法研究，在满语语言学领域属于十分复杂而难点大的一门学术研究课题。尽管如此，满语语法研究在国内外仍取得了相当显著的学术成绩。从 20 世纪 20 年代开始，满语学界对于清代满语书面语语法研究工作进行得比较顺利，取得一定阶段性学术研究成果，并先后公开发表或印刷出版。中华人民共和国成立以后，满语研究事业，包括满文历史文献及其档案资料的搜集整理和满语语法研究得到充分重视，开展了一系列重要研究课题，出版和发表了不少成果。然而，具有学术理论价值、学术影响力、学术代表性清代满语语法研究著作是在 20 世纪 80 年代后出版发行的。这使我国的满语研究事业迈入一个长足而理想的发展时期，并取得举世瞩目的辉煌学术成绩。但是，我们应该理性地承认，新发表和出版的满语语法论著，包括以前积累或研究完成的科研成果。从 20 世纪 50 年代起，我国满语学界组织相关科研人员，启动清代满语书面语语法研究，以及开展对由清代传承的严重濒危满语口语实地调研工作，实施并完成了清代满语语法研究一些专题性课题，在清代印刷发行的满语语法教材和相关研究资料基础上撰写完成新的满语语法研究专著。到了 20 世纪 80 年代，伴随改革开放和科教兴国战略的实施，

第五课　清代满语语法及由清代传承的严重濒危满语口语语法研究

学者们对清代满语及满语语法研究中早已完成的科研成果，进一步补充修改和完善后公开出版。例如，于1983年由内蒙古人民出版社出版乌拉熙春的《满语语法》一书。该书是中华人民共和国成立后，第一本用从左向右竖排汉字形式出版的汉文版满语语法研究专著，书中有大量满文书面语例句。可能是作者考虑到满文从左向右竖写的规则，因此将书中的汉文也从左向右竖立书写。该书结构较合理，有个性化特征，提出了不少独到见解。在书的第一章概论部分中，较详细地论述了清代满文发展演变的三个历史阶段及其不同阶段具有的特点。同时，客观评价了达海进行的满文改革，具体分析了清代满文九种不同类型的音节结构及之间的区别关系。第二章首先将清代满语词汇系统划分为体词、动词和附属词三大类，并把词根、词干以及词缀定为固定概念，阐述了词根与词缀的结合原理和新词的派生形式及内容，还分析了以复合形式构造新词的不同类型及其结构性特征。尤其可贵的是，其中对清代满语书面的动词和名词的语法形态变化现象进行了较全面的分析。第三章的句法部分中，明确提出谓语是满语句子结构的中心，并对复杂多变的句子类型作了客观实在的阐述和归类。书中提出：

（1）满语书面语名词类词有：

复数词缀：/sa/sə/、/ta/tə/
格　词　缀：主格零词缀
　　　　　　领格　/i/、/ni/
　　　　　　造格　/i/、/ni/
　　　　　　与格　/də/
　　　　　　对格　/bə/
　　　　　　从格　/tʂi/
级　词　缀：一般级零词缀
弱程度级：/kan/kən/kon/

/shun/shūn/

/lijan/lijən/

强程度级：uməṣi、nokai、mudzạkū、dəmbəi、ṣuwə（程度副词）+形容词基本型

比 较 级：/tṣi/

最 高 级：dzạtṣi、ṣuwə、dan（程度副词）+形容词基本型

（2）满语书面语动词类词有：

陈述式过去时：/ha/hə/ho/

/ka/kə/ko/

/mbihə/mbihəbi/

/habihə/həbihə/hobihə/

陈述式现在时：/mbi/

/ra/rə/ro/

/mə/+bi

/mə/+bimbi

/mahabi/

/mə/+ilihabi

/habi/həbi/hobi/

/fi/

/bi/

/hai/+bi

/həi/ + bi

/hoi/+bi

/habihəbi/həbihəbi/hobihəbi/

陈述式将来时：/mbi/

/ra/rə/ro/

祈　求　式：第一人称 /ki/、/ki/ + səmbi（表示愿望或打算）

第五课　清代满语语法及由清代传承的严重濒危满语口语语法研究

　　　　　　第二人称 /ki/、/tʂina/、/rao/rəo/roo/（表示祈愿和祈求及命令）

　　　　　　第三人称 /kini/（命令或希望）

条　　件　　式：/tʂi/、/tʂibə/

态
　　主动态：零词缀
　　被动态：/bu/
　　使动态：/bu/
　　齐动态：/tʂa/tʂə/tʂo/、/nu/、/du/
　　方向态：/na/nə/no/、/dzi̯/
　　互动态：/nu/、/du/

形动词
　　过　去　时：/ha/hə/ho/
　　　　　　　　/ka/kə/ko/
　　现在将来时：/ra/rə/ro/

副动词　联合副动词 /mə/
　　　　分离副动词 /fi/
　　　　延续副动词 /hai/həi/hoi/
　　　　跟随副动词 /ralamə/rəlamə/rolamə/
　　　　让步副动词 /tʂibə/
　　　　条件副动词 /tʂi/
　　　　深入副动词 /pi/
　　　　直达副动词 /talta/tələ/tolo/
　　　　终极副动词 /tai/təi/
　　　　提前副动词 /ŋgala/ŋgələ/

词　组　分：主谓结构、宾谓结构、补谓结构、后置结构
　　　　　　主从结构、并列结构、连动结构

句子成分：主语、谓语、宾语、定语、补语、状语、插语、呼语、叹语

句　子　分：判断句、陈述句、疑问句、感叹句、祈使句、简单句、复杂句

乌拉熙春的《满语语法》，作为20世纪80年代初出版的关于清代满语书面语语法研究专著，出版后在清代满语研究领域引起了很大反响。但是，该书有关语法形态变化现象的分析，还是存在一些不太全面系统的问题。尽管如此，这本语法书的公开出版，给清代满语语法研究注入了活力，很大程度上推动了该项研究事业的发展，打开了新的局面。另外，乌拉熙春同金光平和金启孮合著的《爱新觉罗氏三代满学论文集》，于1996年由远方出版社出版。在该论文集中，除了女真语言文字方面的论文外，还有论证清代满语中使用的助词及其发挥的语法作用、论述清代满语ombi的语法功能、研究清代满语动词时形态变化语法现象，以及论述体形态变化范畴等方面的学术论文。

另一部《满语语法》由季永海、刘景宪、屈六生合著，于1986年由民族出版社出版。该书主要分三个部分，第一部分为满语语音，第二部分是满语词法，第三部分是满语句法。其实，这部清代满语语法研究专著，约占四分之三的篇幅涉及满语语法方面的内容。该书分析清代满语语音时，对满语元音、辅音、元音和谐律、音变现象作了较详细而系统的讨论。在词法部分中，该书将满语词类划分为名词、动词、形容词、代词、数词、量词、副词、格助词、连词、后置词、语气词、模拟词、感叹词十三类，进而分别论述了不同词类的结构特征以及与词本身密切相关的形态变化语法现象。尤其对动词的时形态变化语法现象、体形态变化语法现象、态形态变化语法现象、式形态变化语法现象，以及名词和代词等名词类词的数形态变化语法现象、格形态变化语法现象、形容词的级形态变化语法现象、连词和后置词等的基本结构形式以及在句中使用时发挥的各种语法功能等，均进行

第五课　清代满语语法及由清代传承的严重濒危满语口语语法研究

了深入细致的分析和论述。句法部分的讨论，着重阐述了满语句子成分、语序、句型、复句等的结构特征，包括句中丰富的语法关系和意义。季永海等人所著《满语语法》的特点是，从大量清代满文档案以及文献资料中，选定恰当而有说服力的实例，用简明易懂的方法进行了科学的解释和阐述。该书在满语语法研究、甚至在满语教学中均发挥着相当重要的作用。该书指出，在清代满语书面语中：

名词类词的语法形态变化里包括：

数形态变化现象：　　/sa/sə/so/、/ta/tə/等
格形态变化现象：　　主格
　　　　　　　　　　属格　/i/、/ni/
　　　　　　　　　　方向格　/də/、/tʂi/
　　　　　　　　　　宾格　/bə/
　　　　　　　　　　工具格　/i/、/ni/
　　　　　　　　　　位置格　/də/
　　　　　　　　　　从—比格　/tʂi/、/dəri/
　　　　　　　　　　经格　/bə/
级形态变化现象：　　原级
　　　　　　　　　　比较级　/kan/kən/kon/、/lijan/、/məlijan/
　　　　　　　　　　最高级　uməʂi~dzatʂi~dəmbəi~nokai + 形容词

动词类词的语法形态变化里包括：

式形态——
陈述式现在时　/mə/+ilihabi、/mahabi/、/mə/+bi、/mə/+bimbi、/fi/+bi
陈述式一般过去时　/ha/hə/ho/、/ka/kə/ko/
陈述式肯定过去时　/habi/həbi/、/kabi/kəbi/
陈述式曾经过去时　/bihə/、/bihəbi/

陈述式过去进行时 /mbihə/、/mbihəbi/、/mə/+bihə、/mə/+bihəbi、/hohə/

陈述式将来时 /mbi/

陈述式现在将来时 /ra/rə/ro/

肯定式、否定式 /raku/、/ku/、aku

疑问式 /o/、/nə/、/mə/

命令式 /ra/rə/ro/

请愿式 /rao/rəo/roo/、/ki/（第一人称）、/kini/、/ki/ + səmbi、/kini/+səmbi

虚拟式 /rahu/、ajoo、ajoo + səmə、ajoo + səmbi

动词态——

主动态 零形式

被动态、使动态 /bu/

齐动态 /tʂa/tʂə/tʂo/

方向态 /na/nə/no/、/dʐɿ/

互动态 /nu/、/du/

持续态 /da/də/、/ta/tə/、/ʂa/ʂə/ʂo/、/tʂa/tʂə/tʂo/、/dʐa/dʐə/dʐo/

形动词——

现在时 /maha/、/mə/+iliha

现在将来时 /ra/rə/ro/

过去时 /ha/hə/ho/、/ka/kə/ko/

否定式 /raku/、/ha/+/ku/、/hə/+/ku/、/ho/+/ku/、/ka/+/ku/、/kə/+/ku/、/ko/+/ku/

副动词——

并列副动词 /mə/

第五课 清代满语语法及由清代传承的严重濒危满语口语语法研究

顺序副动词 /fi/
连续副动词 /hai/həi/hoi/
伴随副动词 /lamə/
条件副动词 /tʂi/
延伸副动词 /mpi/
直至副动词 /tala/tələ/tolo/
极尽副动词 /tai/təi/
未完副动词 /ŋgala/ŋgələ/
程度副动词 /məlijan/ 等

可以看出，季永海等的《满语语法》，无论在研究内容还是撰写体例上都比乌拉熙春的《满语语法》有进步，使一些复杂多变的语法问题的讨论变得更加清晰且全面系统。这两本《满语语法》的共同特点之一是从清代大量的满文档案，以及清代满文文献资料中，选定恰当而有说服力的实证例句，用简明易懂的方法解释和阐述满语复杂多变的语法结构及其形态变化语法现象。所以，他们的成果，在清代满语语法研究，甚至在满语教学中均发挥着十分重要的作用。在这里，还应该提到的是，季永海等撰写出版的清代《满语语法》的修订本于2011年3月由中央民族大学出版社出版发行。高娃读了这部《满语语法》的修订本之后，还以"《满语语法》（修订本）读后"为题撰写文章刊发于《满语研究》2012年第1期上。文中提到，近期出版的《满语语法》修订本不仅进一步推进了清代满语语法研究工作，而且对于尚未全面深入探讨的一些语法现象做了更加全面、合理、科学的阐释。修订本的出版有助于推动清代满语、乃至阿尔泰语系语言语法方面的科学研究。在她看来，《满语研究》中新修订后补充增加的研究内容，对于阿尔泰语系语言语法比较研究、乃至清代满语在内的阿尔泰语系濒危语言形态变化语法现象的研究，均有相当重要的学术研究参考价值和意义。季永海对于清代满语语法研究方面，确实做出了卓有成效的科学研究工作。他除了这本清代满语语法研究著作外，还在《满语研究》等学术刊物上先后发表一系列关于清代满语语法研究，以及讨论清代满语错综复杂的形态变化语法现象研究实践中遇到的诸多问题等方面的论文，如《满语研究中的一些问题》(《满语研究》1986年第 2 期)。

刘景宪、赵阿平、赵金纯合著的《满语研究通论》也属于系统研究清代满语书面语语法现象的代表性专著，于 1997 年由黑龙江朝鲜民族出版社出版。该书由前言、满语语音和满文字母、满语词法、满语句法等章节组成。在前言里，叙述了清代满文的产生、清代满文的使用以及清代用满文撰写的历史档案资料和历史书籍、清代满文的历史功绩等。在第一章中，分析了清代满语语音系统内的元音、复元音、辅音和元音字母、辅音字母及特定字母，阐释了音节及音节拼读现象和《十二字头》结构关系等。第二章内，论述了满语名词、动词、代词、形容词、数词、量词、副词、格助词、连词、后置词、拟声拟态词、语气词、感叹词的构成原理、结构特征以及错综复杂的形态变化语法现象和约定俗成的使用规则等。第三章内，从句法学角度系统讨论了清代满语词组结构系统、句子成分、句子类型、复句和单句形式以及清代满文中使用的标点符号等。该通论中，用相当长的篇幅，以富有说服力的例证全面系统地论述了清代满语书面语极其复杂多变的形态变化语法现象以及层级鲜明的内部规律。该书系统论述了清代满语书面语中：

名词类词的语法范畴：
数形态变化现象　　/sa/sə/so/、/ta/tə/、/si/、/ri/
格形态变化现象　　主格　零形式
　　　　　　　　　属格　/i/、/ni/
　　　　　　　　　方向格　/də/、/tʂi/
　　　　　　　　　宾格　/bə/
　　　　　　　　　位置格　/də/
　　　　　　　　　工具格　/i/、/ni/

第五课　清代满语语法及由清代传承的严重濒危满语口语语法研究

       从—比格　/tṣi/、/dəri/
       经格　/bə/
  级形态变化现象　原级　零形式
       比较级　/kan/kən/kon/、/lijan/、/məlijan/
       最高级　uməṣi、dzạtṣi、dəmbəi、nokai、
          tṣiŋkai、ambola、dəmbəi + 形容

动词类词的语法范畴：

  态形态变化现象　主动态　零形式
       被动态与使动态　/bu/
       齐动态　/tṣa/tṣə/tṣo/
       方向态　/na/nə/no/、/dzị/
       互动态　/nu/、/du/
       持续态　/da/də/、/ta/tə/、/ṣa/ṣə/ṣo/
          /tṣa/tṣə/tṣo/、/dza/dzə/dzo/
  时形态变化现象　现在时　/mə/+ilihabi/、mahabi/、/mə/+bi
          /mə/+bimbi/、/fi/+bi、/hai/+bi、
          /həi/+bi、/hoi/+bi
       现在将来时　/mbi/、/ra/rə/ro/
       一般过去时　/ha/hə/ho/、/ka/kə/ko/
       已经过去时　/habi/həbi/hobi/、/kabi/kəbi/kobi/
       曾经过去时　/bihə/、/bihəbi/
  式形态变化现象　否定式　/raku/、/ku/、aku
       疑问式　/o/、/n/、/mə/
       命令式　/ra/rə/ro/
       请愿式　/rao/rəo/roo/~/ki/（第一人称）
          /kini/、/ki/+səmbi、/kini/+səmbi
       虚拟式　/rahu/、ajoo、ajoo+səmə、ajoo+səmbi

形动词形态变化语法现象
　　　　　　现在时　/mə/+bisirə
　　　　　　现在将来时　/ra/rə/ro/
　　　　　　过去时　/ha/hə/ho/、/ka/kə/ko/
　　　　　　否定式　/rakū/、/kū/　等

另外，刘景宪他们还认为：

形动词分有：

现在将来时 /rala/rələ/rolo/
过去时 /la/lə/lo/ 两种形式

动名词分有：

现在时 /mə/+bisirə
现在将来时　/ra/rə/ro/
过去时　/ha/hə/ho/、/ka/kə/ko/
否定式　/rakū/、/kū/
现在时"的"字结构动名词/mə/+bisirəŋə
现在将来时"的"字结构动名词/raŋə/rəŋə/roŋə/
过去时"的"字结构动名词/haŋə/həŋə/
否定式"的"字结构动名词/kūŋə/

副动词分有：

并列副动词 /mə/
顺序副动词 /fi/
连续副动词 /hai/həi/hoi/
伴随副动词 /lamə/
条件副动词 /tʂi/
延伸副动词 /mpi/

第五课 清代满语语法及由清代传承的严重濒危满语口语语法研究

直至副动词 /tala/tələ/tolo/
极尽副动词 /tai/təi/
未完副动词 /ŋala/ŋgələ/
程度副动词 /məlijan/、/shun/shūn/等

　　刘景宪等合著的《满语研究通论》出版后，在满语研究界引起较好反响，杜克在《民族语文》1999 年第 1 期上撰写以《满语研究的一部新作——〈满语研究通论〉评介》为题的评论文，客观实在地分析和评价其学术价值。在这里，需要解释的是，刘景宪等在《满语研究通论》中所做的清代满语语法分析，同季永海等在《满语语法》内所阐述的清代满语语法内容有许多共同之处，应该共同来源于清代撰写的满语语法书。其实，刘景宪是季永海牵头出版的《满语语法》一书的主要参与者之一，所以刘景宪在《满语语法》出版后的第十一个年头、再出版系统研究清代满语语法的成果《满语研究通论》时，显然增加了不少新的分析内容及观点。但细读《满语研究通论》，还是不难发现这两部研究著作里存在诸多共性。同时，两书对于某些语法现象的深层结构分析，均存在不够全面等问题。

　　在清代满语语法研究方面，还有关嘉禄与佟永功合著的《简明满文文法》一书。这是一部有关清代满语书面语简易教科书类型的语法书，于 2002 年由辽宁民族出版社出版。该书由语音、词法、句法、例文举要等内容构成。第一章叙述了清代满语书面语语音和所使用的字母系统，涉及元音字母和辅音字母，还包括音节连读原理与重音现象等。第二章阐述了清代满语书面语不同词的基本结构类型和区别关系、使用规则以及词形变化规律等。第三章句法部分阐述了清代满语句子成分、句子类型以及单句和复句结构特征等。第四章例文举要主要介绍了用满文撰写的奏折、题本、敕书、上谕、札付、碑文以及这些满文资料的汉译文内容。另外，书的附录部分，还有清代历朝年号、清代历朝皇帝庙号和徽号、清代历朝皇后庙号和徽号、清代各陵寝名称、衙署名称、盛京宫殿阁寺名称、常用满汉对音字式、满语常用词

语等。该书包含的清代满文资料同样相当丰富，同时书中所做的清代满语书面语语法分析和解释简明易懂，具有较强的可读性和实用性，也是清代满语书面语研究的一本好的参考书。

爱新觉罗·瀛生著的《满语杂识》，于2004年由学苑出版社出版。该书由清代满语规范语、满语口语及方言、满语对汉语的影响、满语拾遗四个部分构成。第一部分阐明了清代满文文字、满语书面语语音系统、满语书面语语法结构，列举了相当丰富的与清代满语语法密切相关的满文读物，更为重要的是还附有穆麟多夫所撰《满语语法》的译文。第二部分叙述了爱新觉罗氏家传承的由清代传承的严重濒危满语口语及北方方言。第三部分着重讨论了清代满语对汉语北方方言以及北京话的影响。第四部分包括清坤宁宫祭天满语祭祝神歌、清宫庆隆舞满汉语合璧、满语音变与满族共同体成员组成关系、满语与汉语的相互影响、清代满语教学、清代满族人的姓名、清代满语与《红楼梦》文学语言的表现形式及"味外味"、清代满语与满族人的萨满信仰等，以及与清代满语使用密切相关的诸多内容及语言文字所表现出的民族文化特点。这本通俗易懂而寓意深刻的研究成果的出版，对于人们了解清代满语复杂多变的形态变化语法现象及其变迁过程和变化规律，掌握清代满语和汉语北方方言、北京话之间的相互影响、相互作用、相互借用和吸纳原理、掌握国外清代满语研究成果等方面均有相当重要的参考价值和指导意义。

20世纪80年代以后，在清代满语语法研究方面取得的研究成果里，专题性讨论清代满语语法范畴的某一结构类型及其形态变化语法现象，或者专门论述清代满语句子成分，或者分析清代满语句子某一结构系统等方面的论文也有不少。例如，讨论有关语法形态变化现象或结构特征的论文有，季永海等的《满语中的格位范畴》（《中央民族学院学报》1983年第3期）、邓晶的《满语格词缀-de的语义及其翻译》（《满语研究》2008年第2期）、长山的《满语方位词词缀 -la/-le/-lo探源》（《满语研究》2008年第1期）等。他们认为，清代满语方位词词缀 -la/-le/-lo与满通古斯语族语言的位置格系统变化语法词缀

第五课　清代满语语法及由清代传承的严重濒危满语口语语法研究

-la/-le/-lo 属于同根同源关系。刘景宪等在《民族语文》1993 年第 4 期内刊发的《关于满语名词复数的研究》等之外，在《满语研究》上还先后发表赵金纯的《初探三家子满语中动词"时"的表示法》（1986 年第 1 期）、安双成的《动词词尾谈》（1986 年第 2 期）、王庆丰的《论满语动词的形态变化》（1987 年第 1 期）、赵盛利的《辨析满语的主动态、被动态和使动态》（1989 年第 1 期）、哈斯巴特尔的《满语动词词缀-bu的构词意义和使动意义——以〈满洲实录〉为例》（2012 年第 1 期）、赵冰的《满语动词体研究》（2012 年第 2 期）、赵志强的《简论满语动词的体》（2009 年第 1 期）与《满语动词过去时新解》（2002 年第 1 期）以及《满语动词的连用形式与副动形式》（2000 年第 1 期）、王小虹的《谈满语动词后缀-ci》（2005 年第 1 期）、黎冉的《试析动词 ombi 及其常用形态的词义表达》（1991 年第 2 期）、刘景宪的《论动词 sembi、ombi、bimbi 的语法功能》（1997 年第 1 期）、哈斯巴特尔的《关于满语 -mbi 词缀》（2001 年第 1 期）、长山的《满语动词 jimbi 和 genembi 的语法化》（2012 年第 2 期）、和希格的《试论满语动词的副动形式》（2002 年第 1 期）、唐均的《满语判断标记词及其句法功能》（2005 年第 1 期）、吴碧宇的《满语疑问标记分类及其功能研究》（2008 年第 2 期）、栗振复的《满语动词的句中时态》（1990 年第 1 期）、吴宝柱的《满语附加成分的语义结构分析》（1991 年第 1 期）、《满语附加成分的分类及其特点》（1992 年第 1 期）、《满语方位词附加成分辨析》（1996 年第 2 期）等。这些论文，从语法形态论角度，对于清代满语书面语或满语口语名词类词的格形态和复数形态，动词类词的式形态、时形态、态形态、副动词形态等复杂多变的语法系统及其功能作了不同程度和不同层面的分析研究。同时，还对清代满语书面语动词词缀、动词连用式、副动式、助动式在句中发挥的不同语法作用进行了深入探讨。

从以上成果还可以看出，在讨论清代满语错综复杂的形态变化语法现象的论文里，论述动词的形态变化语法现象，即讨论动词类词的形态变化语法现象及其规则、结构特征、语用关系、语法作用等方面内容十分丰富,专门讨论名词类词形态变化语法现象的成果相对较少。另外,分析清代满语形态变化语法现象的绝大多数论文,往往把清代满语书面语作为主要研究对象展开学术讨论。而把由清代传承的严重濒危满语口语作为研究对象展开语法意义的研究之论文,相对要少一些。

赵阿平还对清代满语书面语词和词间的结合形式和内容进行了深入分析,在《满语研究》1989年第1期上刊发《试论满语词的组合类型》一文,从清代满语语法结构学的角度,具体讨论了清代满语书面语中经常出现的词和词的组合类型及其结构性特征。根据其分析,在清代满语书面语句子里,词组的结构类型可以归纳为主谓、动宾、联合、偏正、补谓、后置、方位、数量、助动、同位十种。

根据我们现已掌握的20世纪80年代以来对于清代满语语法研究的资料来看,讨论清代满语句子成分或满语句子结构特征等方面的论文不算太多。相比之下,分析满语句子结构特征的内容,要多于讨论满语句子成分的研究论文。而且,这些论文基本上都刊登在《满语研究》这一专业性很强的刊物上。例如,沈原的《论满语判断句》(1989年第1期)、张玉的《论满语祈使句》(1990年第1期)、黎冉的《试析满语分句的连接关系及连接手段》(1992年第2期)、吴元丰的《论满语复句》(1989年第1期)、赵盛利的《辩析满语的多种复句》(1989年第2期)、赵阿平的《论满语疑问句的构成方式》(1990年第2期)等。在这些论文里,对于清代满语书面语句子中出现的判断句、祈使句、疑问句、分句、复合句等的基本结构特征及使用关系进行了不同角度和不同层面的分析。比较而言,对于清代满语句子成分展开专门性学术讨论的成果不太多。例如,江桥在《满语研究》1986年第1期上发表的《论满语的复合谓语、副动词做状语及连动式》一文、嵩克在《满语研究》1992年第1期上撰写的《满语句子成分的位置》之论文等,分别对清代满语书面语的相关句子成分,以及句子成分在句子里具体出现的位置等进行了深入浅出的讨论。当然,在前面

第五课　清代满语语法及由清代传承的严重濒危满语口语语法研究

提到的对于满语语法现象进行系统论述的语法研究专著里，也不同程度地分析或介绍过清代满语句子结构特征及满语句子成分等方面的学术问题。

另外，20世纪80年代以来，一些专家学者对于由清代传承的严重濒危满语口语语法现象也做过专题性研究。其中，就包括穆晔骏发表的系列论文、赵杰撰写出版的《现代满语研究》、赵阿平和朝克撰写出版的《黑龙江现代满语研究》等论著。这些研究成果，从不同视角、不同层面、不同程度地论及由清代传承的严重濒危满语口语语法现象。毫无疑问，这些成果的公开发表，对于人们了解现存的由清代传承的严重濒危满语口语语法结构体系，以及对于现存满语口语复杂多变的语法现象进行更加深入系统的学术讨论，均产生了重要的学术影响和理论指导作用。

近些年，中国社会科学院民族学与人类学研究所北方语言研究室、黑龙江大学满语研究所等部门的满语研究学者多次到满族生活区，对于由清代传承的严重濒危满语口语语法现象进行了深入的田野调查，搜集了大量有价值的由清代传承的严重濒危满语口语语法资料，并对于这些资料从不同理论视角和不同课题层面上进行了分析研究。而且，他们还同日本、韩国、美国的有关满语研究专家学者开展过多次国际性合作研究，多次到黑龙江省内的满族聚居村落对所谓现存满语口语语法进行了实地调查，对于这些国际合作的调查资料也进行了深入分析讨论。但由于由清代传承的严重濒危满语口语语法现象已经变得很不系统，丢失了许多弥足珍贵的语法成分、语法形式、语法内容、语法关系，这给后人的研究带来不少困难。而且，许多现存满语口语语法调研，是在调研者提供满语书面语语法现象的前提下，或反复提示提醒下才得以完成。不过，我们还是相信，经过专家学者们的共同努力，伴随科研工作的不断深入和拓展以及相关研究成果的相继公开发表，会不断推动由清代传承的严重濒危满语口语语法研究。

由于清代满语和蒙古语的形态变化语法现象里存在不少共有现

象，所以一直以来引起阿尔泰语言学界、尤其是满语学界和蒙古语学界学者们的极大关注。也有专家学者对此共有现象展开学术讨论，发表了不少有学术价值的论著。其中，就包括哈斯巴特尔在《满语研究》上先后发表的《满语位格词缀和蒙古语与位格词缀》（1998年第2期）、《满语动词-ka、-ke、-ko、-ha、-he、-ho词缀和蒙古语动词-ga、-ge词缀比较》（2002年第1期）等论文。他从历史比较语言学和语法形态学角度，对清代满语和蒙古语书面语名词的相关格形态变化语法现象，及其动词过去时形态变化语法现象等中存在的共同点及其区别关系等进行了比较研究。

我们掌握的资料还显示，清代满语书面语研究成果还涉及国外专家学者的相关论著。首先，应该提到阿米奥在巴黎出版的《满语语法》（1790），还有扎哈洛夫在圣彼得堡印刷的《满语语法》（1879）以及穆麟多夫在上海出版的《满语语法》（1892）等。其中，穆麟多夫的《满语语法》对于清代满语书面语语法现象的分析有一定影响力。他在该著作中认为，清代满语书面语名词有数、格等形态变化语法现象。他的研究表明，清代满语书面语动词的形态变化语法现象极其复杂又纵横交错。他分析道：

名词形态变化语法现象有：
数 /sa/se/si/、/ta/te/、/da/、/ri/
格 主格、生格/i/、/ni/、位与格/de/、对格/be/、从格/ci/等

动词形态变化语法现象有：
被动态 /mbu/
使动态 /mbubu/
现在时 /mbi/
不定时 /mə/
过去时 /ka/ke/ko/、/ha/he/ho/、/ŋka/ŋke/ŋko/
将来时 /ra/re/ro/、/ndara/ndere/ndoro/

第五课　清代满语语法及由清代传承的严重濒危满语口语语法研究

虚拟现在式（未定式）/ki/
完成式　/fi/
现在完成式　/habi/
过去式　/mbihə/
条件式（假定式）/ci/
条件过去式　/habici/
过去完成式　/habice/
反意式　/cibe/
让步式　/cina/
希求式　/kini/
动名词现在式　/mbime/
动名词过去式　/mbifi/
动名词将来式　/ŋgala/
状语式　/ralame/　等

另外，还有用动词词干表示的命令式形态变化语法现象。穆麟多夫对于清代满语书面语形态变化语法现象的表现形式所做的以上分析及观点有合理之处，也有一些不太正确或不到位的地方。不过，在当时，包括穆麟多夫乃至阿米奥、扎哈洛夫等在内的清代满语语法研究成果发表之后，对于欧洲学者了解清代满语书面语复杂多变的语法系统，以及对于清代满语书面语进一步作深入系统的分析研究奠定了相当重要的理论基础，也为推动该项研究事业发挥了应有的作用。之后，西方学界在清代满语语法研究上取得一些好的学术业绩。例如，波斯特的《满语语法》（1940）、帕什阔夫的《满语简单句句法》（1950）、海涅什的《满语语法》（1961），还有阿布罗林根据扎哈罗娃的清代满语研究资料编写完成的《满语语法》（2000），此外还有俄罗斯的戈列罗娃（Gorelove.Liliya.M）于2002年用英文出版的《满语语法》这一相当有力度的学术研究著作。戈列罗娃是俄罗斯科学院东方研究所语言研究室主任，多年来一直潜心研究清代满语及满通古斯语族语言语音和形态变化语法现象，取得了相当突出的学术成绩，出版和发表了不少具有一定学术理论水平的论著。她的《满语语法》一书，就是在她的学术生涯达到一定巅峰时期，产出的有代表性的优秀科研成果。在该书中，戈列罗娃比较系统地分析了清代满语书面语形态变化语法现象及其结构特征，同时还对清代满语书面语和锡伯语语法现象中出现的共有化结构性特征进行了比较研究。另外，美国的罗杰瑞也撰写过《满语语法》一书，他还在美国的《东方文明社会》2003年第3期上以《满族及其语言》为题撰文，讨论过满语语法的相关学术问题。

日本满语学界早期发表的有关清代满语语法方面的研究成果，所涉及的基本上也都属于清代满语书面语语法内容，且几乎都从20世纪初以后陆续公开发表。其中包括今西龙在《支那问题》1924年总第28期上刊发的《关于满语》、在《青丘论丛》1931年第2期里发表的《满语之话》、在《首尔 Seikyūsessō》1931年第2期上发表的《满语》等；服部四郎在《石墓》1935年第4期登载的《满洲语言》；鸳渊一在《亚洲问题讲座》1939年第8期刊发的《满语》；户田茂喜在《亚细亚问题讲座》1939年第8期刊登的《满语》；保井克己1941年撰写的《满族及其语言》等。日本早期发表的关于清代满语书面语语法成果，多数为向日本学术界介绍满语语法的基本情况、基本结构特征的文章，简明扼要、短小精悍、通俗易懂。这些在20世纪20年代至40年代初日本学术刊物上刊发的文章，表现出20世纪初日本满语学界对于清代满语研究的初期情况。这些成果的出现，给日本当时刚刚兴起的清代满语满文研究，提供了一定的方便、注入了一定的活力。在20世纪40年代初至50年代期间，在此学术领域，日本学者取得了较为显著的成绩。如《书香》1943年第10期上布村一夫刊发的《关于满语语法》一文，对于清代满语书面语形态变化语法现象作了有一定深度和广度的学术探讨。不过，有分量而学术价值较高的满语语法研究成果，出现在20世纪50年代以后。例如，山本谦吾在《言语研究》这一权威学术刊物上，先后撰文《关于满语书面语动词尾

第五课　清代满语语法及由清代传承的严重濒危满语口语语法研究

-mbihe——满语老档满语书面语研究报告》(1950)、《关于满语书面语连接形式——名词形容词动词的连接形式》(1951)、《意义素假定一例——关于满语书面语的形态变化》(1954) 等论文，对于清代满语书面语动词的有关形态变化语法词缀、清代满语书面语名词类词和动词类词的形态变化语法现象及其词缀结构、变化原理、连接形式、使用关系，乃至清代满语书面语形态变化语法现象所表达的语法概念等作了十分有价值的阐述。同时，他还在《世界语言概要》1955 年第 17 期上刊登《满语书面语形态论》一文，进一步论述了清代满语书面语语法结构系统及其复杂多变的形态要素。同一时期，上原久还发表了一系列论文，讨论清代满语书面语的有关语法现象。例如，他在《埼玉大学纪要》上先后发表《〈满洲实录〉的满语书面语格助词》(1952)、《论满语接续词及句子——以〈满洲实录〉为资料》(1958) 等论文，以及在《国语》1953 年第 2 期上发表《关于〈满洲实录〉中的主语结构》等论文。可以看出，他主要是以清代的《满洲实录》满文资料为依据，对清代满语书面语名词的格形态变化系统、动词的相关形态变化语法词缀，包括清代满语书面语句子结构特征及句子的主语成分等展开不同程度的学术论述。

20 世纪 60 年代至 80 年代初的约 20 年时间里，日本满语学界在清代满语语法研究方面没有什么起色，直到津曲敏郎在《北方文化研究》1981 年第 4 期上刊发《关于满语动词词尾 -me》之论文后，才改变了日本满语语法研究领域停滞不前的状态。尤其自 20 世纪 90 年代以后，受中国满语学研究事业所取得的重大学术成绩之鼓舞，日本满语学界学者也连续公开发表了一系列学术论述，深入系统地讨论了清代满语书面语各种错综复杂的形态变化语法现象。其中包括，山崎雅人在《满语研究》1996 年第 1 期上刊登的《关于满语书面语的形态变化》一文，还有，早田辉洋在《九州大学语言学研究报告》第 9 期上发表的《关于〈满文金瓶梅〉里的满语书面语单数和复数关系》、在韩国《阿尔泰学报》1995 年总第 5 期上发表的《满语书面语的"理由+命令"之句子结构》、早田辉洋同福泽知史合写后在《满洲史研究》

2003年第2期上刊发的《第一人称包括式、排除式——同满文翻译进行对比的〈崇祯本金瓶梅〉的〈口自〉为中心思考》等论文。此外还有,津曲敏郎在韩国《阿尔泰学报》2000年第10、11期内连续发表的《关于满语动词词尾 -ci 的句末用法及 -cina》《关于满语第一人称复数代词》等论文。这些论文从不同视角,对于清代满语书面语的各种语法形态结构,特别是对于满语名词的数形态和人称形态、动词的个别形态变化要素等的基本结构特征、基本变化规则以及句子中发挥的作用开展了学术讨论。当然,还有对动词命令式句子结构等进行深入分析的内容。另外,久保智之在日本九州大学文学部语言研究室主办的《语言研究报告》第6期发表的《关于满语词缀》一文,也涉及了与清代满语语法相关的形态变化语法现象及其构成原理。

这里有必要强调的是,河内良弘于1996年由日本京都大学学术出版社出版的《满语语法》一书。该书由序言、满文文字和语音、满语语法、满语词汇及解释、索引等构成。序言里对清代满语、清代满语研究的参考资料和论著、清代满语发音形式等进行了概述。第一部分对清代满语元音结构、辅音结构、特殊辅音系统进行了科学分析。第二部分对清代满语名词、代词、数词、形容词、副词、动词、不规则动词、补助动词、助动词、不变动词、后置词、接续词、终助词、感叹词、拟声拟态词,以及与这些词密切相关的诸多形态变化语法形式和内容、形态变化语法结构特征、形态变化语法原理等进行了全面系统分析和研究。第三部分是与清代满文实录、尼山萨满传、宫中档雍正朝满汉合璧奏折相关的满文资料。其中,清代满文资料由满文原文、罗马字母转写文、日文译文、满文词语解释、汉译文组成。第四部分属于清代满语基本词汇的日文解释。第五部分是清代满语形态变化语法成分索引和特殊词语索引。这是一本用日文撰写的、把清代满语语法研究与满文读物密切相联系的、值得一读的科研成果。在该书的撰写过程中,还得到清代满语专家清濑义三郎则府和乌拉熙春等的协助。该书的出版,对于日本清代满语学界全面系统了解、掌握和研究清代满语语法提供了很大帮助。

第五课　清代满语语法及由清代传承的严重濒危满语口语语法研究

另外，池上二郎的《满语研究》论文集，于 1999 年由日本汲古书院出版。这本书收入了作者《满语研究中朝文文献的重要性》《论满语动词命令式的不规则形式》《满语和通古斯语》《关于欧洲的满语文献》《满语史概略》等 23 篇学术论文。这些论文涉及清代满语书面语语音、词汇、语法以及清代满文文献资料、清代满文辞书、清代满语与通古斯诸语的亲属关系、清代满语与蒙古语族语言的关系等方面，是作者从事清代满语研究历时半个世纪取得成果的真实写照。他在从事清代满语书面语研究实践中，阅读过大量清代满文历史文献资料，对于清代满文文献资料相当熟悉。

韩国在清代满语语法研究方面也取得了较好成绩。韩国学者对于清代满语书面语语法研究开始得比较早，但他们的研究成果几乎是从 20 世纪 50 年代以后才在相关学术刊物上相继发表。如李基文于 1958 年在《韩国语》上发表的《满语语法》一文，对清代满语书面语语法结构作了较全面的阐述。成百仁在《首尔大学文理大学报》1958 年第 1 期刊发《关于满语动词词尾-ci，-cibe，-me》一文，论述了清代满语书面语动词的式形态变化结构中出现的 -ci、-cibe、-me 等形态变化语法词缀的用法及其语法关系。后来，成百仁还在《韩国》1968 年总第 142 期上发表了《关于满语书面语副动词词尾 -me》、在《明知大学论文集》1969 年第 3 期中刊登了《关于满语的疑问式》等论文。这些论文，主要论述了对清代满语书面语动词类词的词根或词干后面接缀的有关形态变化语法词缀，以及相关的语法语句结构特征等。在清代满语书面语语法研究方面，朴恩用也取得了较好成绩。他在《晓星女子大学研究论文集》上先后发表《满语形态素研究》（1967）、《满语书面语形态素研究》（1969）、《满语语法特征（上）》（1972）、《满语语法特征（下）》（1973）等论文，还在《国文学研究》1969 年第 1、2 期连续刊登《满语书面语形态素研究（接续词编）》《满语书面语研究》等论文。朴恩用在这些论文里，着重概述了清代满语书面语语法基本结构类型以及形态变化要素等。崔鹤根关于满语书面语名词的格形态、性形态、数形态以及动词的时形态等的结构特征、使用功能、语法作用等进行讨论的论文《关于满语未完成体过去时词尾 –fi》(1975)、《满语格、性、数语法形式》(1976)、《满语动词词缀 -mbi、-me、-ha》(1977)等在汉成大学《语学研究》和《金成柏博士花甲纪念论文集》上先后刊发。另外,还有金英姬阐述清代满语书面语不定式的文章《满语书面语的不定式》(《延世语文学》,1976),以及赵奎泰于1982年发表在《国语学论丛》的《满语书面语词缀-fi 的语法功能和意义》之论文等。从以上成果及其分析内容,能够了解到韩国满语学界对于清代满语语法的研究,同样集中在对清代满语书面语语法的基本结构特征进行描写研究方面,也表现在对清代满语书面语语法形态要素进行个案分析、对动词类词和名词类词的特定语法词缀进行深入研究、对个别语法结构体系以及与此密切相关的形态变化语法现象和词缀系统进行客观阐述等方面。

  总之,无论国内还是国外的清代满语语法研究成果,主要反映的是清代满语书面语语法中出现的复杂多变的形态变化语法现象。而且,在此学术研究领域,做出最突出贡献的是我国清代满语界的学者,特别是从 20 世纪 80 年代以后做出的成绩十分可喜,出版或发表了对于清代满语书面语语法现象进行全面系统研究的一系列论著和文章,具有相当高的学术价值和理论价值。同时,对于由清代传承的严重濒危满语口语语法的研究,我国专家学者也开展了不少科研工作、具体实施并完成了不少课题,发表和出版了不少具有学术理论价值的论著和文章。此外,欧美、日本、韩国的满语学界学术同仁也对清代满语语法研究做出了较好成绩。其中,在早期,欧美学者做出的贡献较为显著,之后日韩学者也撰写了不少有价值的学术论著。这对于后人进一步深入研究错综复杂的清代满语形态变化语法现象,打下了十分坚实的资料基础,提供了相当丰富的研究理论方法。

第六课
清代满文文字研究

我国关于清代满文文字后续研究成果，在20世纪80年代以后公开发表得较多。其中，论述清代满文文字的起源、清代满文文字的创制、清代满文改革和演变方面内容较多。例如，季永海在《中央民族学院学报》1981年第3期刊发的《试论满文的创制和改进》、张莉在《满语研究》1998年第1期发表的《简论满文的创制与改进》、阎崇年在《故宫博物院院刊》2002年第2期刊登的《满文的创制与价值》、李云霞在《满语研究》2003年第1期刊发的《满文的起源及其发展演变》，以及张虹的《老满文改革的初始时间》（《满语研究》2006年第2期）等。

满文满语被清代统治者尊崇为"国语"及"国书"，在那个历史时期发挥过极其重要的作用。满文创制、改革、完善、衰落的历程，经研究考证后已基本清晰。然而，有关老满文改革的初始时间学界有不同说法。张虹认为，可以将这一时间，从巴克什达海开始着手改革老满文的天命年间（1616—1626）算起，并于天聪六年（1632）完成后加以推行使用。周澍田等在《满语研究》1998年第2期发表的《论满族语言文字的演变》、关克笑在《满语研究》1997年第2期撰写的《老满文改革时间考》等论文，也都对满文的演变情况与改革实践展开了探讨。总之，以上提到的学术研究成果，从不同角度对于满文的来龙去脉、老满文的改革措施、老满文的改革目的、满文创制因素、满文创制过程、满文创制的时代背景及社会条件、满文改革方案及标准、满文使用原理及其使用价值等问题进行了讨论。除此之外，清格尔泰在《满语研究》1995年第1期发表《满文的读音和转写法》，分析了满文的基本读音和转写规则及技巧。另外，黄锡惠在《满语研究》2001年第2期至2003年第1期连续刊发以《满族文字的异质文化影响》为题的论文，从外来文化影响的层面探讨了清代满文的产生要素，进而明确提出清代满文字母创制时受蒙古文字母强烈影响的历史原因。他指出，清代满文是在蒙古文字母基础上创制而成的字母系统，受蒙古文影响很大，因此自然成为与蒙古文相同的表音字母。季永海在《满语研究》2004年第1期、2005年第1期连载《从接触到融合——论满语文的衰落》，阐述了清代满族及其满族统治阶级，从清代初期单用满文到后来满汉双文并用、再到转用汉文的过程，并指出这与清代满族社会的政治经济文化发展不平衡，以及他们从初步接触到深度崇尚儒家文化与思想等密切相关。

在我们掌握的清代满文研究资料中，也涉及一些对于清代满文字体研究的论述。而且，这些成果，从20世纪80年代以后相继公开发表。首先，应该提到的是安双成编著的《满文美术字》一书，该书于1992年由新疆人民出版社出版。书中较系统而全面地展示了清代满文粗体美术字、上方大篆美术字体、玉筋篆美术字体、小篆美术字体、大篆美术字体、坟篆美术字体或填篆美术字体、悬针篆美术字体等清代满文美术字体，给人们了解满文美术字体体系带来很大便利。从1986年以后，《满语研究》上先后刊发了邹兰欣撰写的《满文篆书简论》（1986年第1期）、黄锡惠的《满文小篆研究（上）》（1998年第2期）以及《满文小篆研究（下）》（1999第年1期）、金毅等的《亟待发掘整理的民族文化瑰宝——清代满文篆字应用情况的调研报告》（1998年第2期）、金毅的《清代满文篆字的新资料——长春、呼和浩特、北京三地走访调查记》（2003年第2期）等论文，阐述了清代满文大篆、清代满文小篆的字体和书写方法以及满文篆字的使用原理等。

第六课　清代满文文字研究

不过，相比之下，有关清代满文文字研究成果不是太多，论述内容主要涉及清代满文文字的创字、改革、使用以及清代满文美术字体等方面。不过，这些清代满文文字方面成果的公开发表，对于学习和研究清代满文文字具有十分重要的现实意义和参考价值，对于我国文字发展史的研究也有一定价值。

在国外，关于满文的来历、产生、书写规则以及使用方法等展开学术讨论的文章也有一些。特别是，韩国和日本的满语学者，对满文的产生和发展作过一定深度和广度的学术探讨。例如，在20世纪30年代初，韩国的金九经就撰写过介绍满文字母拼音形式和内容的《满文字母拼音表》（1930）。次年，韩国的李德启在《国立北平图书馆馆刊》第5期内还发表过阐述满文字母来源和有关演变现象的论文《满文字来源及其演变》（1931）。到了20世纪70年代末，韩国著名的满语学者成百仁，在韩国语言学会主办的《语言学》1977年第2期刊登过论述用罗马字母表记满文特殊词的技巧和方法之论文《关于满语特殊文字的罗马字表记法》，还在《延世大学》1978年第3期上刊载《满文无圈点字头研究》一文，分析了无圈点清代满文字头的基本结构特征和使用原理。

在日本，清代满文文字研究也取得了一些成绩。例如，户田茂喜于《东洋文化史大系》1938年第6期中发表《满语与文字、满洲文学》、池上二郎在《东洋语研究》1947年第2期刊登《满文罗马字转写试考》、今西春秋于《东方学纪要》1959年第1期刊发《满语特殊字母二三》、河内良弘于《中国语》1996年第1期发表《关于满文的可贵之处》等文章。以上在韩国和日本发表的论文，从不同视角不同程度地阐述了清代满文文字同满族和满族文学的关系，考证和解释了清代满文罗马字转写的原理和方法，讨论了清代满文特殊字母的使用特征和满文字母的长处等。总之，国外有关清代满文文字研究的成果不是太多，且多刊发于韩国或日本的相关学术刊物及专题性研究文集中。

第七课
清代满文词典与词汇集及其相关研究

在清代满语言文字研究领域，有关清代满语书面语词汇的收集整理、编辑清代满语书面语词典、清代满语书面语词汇集、清代多语种比较或对比辞书等方面也取得了较好成果。所有这些，为清代满语及满文研究事业，以及清代满语书面语教学工作和清代满语文教学与学习发挥了十分重要的作用。

编写词典是一项耗时量大、需要极其丰富的语言资料、一定的人力和财力才能完成的重大工程。因此，到 20 世纪 50 年代，我国满语学界还没有出版一本供现代人使用的清代满语大词典。根据我们所掌握的资料来看，似乎从 20 世纪 50 年代之后，由于对浩如烟海的清代满文历史档案资料的重新整理和广泛利用的迫切需求，满语学界开始和相关出版部门共同合作，或酝酿重新出版清代旧版本满语辞书，或在对清代旧版满语辞书进行必要改进和补充的基础上，编纂出版使用起来既方便又实用的新版清代满语满文辞典。然而，由于社会、经济以及清代满语满文人才等方面因素，这些工作未能及时启动和具体实施。到了 1957 年，北京的民族出版社才影印出版了《五体清文鉴》上、下、中三册。该辞书属于清代满汉蒙藏维五种语言合璧的精写本，也叫五种文字分类词典。原稿由傅达礼等人于乾隆年间（1736—1796）编写完成，但从未刊印过。该辞书内容丰富，有相当深远的学术和历史价值，特别是书中的维吾尔文部分十分珍贵。另外，书中藏文部

第七课　清代满文词典与词汇集及其相关研究

分附有两种满文注音，一种是藏文的清代满文切音（即逐个字母对译），可以按照一定音韵规律还原藏文来读；还有一种是藏文的满文对音，这是为了精确把握藏文正字法中保留的传统连写规则。但这一满文注音形式，造成了藏文的现代读音同古代读音间的一些差异。在该辞书内，维、蒙、汉三种语言词条下面均有清代满文对音内容。因此，这本辞书的每一个词条分设以下八个栏目：

（1）满语书面语的满文词条
（2）藏语书面语的藏文词条
（3）藏语书面语的满文切音词条
（4）藏语书面语的满文对音词条
（5）蒙古语书面语的蒙古文词条
（6）维吾尔语书面语的维吾尔文词条
（7）维吾尔语书面语的满文对音词条
（8）汉语汉文词条

该辞书原稿共六函、36 册、2563 页，黄缎面、宣纸墨笔抄写，高 34.1 厘米、宽 15.6 厘米、边宽朱红色骑缝有清代满文书名及汉文类名和页码，没有总目录。在当时，主要是为了满族高层人士学习其他民族语言文字。由于开本过大，1957 年影印时缩成 16 开，去掉了骑缝上的内容，另加了阿拉伯字页码，还增加了根据每卷前页的分目剪辑而成的总目录。为了保存其原文的结构特征，对于错处一律未加改动，只是由于维吾尔文文法欠连贯故未加照印，所以对封面维吾尔文书名用译写形式来代替。还有必要解释的是，1957 年出版的《五体清文鉴》，是在 1771 年撰写的满汉文《增订清文鉴》的基础上，新增蒙古、藏、维吾尔三种民族语词条从而成为满、藏、蒙古、维吾尔、汉五种民族语言对照辞书。影印《五体清文鉴》对于清代满语同蒙古语、维吾尔语、藏语进行比较研究，以及学习清代满语、蒙古语、维吾尔语、藏语等具有特别珍贵的使用价值、参考价值和历史文献研究价值。

20世纪80年代以后,特别是到了80年代后期,我国清代满文词典、辞书和词汇集的编辑工作进入一个历史性高潮。这一时期,先后出版了有相当高的使用价值及社会影响力的两部满汉大词典。

其中一部由安双成任主编,屈六生、任世铎、栗振复任副主编,共同编写完成,于1993年由辽宁民族出版社出版。这就是1292页、170万余字的《满汉大辞典》。该辞典是继光绪年间（1875—1908）编写的《清文总汇》之后,正式出版的第一部大型满汉工具书,共收入约5万条清代满语词汇,包括清代满文历史文献及档案资料词汇,充分体现出清代满文历史文献及档案资料的语言风格与特征。而且,词条释义完整、简洁、扎实、准确,还有丰富的例词例句。词条的编排分类也十分合理,使用起来也很方便。尤其珍贵的是,附录部分搜集整理和收入了《满语简要语法》《新老满文字母对照表》《满文字母拉丁转写表》《满汉干支对照表》《满汉干支次序对照表》《满汉二十四节气表》《清帝年号对照表》《清帝世系表》《清代帝后封谥表》《清代帝讳表》《清帝生母简表》《清代皇子简表》《满汉数词对照表》《满汉重量单位对照表》《满汉容量单位对照表》《满汉长度单位对照表》《满文单词拉丁转写索引》等相当丰富且有价值的清代满文资料内容。前页还有前言、凡例、满文检字表。该大辞典融知识性、学术性、应用性于一炉,对于初学清代满语者和清代满文专业的学者来说,都是一部优秀的工具书。该辞典得到国内外满学界极高的肯定。丰申巩额在《清史研究》1995年第3期上发表《〈满汉大辞典〉的编纂及其学术价值》一文,客观实在地评价了该辞典编撰方法和技巧的科学性及其具有的重要学术价值。同时,金宝森在《满族研究》1995年第4期上刊发《评〈满汉大辞典〉》一文,从史学、语言学、资料学以及民族学视角,客观翔实地评论了该大辞典的历史性、现实性、严密性、重要性和实用性价值。在这里,还应该提到的是由安双成主编、2007年由辽宁民族出版社出版的《汉满大辞典》。这本约200万字的辞典,由序文、凡例、汉语拼音索引、部首检字表、正文、满文字母拉丁转写表（附录）等内容组成,收入汉满对照的字、词组,包括熟语、成

第七课　清代满文词典与词汇集及其相关研究

语、术语等6万余条。很显然，其中收入的清代满语词汇，绝大多数来自于他主编的《满汉大辞典》及清代满文文献资料。该书的教学、学习、使用满语、满文、满文字母带来了极大的方便，并在满语满文教学、学习中被广泛使用。

另一部大词典是由胡增益主编的《新满汉大词典》，于1994年由新疆人民出版社出版。该大词典为1016页、280万字，主要由满文字母音序检索词目表、词典正文、附录等构成。开头部分有用中英两种文字撰写的2600字的简短前言内容。除此之外，还附有凡例、清代满文字目表、清代满文转写字符、清代满文参阅文献及代号等。后页部分还附有《满文十二字头》《满语常用附加成分》《汉语拼音方案》《简繁体对照汉语〈简化字总表〉》《汉语拼音检索的〈简明满汉对照词汇〉》《英语检索的〈简明满汉对照词汇〉》等，给人们使用《新满汉大词典》和词条的查找带来了很大方便。作者编写《新满汉大词典》时，参阅了近60部清代满文历史文献及档案资料，从中选出35000条清代满语词条，其中包括清代有关官制、行政机构及各种专业名词术语，以及几万个清代满语例句。除了表明与词条相关的语法成分外，还列出了语音和语法方面的特殊使用形式等。同时，考虑到使用者的便利，在词典正文里，除了词目用满文撰写外，对于词义进行解释时所列举的满语词句，全部用拉丁字母符号系统转写。毫无疑问，该大词典的出版，对于满语学习和研究均提供了很高的价值。胡增益于《北京社会科学》1995年第1期上撰写《〈新满汉大词典〉编写的主要原则和方法》一文，从词典学和词典编辑法的角度，全面介绍过编写《新满汉大词典》时主要坚持的原则和基本方法等。

除了以上谈到的两部满汉大词典之外，在这一时期还出版过版本各异、内容不同，并有不同使用价值的满语词典。例如，刘厚生等编著的《简明满汉词典》，于1988年由河南大学出版社出版。这是一部32开本、469页、48万字的中型词典。该词典的词条主要来源于《清文总汇》《大清全书》《清语摘抄》《满汉六部成书》《五体清文鉴》等十余种清代历史文献资料，共收入约1.5万条清代满文词，且每一条词的内容和解释均附有罗马字母标音、词性说明、汉文译释等。后页还列出《满语拼音字母表》《满语音节字母表》《新老满语文字母对照表》《满语词类总表》《满语人称代词表》《满语格助词表》《满语动词形态表》《满语动词态形态表》《满语动词形态表》《满语数词表》《满语度量衡单位表》《干支表》《二十四节气表》《满文篆字名称表》《满语附加成分使用说明总表》《清代皇帝世系表》等有相当重要的学术价值和实用价值的表格。该《简明满汉词典》具有的突出特点是：（1）有着丰富的清代宫廷称谓和公文专用名词术语；（2）对有关词条增补了必要的注解和具体的使用说明；（3）引用了清代满语中不少代表性俗语、谚语、成语等；（4）词条解释清楚简练。

另外，由新疆锡伯语言研究学会编的《单清语词典（满汉合璧）》，于1993年由新疆人民出版社出版。该词典以清代光绪十七年（1891）编写的石印版《单清语》为基础，并从其他数十种满文古籍中收入有关词条，采用汉语拼音检索方式和汉满对照等体例编写而成，共收入满汉语单字2400余条，满汉多字条目7600余条。这些词条涉及常用词语、习惯用语以及一般性成语等。在汉字的使用上，为了便于阅读，将繁体字和异体字均改为简体字和规范字。在清代满语的使用上，充分体现出保持原貌、保留原义和原有写法的风格，具有准确、简明、使用方便等优点。《单清语词典（满汉合璧）》的出版，对于学习清代满语和清代满文文献的翻译整理有很大帮助，对于人们进一步了解和掌握清代汉语词汇有一定的参考价值，对于清代满语有关名词术语及专业性用语等的具体使用以及分析研究等均发挥了积极作用。

此外还可指出，永志坚重新编辑整理后，由新疆人民出版社于1990年出版的《满汉合璧六部成语》。这是一部32开本、369页、26万字的满汉语成语对照词典。该词典包括前言、满文查字索引、六部成语和汉文查字索引等内容。所谓《满汉合璧六部成语》，是按照吏、户、礼、兵、刑、工六部官衙用语汇集而成的清代满汉对照词典，原本每部各有一卷，故共六卷，收入清代满文词语2600余条。《满汉合璧六部成语》的原稿大约成于乾隆年间（1736—1796），是为了满族

第七课　清代满文词典与词汇集及其相关研究

贵族及其子弟学习本民族语、参加科举，以及满汉公文撰写的需要而编写完成的。永志坚整理出版该词典时，主要参阅了嘉庆二十一年（1816）重刻的京都文盛堂版本。该词典的学术价值体现在：（1）在参考日本内藤乾吉的《六部成语注释》的基础上，对于汉文词条进行了校勘；（2）对于满文译文的难辨字作了订正；（3）对圈点脱落或短缺字齿之处予以校订；（4）对清朝典章制度方面的汉文词条增加了注释；（5）将汉文繁体字改为简体字、异体字改为通行字；（6）附上了满文和汉文索引等。该词典的使用变得更加方便、更加实用和精确。此外，在该词典出版的同一年，天津人民出版社还出版了由李鹏年、刘子扬、陈锵仪等编著的《清代六部成语词典》。

20世纪90年代以来，我国满语界的专家学者出版了一些与清史研究有一定联系的清代满文词典。例如，商鸿逵、刘景宪、季永海、徐凯共同编著的小型词典《清史满语词典》，于1990年由上海古籍出版社出版。这是清代职官制度等方面的工具书，主要收入了清代史籍中出现的满名汉字音的衙署、职官、封爵、赐号及部分地名、部族名等词汇1400余条，所有词条均按汉语拼音字母次序排列，词典后页还附有《汉字笔画检索表》《满文罗马字母与国际音标对照表》等内容。

还有，关克笑同王佩玉、沈微、关嘉禄合编的32开本小词典《新编清语摘抄》，于1992年由台北文史哲出版社出版。该词典是在清光绪十五年（1889）北京隆福寺聚珍堂刊梓的四册本《清语摘抄》的基础上，进行修改和补充之后出版的工具书。编写形式承袭了原书体例，按满文十二字头为序排列。内容上，增补了《清文总汇》等词典内的有关条目。其结果，使得查找索引资料更方便，内容更加充实，条理更加清晰。这对清史和满语学界专家学者来讲，是一部有较强实用价值的工具书。

孙文良主编的32开本、989页、130万字的《满族大辞典》，于1990年由辽宁大学出版社出版。该辞典收入清代满族语言文字、文化教育、衣食住行、风俗习惯、政治经济、历史地理、重要人物及重大事件等 6000 余条词目。这是一本比较全面地介绍清代满族文化方面的大型综合性工具书，其中同清代满语和满文相关的词条也占有着相当比例，还附有词目分类索引等内容。这一将语言和文化融为一体的《满族大辞典》的出版，对于了解和掌握清代满族语言文化名词术语或相关专业类称谓，具有十分重要的参考价值。

满语语言文字学学者，在《满语研究》等学术刊物上还发表过有关早期满语和其他民族语对照词典进行评价或分析的论文。例如，恩和巴图在《满语研究》1994 年第 2 期上发表《〈满达词典〉研究》一文，论述了清光绪十八年（1892）顺泰所编纂的《满达词典》的元音拼写形式和内容、辅音拼写形式和内容、语音变化的描写、词义即词汇变化规律的阐述、满达词典的满文使用关系等编辑特点及其使用技巧，和当时所产生的社会作用。《满达词典》是一部满语和达斡尔语对照词典，为手抄本。其中，一部分为清代满文词汇，一部分为清代满语达斡尔语及达斡尔语满语对照词汇。而且，达斡尔语词汇均用满文字母拼写完成。不过，被收入的清代 2540 条达斡尔语词汇里重复出现的有 647 条，其中 491 条词的满文拼写形式完全相同。该词典，对于了解和研究清代满语和达斡尔语里使用的共有词，及其这些共有词的来龙去脉探讨都有一定的意义。

总之，我国在清代满文满语词典编辑工作方面取得了较理想的成绩，尤其是从 20 世纪 90 年代以后，出版了清代满语方面的不少优质词典，在前面谈到的《满汉大辞典》和《新满汉大词典》，可以说具有划时代意义。这两本大词典的公开出版，很大程度上鼓舞了我国满语学界的学术士气，对于满语满文的学习和研究也带来了极大方便。另外，在这些词典中，以满汉双语撰写完成或用单一满文编写的成果占绝大多数，以满语同其他民族语进行对照的词典或词汇集比较少。此外，从历史学和文化学的角度出版的满族满文词典也有一些，这些词典对于清代满语满文的研究，同样有着较高的价值。20 世纪 80 年代以后公开出版的这些词典或辞书类成果，从另一个侧面有力地证实了我国在清代满语满文的词义分析和解释、辞书编辑出版工作等方面

第七课　清代满文词典与词汇集及其相关研究

做出的突出贡献。

国外在清代满语满文词典的编辑工作中也取得了较好成果。比较而言，日本和韩国学者做出了较突出的工作业绩。早在20世纪20年代末，渡部薰太郎出版了《日语满语类集语汇》（1929），并将清代满语和日本语的基本词汇做了对照。次年，他在《大阪东洋学会》第17期上刊发了《满语缀字全书》一文。但最有影响力的，是羽田亨于1937年编著完成的《满和辞典》。该词典为16开本，共有485页，于1972年由日本国书刊行会出版。这是日本正式编辑出版的第一部清代满语词典。编写该词典时，除了羽田亨之外，日本东洋研究室的有关专家也协助做了大量工作。该词典收入的主要是《增订清文鉴》内的词语，同时从《四体清文鉴》《五体清文鉴》《清文汇书》等清代满文辞书中挑选编入了部分具有一定代表性的词语。换言之，《满和辞典》收入的是清代中后期规范化了的满语书面语词汇，而那些清代初期使用得不太规范的满语书面语没有被编入其中。该词典采用了穆麟多夫在《满语语法》中使用的清代满文转写字符，即词典里的清代满语词，首先用穆麟多夫的满文转写字符撰写，然后用日文解释其词义概念和使用特征等。词汇解释中虽然使用的清代满语例句比较少，但几乎都附上了清代辞书中的汉文解释内容。词典中的词汇条目，按英文字母顺序作了排列。该词典收入的清代满语词条较多，解释简明扼要且易懂，在日本有着相当高的利用率，于1978年被第二次印刷。这一时期，在日本还发表或出版了清代满文辞书的满文词汇索引或索引本。例如，今西春秋于《岩井博士古稀纪念典籍论集》1962年第25期上发表了《五体清文鉴满语后续单词索引》，河内良弘编写的《五体清文鉴译解的汉字索引》，于1968年由京都大学内陆文学研究所印刷，细谷良夫在《文献论丛》1979年第4期刊发了《〈折奏成语〉满语索引》等。这些清代满文辞书词汇索引的出版或刊发，给查找或研究清代满语满文词汇提供了便利。

20世纪80年代中后期以来，日本的满文辞书出版和研究进入了一个较为理想的发展时期。福田昆之编写的《满洲语文语辞》，于1987

年在日本横滨出版。《满洲语文语辞典》共 934 页，是继羽田亨的《满和辞典》之后又一部较完整的满语工具书。词典内的满文词条，同样使用了穆麟多夫所创制的满文转写字符，但有若干修改补充的内容，如元音 ū 由 ŭ 替代，辅音字母 k'、g'、h'、ts'、tç' 由 kh、gh、xh、zh、ch 等代替，字母 dz 在字头要写作 z，在词尾以单独形式出现时则以德国学者豪尔（Erich Haoer）的转写法改为 ze 等。该词典综合了在此之前出版的法、俄、德、日满语词典的编写特征。词条皆注明词性，并加上大量引自《金瓶梅》《合璧西厢记》《择译聊斋志异》《满洲实录》《加圈点字档》《无圈点字档》等清代满文历史书籍中的例词例句，同时附有简明易懂的日文词义解释。

另外，河内良弘、清濑义三郎则府和乌拉熙春合著的《满洲语文语辞典》于 1996 年由京都大学学术出版会出版。该词典出版后，在日本满语学界引起较好反响。早田辉洋还在旅《满洲史研究通信》1997 年第 6 期里撰写《读河内良弘〈满洲语文典〉》一文，客观阐述过该词典的编写方法、编写目以及应有的学术价值。

在这里还有必要提到的是，20 世纪末至 21 世纪初的短暂几年里，在日本整理修订后出版了清代两部大部头词典。其中之一是中岛干起编写的《清代中国语满洲语辞典》，于 1999 年由东京外国语大学亚非语言文化研究所出版。该词典为 16 开本、2166 页、260 万余字，由序文、御制增订清文鉴目录、御制增订清文鉴补编目录、现代汉语索引、满语索引等内容组成。该成果是对《御制增订清文鉴》一书充分利用现代化研究手段和电脑科学技术重新编辑的产物。《御制增订清文鉴》目录中，包括第一卷天部、第二卷时令部等、第三卷君部等、第四卷设官部、第五卷政部、第六卷礼部、第七卷乐部、第八卷和第九卷武功部、第十卷至第十八卷人部、第十九卷僧道部等、第二十卷和第二十一卷居处部、第二十二卷产业部、第二十三卷烟火部、第二十四卷衣饰部、第二十五卷器具部、第二十六卷营造船车部、第二十七卷和第二十八卷食物部、第二十九卷草木花部、第三十卷至第三十二卷动物部等。在御制增订清文鉴补编目录中，还包括第一卷天时季

第七课 清代满文词典与词汇集及其相关研究

节人法书乐类、第二卷神衙署类、第三卷树木花草食物工具类、第四卷动物类等词汇分类目录内容。《清代中国语满语词典》的出版，对于更好地了解、学习、掌握和研究《御制增订清文鉴》等清代满文辞书词汇以及满文文献资料词汇，提供了极大方便。

其二是早田辉洋和寺村正男合编的《大清全书》，分别于 2002 年和 2004 年由东京外国语大学亚非语言文化研究所出版，共五册、16 开本、454 万余字。其中，《大清全书正文篇》《大清全书索引篇》两册于 2002 年出版。《大清全书正文篇》由前言、使用说明、本文篇（包括开头、大清全书序、凡例、总目）、词典、满语索引、后记等内容构成；《大清全书索引篇》包括《大清全书》中的所有满文词汇的索引。另外，《大清全书增补修订正文篇》《大清全书增补修订本满文索引篇》《大清全书增补修订汉文索引篇》三册于 2004 年出版。《大清全书增补修订正文篇》由前言、解说、正文、满语索引、汉语索引等章节组成。前言叙述了《大清全书》的作者、版本、引用文出处、引用文献；解说部分，叙述了清代满汉文字的处理方法和技巧、正文和索引的具体内容、清代满语语音特征和字母排列规则、十二字头的特征及其排列顺序；在正文前页还附有《大清全书序》《凡例》《总目》等内容。该书在清代满语的转写上，基本上使用了穆麟多夫的转写字母系统，但对相关字母进行了必要的增补或修订。例如，将满语书面语工具格的 i 改写为 -i，把 ju si "朱熹"之类的写法改写为 ju- si，没有采用英欧语言学家在词头使用的 I 之类的字母，特殊文字 tulergi hergen 等使用符号[']上也有所不同，等等。第二册《大清全书增补修订本满文索引篇》里，编排了《大清全书》里所有满语书面语词汇索引。第三册《大清全书增补修订汉文索引篇》是《大清全书》的所有汉语词汇索引。可以说，该书在日本满语学界对于一系列清代满文资料的词汇系统逐一进行检摘和编排、解释的巨大工程中，是一项十分了不起的业绩，具有很强的历史性、时代性、实用性和科学性。

20 世纪以后，韩国在清代满语词典编写方面取得的成绩似乎不太突出,仅有一些词汇比较、词汇索引、词典分析方面的论文或词汇集等。例如,朴昌海和刘昌惇撰写的《韩汉清文鉴索引》(1960)、朴恩用等的《〈御制清文鉴〉索引》于 1982 年由韩国晓星女子大学出版部刊印、朴恩用的《满语词典资料笺》于 1987 年由韩国晓星女子大学研究会刊印。在此领域,成百仁也做出了一定的贡献。例如,他从语言学角度分析清代满语书面语词典的论文《关于初期满语辞典》于 1986 年在延世大学国学研究院主办的《东方学志》第 52 期上发表。另一篇《对于初期满语辞典的语言学思考》,于 1990 年在韩国《阿尔泰学报》总第 2 期上发表。成百仁编写的《汉清文鉴汉语清语索引》,也于 1998 年由延世大学国学研究院印刷。金东昭在将清代满语书面语基本词汇同韩国语基本词汇进行对照分析的基础上,撰写完成的文章《国语满语基础语汇比较》,于 1972 年在《常山、李在秀博士花甲纪念论文集》中刊发。他的《改订版〈同文类解〉满语书面语词汇》于 1982 年由韩国晓星女子大学出版部印刷。总之,在 20 世纪的一百年当中,韩国在清代满语满文词典学学术领域所做出的贡献不太突出,尤其是自 20 世纪初至 20 世纪 50 年代末期间,在此方面的工作几乎没有太大进展。韩国学界的相关论述基本上都发表在 20 世纪 60 年代以后,而且一般都是关于清代满文词典的内容和编写结构形式的分析、清代满语书面语和韩国语基本词汇的比较或对照,以及编写有关满文资料词汇集、词汇索引等方面。

  蒙古国的满语学家也编写过一些与清代满语和蒙古语相关的词典,如罗布森扎布用蒙古文编写的《蒙满词典》。该词典为 32 开本,共 375 页,于 1968 年在乌兰巴托出版。该词典的特点是将用清代满文字母撰写的满语词条与用回鹘式蒙古文字母撰写的蒙古语词条作了对照。此外,宝音涛特克于 20 世纪 90 年代初,在乌兰巴托也出版过一本《蒙满词典》。这两本词典,给蒙古国的清代满语满文专家学者学习和研究满语书面语提供了一定的方便条件。

  美国的满语学专家也编写出版过清代满语书面语方面的词典。例如,罗杰瑞(Jurry Norman)于 1978 年在美国西雅图华盛顿大学出版

第七课　清代满文词典与词汇集及其相关研究

了《简明满英辞典》。该词典为 16 开本，共 319 页，用拉丁字母转写编排了清代满语书面语，部分满文专用名词术语还标出了汉文。同时，该辞典还附有清朝统治者在位时间和年号满汉对照表、计量单位对照表等。该词典的出版，对于西方的满语学习者来讲，提供了一定的方便条件。过了一年后，他在《简明满英辞典》的基础上，编写完成了第二本词典，也就是人们较为熟悉的《满英辞典》。这本辞典，于 1979 年由华盛顿大学印刷出版。另外，1981 年美国印第安那大学还出版了威廉姆·罗兹克（William Rozycki）编写的《满语逆序词汇》。该书为 32 开本，共 187 页，收入了 24400 余条清代满语书面语词汇。这对清代满语书面语构词形态结构体系和语法形态变化结构体系，以及有关词汇结构系统的整体性了解和分析研究都有一定的帮助和参考价值。

19 世纪和 20 世纪，德国先后出版了很有影响力的几部清代满语词典。这几部清代满语辞典是为了满足德国和欧洲国家的相关专家学者查阅清代满文资料和满语满文学习研究而编写的。其中之一是盖博伦茨（Conon V. D. Gabelentz）的《满德词典》（*Mandschu-Deutsches Woerterbuch*），于 1864 年在德国的莱比锡印刷，该辞典包括序言共在内 621 页，约收入 1600 条清代满语基本词汇，应是第一部以欧洲语言编写的清代满语辞典。这本辞典的出版，给那些并不熟悉清代满文满语的欧洲东方语言文字学专家打开了新的学术视野。另一本有关满语方面的词典是由埃里希·豪尔（Erich Hauer）编写的《德满词典》（*Handwoerterbuch der Manbschuspache*），于 1955 年在威斯巴登印刷。另外，由马丁·稽穆（Martin Gimm）编写完成的《德满词汇对照集》，于 1978 年在威斯巴登印刷出版，共 621 页。可以看出，德国学界对清代满语满文的研究着手较早，有一定的历史，并取得了一定的成绩，特别是在清代满语辞典编写方面起到了开创作用，对于清代满文满语的学习和研究发挥了十分重要的作用。

在俄罗斯，清代满文满语的研究工作也开展得较早，如扎哈罗夫于 1875 年在圣彼得堡出版的《满俄大辞典》。后来，俄罗斯的清代满语满文专家学者也陆续出版过有关清代满文和满语方面的研究成果。

  总之，在清代满语满文辞典、词汇集等工具类书籍的编写及出版方面，我国满语学界的专家学者取得了举世瞩目的成绩，出版了不少有资料价值、历史价值、实用价值、社会价值、研究价值、科学价值的大中型满语辞典及相关专业类词典。国外，学界在清代满语辞书编写和出版方面，像德国等西方国家虽然着手较早，并取得了一定的学术成绩，但日本满语学界后来居上，在清代满语工具类书的研究和出版领域所取得的成绩远远超越了欧美。国内外出版发行的这些清代满语满文工具书，对于促进满语满文研究事业国际化的繁荣和发展发挥了极其重要的作用。

第八课
清代满文文献资料翻译注释及学术研究价值

对于浩如烟海的满文文献资料来讲，满文文献资料的翻译、编译和科学阐释工作是一项艰苦卓绝而十分重要的工程。在此学术领域，我国满语学界和满文文献资料学界的专家学者经30余年的共同努力，已取得相当显著的学术成绩。在这里，只是简要阐述我国改革开放以后从语言翻译学、文字翻译学、语言文献翻译学、语言资料翻译学等角度，从对满文文献资料的翻译工作、翻译语言、翻译技巧、翻译方法、翻译理论等角度，对清代满文文献资料展开学术讨论和研究的相关成果。

首先提到的是，季永海和刘景宪译编的《崇德三年满文档案译编》，该书于1988年由辽沈书社出版。还有，关克笑、王佩玉、沈微、关嘉禄合编的《新编清语摘抄》，该书于1992年由台北文史哲出版社出版。再就是，台湾学者庄吉发编著的《满汉异域录校注》，于1983年由台北文史哲出版社出版。书内有满洲字母表、满文字母表、异域录图等。这本书主要由满文异域录原文、罗马字转写、汉译文、注解等内容组成。还有就是赵展翻译的《满文老档》的天聪部分。他用罗马字转写并对译过《太平寺碑记》(《锡伯族源考》)一书，他还翻译过《黑龙江省富裕县三家子屯陶姓祖传满文呈文稿》、满文本《尼山萨满》等。

吴雪娟在满语翻译研究方面也做出一定贡献。由她翻译的《满文翻译研究》一书，于2006年由民族出版社出版。在绪论中阐述了满文发展历程和满文翻译的价值，第一章从翻译的角度阐明了满文翻译定义、满文翻译的标准、满文翻译者的素质、满文的翻译过程。第二章探讨了满文翻译的异化法及归化法。第三章从汉满翻译学、满汉翻译的文体标准、满文翻译技巧、满文翻译批评等层面谈论了满文翻译工作。第四章分析了满汉词汇对应关系、满文词汇翻译技巧、专用名词术语的翻译、习语的翻译、借词翻译、文学作品的翻译。第五章句子翻译中阐述了格助词的翻译、满语句子成分的翻译、满文句子类型的翻译学解析、满语句子类型及翻译、满文句子语序及翻译、满文句子翻译方法、满文复句的翻译、满文标点符号的翻译处理。第六章的修辞翻译里主要涉及满文词格、满文修辞文体风格、满文修辞翻译技巧。第七章满文档案翻译内包括满文档案的公文套语、公文成语、公文文种、翻译程序及其逻辑。第八章满文文学翻译内容中讨论了满文神话翻译、民间传说翻译、诗歌翻译、谜语翻译、萨满文本翻译。第九章满文家谱翻译含括满文谱单翻译、满文人口簿册翻译、家谱翻译要求。第十章满文地图翻译论述了满文地图图例与翻译原理，书的后页还附有主要参考书目及后记。吴雪娟还在《满语研究》先后发表《论满文翻译的可译性限度》（2003年第2期）、《论满文翻译的历史与现状》（2005年第1期）、《论满文翻译观》（2005年第2期）等文章，论述满文翻译的可译性限度，阐述当时设立满文翻译机构、开办满文翻译课程、组织满语翻译考试等对满文资料开发利用发挥的作用，及满语翻译理论的重要性、满汉文翻译实践中重视与提高翻译方法工作的必要性。

乌云格日勒等在《满语研究》2010年第1期刊发《清代民族语文翻译研究》，分析了清代译官的来源、清代译馆制度、清代翻译与官吏选拔制度、清代蒙古文翻译、体制改革下的翻译工作等方面的学术问题。文章认为，清朝译馆包括中央及地方机构四译馆、理藩院等若干种，翻译人员主要来自当时的京师国子监学、八旗官学、宗室官学

第八课　清代满文文献资料翻译注释及学术研究价值

以及府、州、县学。清代科举考试重视官吏双语能力，考试中特设翻译科，选拔翻译人才。在他看来，这使清代翻译工作达到一个崭新的高峰时期。

除此之外，自20世纪80年代后期起，在《满语研究》上先后发表不少与此相关的论文。例如，有黎艳平的《满译汉浅谈》（1989年第2期）、白立元的《谈〈翻译转换法〉在满译汉中的运用》（1988年第1期）、赵杰的《满汉对照口语译例——老汗王起家》（1990年第2期）、邓天红的《谈清代史籍中"满名汉字音译"问题》（1991年第1期）、李雄飞的《古文满译杂议》（1999年第2期）、巴根的《清代满蒙翻译考略》（2004年第1期）等基本上都是讨论满文的翻译方法、原理以及技巧等学术问题。当然，也有讨论满蒙翻译，或汉译满方面的文章，但为数不多。

在满文文献资料的翻译方面，季永海和赵志忠在《满语研究》1988年第2期上发表《尼山萨满》，将满文辽宁本《尼山萨满》用特定符号系统转写，并汉文对译的同时附上汉译文。他们还在《满语研究》（1994年第1期、1995年第1期、1996年第1期、1997年第1期、1998年第1期）上先后发表《三部〈尼山萨满〉译注》等论文，并对俄国学者A·B·格列宾希科夫于1908年和1909年在黑龙江省齐齐哈尔市和爱辉县发现的《尼山萨满》的三种满文手稿资料作译注和分析。崔宰宇在《中央民族大学学报》1997年第3期撰文《〈汉清文鉴〉的编排体例和语音转写》，专门讨论《汉清文鉴》的基本编排体例和语音转写原理。另外，在《满语研究》上刊发的刘厚生《满文本〈金瓶梅序〉今译》（1989年第2期）、奇车山《〈清太祖朝老满文原档〉（第二册）汉译文的勘正》（1985年创刊号）以及《〈祭祀全书巫人诵念全录〉译注》（1997年第1期）、雅路《满文档案翻译工作中的几个问题》（1991年第2期）、王小虹《满文档案汉译浅说》（1998年第2期）、李雄飞《古文满译杂议》（1999年第2期）、李勤璞《乾隆五十三年给霍罕伯克三体敕谕满洲文试译》（1999年第2期）等文，在对《金瓶梅序》《清太祖朝老满文原档》《祭祀全书巫人诵念全录》《乾隆五十三年给霍罕伯克三体敕谕》以及其他有关满文文献资料的翻译、撰写、注释、勘正等展开学术讨论的同时，论述了满汉文翻译技巧和方法。

有关满文翻译的学术价值与学术意义的论文也有不少。其中，有春花在《故宫博物院院刊》2001年第6期发表的《论〈满文大藏经〉的语言学价值》，以及徐莉在《满语研究》2008年第1期上发表的《满文〈四书〉修订稿本及其价值》等文。徐莉认为在清代早期《四书》就被翻译成满文。乾隆即位后，下令对《四书》满文译文进行了重新修订，并由武英殿刊刻成书。中国第一历史档案馆所藏的满文《四书》修订稿本，不仅展现了清代对汉文著作的满文译本的修订情况，还反映出满汉民族语言文化的融合现象。在她看来《四书》修订稿本同样也是满文古籍文献研究、满语研究的重要对象。

乌兰巴根在《满语研究》2009年第2期中刊登的《〈元史〉满文翻译和蒙古文翻译的学术意义》，认为清朝初年完成的《辽史》《金史》和《元史》满文翻译，对三部史书的流传和满文翻译事业具有特殊的历史意义。其中，《元史》满文翻译具有考订历史人物及指正文本疑乱、复原国语专名及开始辽金元国语研究、译介汉籍史料及影响史学发展等多方面学术意义。所以，有关清初《元史》满文翻译研究，不仅对该时期的历史文化研究具有一定的学术意义，还对《元史》研究和其他民族史研究具有不容忽视的重要意义。

吴元丰在《满语研究》2007年第1期上发表《清代军机处满文月折包及其史料价值》，提出清代军机处满文月折包数量大，内容也很丰富。满文月折包按月归档，以时间为序排列，主要记载了雍正八年（1730）至宣统二年（1910）间的政治、经济、军事、文化、天文、地理等史实。了解其形成、基本特点和主要内容，分析其与相关满文档案的异同，有助于我们全面把握其史料价值和研究价值。吴元丰在《清代理藩院满蒙文题本及其研究价值》（《满语研究》2012年第2期）中阐述清代理藩院满蒙古文题本及其研究价值，并指出因清朝专设理藩院处理蒙古族等民族事务而形成大量满蒙古文题本，真实记录了蒙古各部宗教、政治、经济、文化等史实。在他看来，这对研究清

第八课 清代满文文献资料翻译注释及学术研究价值

代蒙古、西藏和新疆区域史、民族史、宗教史、司法制度，以及清朝对不同民族地区的统治政策都具有极其重要的学术价值。

高娃在《满语研究》2008年第2期发表《满文本〈蒙古源流〉语言学价值及其开发利用》。《蒙古源流》于1766年译成满文，堪称一部包罗万象、体大思精并保存完整的满文经典文献。满文本《蒙古源流》也是德、日、韩译本以及《四库全书》本的底本。同时，满文本《蒙古源流》用语是清代规范化的满语书面语，能够反映出满语文发展鼎盛时期的总体面貌，是清朝中期满语文结构特征的缩影。因此，从语言学角度对其进行全面系统的研究和开发具有重要的学术意义和应用价值。

第九课
清代满文特殊用语的研究

  研究资料表明，对于清代满文特殊用语，包括讨论辞书、史话、碑文、文学、神歌、曲艺中的特殊用语、词语表达形式和内容及其借词等的研究成果也有不少，早自 20 世纪 30 年代就陆续发表。不过，从 20 世纪 30 年代中后期至 50 年代后期的 20 余年间里，与此相关的研究或学术讨论的论文和文章被公开发表的不是太多。我们所掌握的学术信息资料，主要包括赵振纪在《学艺》1936 年第 4 期刊发的《清史国语解》、郑天挺在《真理杂志》1944 年第 1 期撰写的《清史满语解》、曹宗儒在 1937 年 7 月 1 日的《大公报》发表的《满文文牌及老满文档》、广禄在 1958 年的《幼狮学报》发表的《满文老档与老满文》等。这些成果，着重阐释了清代有关史料的满文特殊用语的书写规则和特定使用关系及结构性特征，讨论了老满文文档及满文碑文中特殊用语使用现象等学术问题。

  自 20 世纪 80 年代中后期，在此领域的学术成绩逐渐凸显。比如说，宋和平在《满语研究》1995 年第 2 期刊登的满文文献资料研究《萨满神歌满文浅析》、赵志忠在《满语研究》1990 年第 1 期发表的《清代满族曲艺子弟书的语言特点》、赵展在《满语研究》2000 年第 2 期发表的《满汉合璧剧本〈烟鬼叹〉刍议》。季永海和赵志忠的《〈儿女英雄传〉的满语语汇特色》(《民族文学研究》1985 年第 3 期)和《满文辞书史话》(《辞书研究》1982 年第 2 期)。《满语研究》作为主要研

第九课 清代满文特殊用语的研究

究阵地，刊发了董万仑《从满文记载看"诸申"的身份和地位》（1986年第1期）及《〈东北史纲要〉中的满语运用》（1989年第1期）、吴雪娟《谈清代满文档案中的公文套语》（1992年第1期）、佟颖《〈皇清职贡图〉满语词汇分析》（2010年第1期）、王敌非《〈满文老档〉词汇探索二题》（2010年第2期）及《满译〈左传〉词语研究——以〈郑伯克段于鄢〉为例》（2012年第1期）、佟颖的《满语同义连用现象研究——以〈皇清职贡图〉为例》（2012年第1期）、韩旭的《满译藏传〈佛说阿弥陀经〉词语研究》（2012年第2期）、江桥的《满文—谚文文献》（2006年第2期）、季永海的《满文档案句子解析拾零》（2009年第2期）等。这些研究成果对于清代满文文献资料的特殊用语、同义词连用形式与类型、语用规律及标准、语用现象、词语特点、词汇分类、谚文使用的特殊要求及不同句子结构内的特定使用关系等展开不同程度的探讨。

另外，在《满语研究》上还先后发表不少论述清代文献资料的亲属称谓、特殊词语、词汇意义、词汇特点、词语借用等方面论文。比如，有赵维和等《辽东满族望族八大姓姓氏探源》（1996年第1期）、程大鲲《清代宗室亲王之封谥》（1997年第2期）、赵志强《八旗满汉称谓解读》（2006年第1期）、李芳《子弟书称谓新探》（2009年第2期）、罗盛吉《康熙帝皇十四子称名与玉牒真伪》（2012年第1期）、孙伯君《乾隆敕编九种〈西番译语〉初编本及其定名》（2012年第2期）、长山《识别满语中蒙古语借词的方法》（2007年第2期）与《〈五体清文鉴〉满语词汇特点》（2010年第1期）、春花《论高宗对满蒙文词典的敕修及其在语言学方面的意义》（2007年第1期）及《〈满蒙藏嘉戎维五体字书〉概论》（2008年第1期）、赵令志《清代满汉合璧字辞书及其作用探析》（2009年第2期）、黄锡惠《清代玺印满文篆字舛误研究》（2008年第2期）。此外，还有赵阿平在《语言与翻译》1994年第2期上发表的《论满语特有词语的翻译》等。

其中，赵志强在《八旗满汉称谓解读》中，提出努尔哈赤创立军政合一的八旗组织之际，其最高编制单位称为 gūsa（固萨），这一

107

名称系汉文"股"的音译借词"gū"与女真（满洲）语表示复数的附加成分"-sa"的合写形式。也就是汉语借词"股"的复数形式。在汉语中，起初音译为"固山"，后来以其标识物替代，称之为"旗"。gūsa（固萨）与"旗"虽然均指后金以来特有的军政合一的社会组织，但满汉称谓之间并不存在简单的词义对应关系。八旗满汉称谓之间的差异，取决于满汉民族语言习惯。

李芳的《子弟书称谓新探》，阐明了子弟书是满族八旗入关后创制的说唱艺术，清乾隆至光绪年间，在北京曾盛极一时。子弟书最初以"段""段儿"为名，是受到长篇鼓词、弹词"摘锦"演出影响的结果。最初，子弟书仅在八旗家庭聚会、友朋宴乐时演出，后因其词曲雅致广受喜爱，而以"子弟书"之名声名远播，遍传京师。"子弟书"中的"子弟"一词指代旗人中无爵无职的青年一代，亦有票友走票不受酬劳之意，后在传播过程中其含义逐渐丰富。"书"则与"话"相对，为"子弟书"演绎书中之事，内容多根据流行之小说、戏曲故事改编而来。

罗盛吉的《康熙帝皇十四子称名与玉牒真伪》一文，认为雍正迫其同母弟皇十四子的改名，导致后世学者多怀疑皇室玉牒常遭篡改而伪造"胤禵"一名。然而，问题的关键亦在汉文化素养高又不忘满洲传统之康熙如何为皇子命名，而其读音又应如何。雍正虽略改玉牒，但对早年起居注册则未加改动。

孙伯君《乾隆敕编九种〈西番译语〉初编本及其定名》在充分分析乾隆敕编九种《西番译语》初编本基础上，指出该资料是一份迄今为止最为丰富的有关藏缅语历史比较研究的参考文献，记录语言涉及藏语五个方言、尔苏语两个方言以及嘉绒语和白马语。由于其初编本在清末流失海外，此前人们难得一见，而国内现存故宫抄本封面均为"川番译语"。所以，关于九种"译语"初编本的存世情况及其定名一直悬而未决。通过梳理九种《西番译语》初编本的海外收藏情况，并根据其题签确定每种译语的名称，进而确定采录者命名的原则是概括所采语言的地域范围和府州建制。

第九课　清代满文特殊用语的研究

长山在《识别满语中蒙古语借词的方法》里，提出满语文献资料中有很多蒙古语借词，这与历史上满族和蒙古族的文化交流和语言接触有密切关系。针对满族和蒙古族的历史接触及其语言影响，历来阿尔泰学家也进行过一些研究。其另一篇《〈五体清文鉴〉满语词汇特点》内，指出该清文鉴是清朝乾隆时期用满藏蒙维汉五种文字对照编写的语义分类辞书。该辞书收录的满语词汇全面系统，具有鲜明的民族特点。由于清代民族文化交流及辞书本身的体例特点，自然而然地收入了不少借词。

春花《论高宗对满蒙文词典的敕修及其在语言学方面的意义》称，在清代高宗时期融洽敕修了很多词典，这些词典很好地收集和保留了当时语言实际，在语言历史中起到了重要作用，使满文记音有了进一步规范，语词使用更加准确。春花《〈满蒙藏嘉戎维五体字书〉概论》，说到该《字书》是一部五体合璧词典，首行为满语词语，其后依次开列蒙古语译词、藏语译词、嘉戎语译词、维吾尔语译词。该词典应编纂于乾隆中后期，其编者可能是三世章嘉国师。《满蒙藏嘉戎维五体字书》词汇量不多，仅 700 多条，从体量看与清代编纂的《大清全书》《清文总汇》等满语词典不能相比。但是，作为五体合璧词典，为多民族语言研究提供参考资料，有助于了解和研究满族、蒙古族、藏族、维吾尔族的历史语言以及西藏、新疆的历史。

赵令志在《清代满汉合璧字辞书及其作用探析》中，称清朝积极推行国语骑射政策，推广使用满语文，并编纂了大量工具书，为八旗内外的官兵学习满语文提供了必要帮助。为汉语人群学习满语而编纂的满汉合璧字辞书通行于清代，并被多次刻印，形成诸多版本。中央民族大学图书馆珍藏多部满汉合璧字辞书，基本可以反映清代字辞书的发展状况，了解这些字辞书的内容，对于我们今后学习研究满语文同样具有重要作用。

黄锡惠《清代玺印满文篆字舛误研究》，论述了乾隆十三年详备满文篆书三十二体，并将其中十体应用于玺印谥宝，形成中国历史上字体最多且最富民族特点的民族文篆字与汉文篆字合璧之玺印制度。

满文篆字于清代合璧玺印中通用达174年之久，从帝后玺宝到百官印信，其中不乏生造、讹形、脱衍、错位、混体甚至缺文等失误，乾隆时代即现端倪，以降诸帝亦步其踪迹，尤以光绪时为例，其末年竟然达到无以复加的程度，在极个别的官印中满文篆字俨然形同虚设，仅作装饰点缀，完全丧失了传达信息的功能。

与此相关，姜冬云在《满语研究》1986年第2期发表《满语"四时"解》，从语义学和满语语音演变原理入手，对历史文献资料的"哈达剌山"及清代满文资料内的"哈萨里山"之山名，进行了深入探讨和考证，揭示了该山名中隐含的特殊满语意义。

这些研究成果，对于人们正确而科学地认识清代满文历史文献资料使用的特殊用语，以及对其语音和词义演化规律进行科学把握，了解这些特殊用语的原始词义结构，包括同这些特殊用语密切相关的语言学、文字学、民族学、文化学、历史学以及考古学等诸多方面学术问题的深入讨论，均产生极其重要而深远的影响。

第十课
清代满文文献资料的
考证及分析研究

  我们掌握的资料表明，自改革开放以后，清代满语满文专家学者对满文文献资料内容、要点、结构特征等的研究也取得相当大的学术成绩。比如说，李雄飞在《满语研究》2007 年第 1 期上发表《〈北京大学图书馆馆藏满文古籍孤本提要〉补叙》，指出北京大学图书馆馆藏清代满文古籍文献近 200 种，不仅数量较多，且善本资料占全部收藏文献的 60%以上，海内外孤本就有十余种。《中国少数民族古籍总目提要》北京地区清代满文卷编委会为北京大学图书馆开列的海内外孤本清单共计 17 种，重新著录这些孤本，不仅能够纠正《世界满文文献目录（初编）》和《全国满文图书资料联合目录》中的错误，还有助于推进清代相关历史文献研究工作的发展。扎昆在《满语研究》2009 年第 1 期上发表《咸丰九年三姓八旗人丁户口册（一）》，阐述黑龙江省和辽宁省档案馆所藏的清咸丰九年（1859）三姓八旗人丁户口册内记载的旗人名字、职官、年龄、每户人口数目、每族户数人口数目及族长名字职官、每佐领下户数人口数目等三姓旗人户口册内容，以及对于残损户口册文献资料编译时添加注释的重要性。与此相关，程大鲲等在《满语研究》上先后发表《康熙二十九年盛京包衣粮庄比丁册》之一（2006 年第 1 期）、之二（2006

年第 2 期)、之三 (2007 年第 1 期)、之四 (2008 年第 1 期)、之五 (2008 年第 2 期) 等,在对康熙二十九年 (1690) 盛京包衣粮庄比丁册全面分析的基础上,提出盛京上三旗包衣 (即盛京内务府) 粮庄初设于顺治初年,属清朝皇室庄园。在他们看来,清朝对包衣三旗管下人们的人身控制非常严格,规定他们离开居住地都要向有司请假,并规定每三年清查一次人口,详细记载盛京内务府三旗管领下人丁的三代人口,包括身份、名字,以及其父、祖的身份、名字等信息,是研究清朝人口问题珍贵的第一手材料,同时也是清代满族语言文化研究的重要史料之一。季永海在《满语研究》2010 年第 1 期发表《一件关于北京城的满文档案》,阐述 1997 年台北故宫博物院出版的《宫中档康熙朝奏折》中有关北京城的满文奏折,内容涉及九门步军统领费扬古,奉旨奏报太和殿至永定门之间的长度及内城四周的长度。在他看来,此文献资料对清代北京城的研究有一定的学术价值。王敌非《论〈老乞大〉的满译本》刊发于《满语研究》2012 年第 2 期。《老乞大》是 14 世纪中叶朝鲜人学习汉语的会话类课本,主要反映元末明初中朝民间贸易及人民的生活状况。清代《老乞大》的满译本于朝鲜英祖四十一年 (1765) 出版,该书对清代满语文的学习研究及元末明初中朝贸易状况的了解均具有重要的参考价值。

还有,戴光宇的《〈乌布西奔妈妈〉满语采记稿译注》(《满语研究》2008 年第 1 期)、孙建冰等的《从满文文献看三仙女传说的演变》(《满语研究》2012 年第 1 期)、李刚的《乾隆朝满文寄信档及其特点》(《满语研究》2012 年第 2 期)、春花的《论清代满蒙语文教科书——〈阿拉篇〉》(《满语研究》2010 年第 1 期)、李勤璞的《棍噶札勒参呼图克图的三体印章》(《满语研究》2012 年第 2 期) 等论文或文章。其中,《从满文文献看三仙女传说的演变》认为三仙女传说不仅是一个民间故事,更能体现清代满族统治阶级思想文化的一个方面。三仙女传说见于《天聪九年档》《国史院档》《满洲实录》《太祖高皇帝实录》《太祖高皇帝本纪》《满

第十课　清代满文文献资料的考证及分析研究

洲源流考》等多部清代历史文献资料。这些资料里表述内容或相关细节有所不同，显得历史文献资料内容更加丰富，情节愈加生动。特别是清代满文本内容和情节，显示出与汉文本资料不同的区别性特征，引起人们更多的兴趣与关注。另外，在《乾隆朝满文寄信档及其特点》中，提到经皇帝审阅后以军机大臣名义通过寄信方式发出的上谕统称"寄信上谕"，简称"寄信"。乾隆朝满文寄信档具有鲜明的特定性和保密性，并与同时期的月折档、上谕档、日记档相互关联。乾隆朝满文寄信档集中反映了乾隆时期西北与东北边疆地区的政治、军事、民族、外交等诸多方面史实，具有较高的史料价值和研究价值。再说，《论清代满蒙语文教科书——〈阿拉篇〉》内，提出《阿拉篇》就是《告诉篇》之意，《阿拉篇》ala- 是清代满语动词 alambi "告诉" 的词根，在 ala- 后面可以接缀各种形态变化语法词缀。因此，《阿拉篇》讲述的是清代满文书面语与蒙文书面语语法，并阐述它们相互间翻译时使用的技巧与方法。这也是一部将清代满语同蒙古语及汉语相互对照的词典。还有在《棍噶札勒参呼图克图的三体印章》中明确指出，棍噶札勒参出生于新疆北部布道的甘肃卓尼，清代同治年间回民起事后被授予清政府的官印，接受了管理所辖地区民众并领兵打仗的任务。而且，该官印为满蒙藏三体，系棍噶札勒参管辖民众的呼图克图资格的有力佐证。由此，清代的这一历史文献资料，在语言文字、历史文化、社会制度、军事战争等方面具有特定学术价值。

改革开放后，在清代满文文献资料的分析整理中，也有不少从语言学、翻译学、档案资料学角度进行考证的学术成果，绝大多数论文发表在《满语研究》上。例如，郭成康《清宗室爵号考》（1985年创刊号）、刘小萌《关于江宁将军额楚满文诰封碑》（2001 年第 1 期）、李理《清帝东巡驻跸地方满语地名考略》（1992 年第 2 期）、季永海《清代赐号考释》（1993 年第 2 期）、关嘉禄《关于康熙朝尼满家族四世诰封碑的考证》（2000 年第 2 期）、黄锡惠《出版物中满语文失误考究》（1999 年第 1 期）、沈一民《入关前清（后金）南略次数考——兼论〈清实录〉之失载》（2007 年第 1 期）、薛莲《大连图书馆馆藏满文〈新约全书〉考略》（2008 年第 1 期）、章宏伟《〈清文翻译全藏经〉丛考》（2008 年第 2 期）、罗盛吉等《康熙〈大清一统志·黑龙江图〉考释》（2009 年第 1 期）、关康《〈闲窗录梦〉作者考》（2010 年第 1 期）等。

　　沈一民在《入关前清（后金）南略次数考——兼论〈清实录〉之失载》里，根据《旧满洲档》和《清太宗实录》内的明、清相关记载内容，考证清（后金）自 1629—1643 年的 14 年间对京畿、河北、山东、山西等地南略六次的历史。薛莲在《大连图书馆馆藏满文〈新约全书〉考略》中说，大连图书馆藏满文《新约全书》是历史上第一部铅印的清代满文图书，传世稀少。其翻译者是 19 世纪俄国东正教传教士斯捷潘·利波佐夫。虽然，翻译和初次出版都不在我国，但其装帧却为典型的中国古籍形式。清代满文《新约全书》语言平实流畅，语法严谨，不失为清代满文翻译的杰作。章宏伟的《〈清文翻译全藏经〉丛考》，认为"manju hergen i ubaliyambuha amba ganjur nomun"之新拟的书名为《满文大藏经》或《清文全藏经》，这与书序名称及书名著录原则均不相符。"以国语译汉全藏经"则是乾隆《御制清文翻译全藏经序》中的一句叙述话语，不能把"国语译汉全藏经"当作书名。该清代满文古籍应定书名为《清文翻译全藏经》，全称为《御译清文翻译全藏经》。承担该书翻译的是清字经馆，这是乾隆增设的临时性机构，开始时称"译经处"，专为修《清文翻译全藏经》而设，当时完全隶属于内务府。在当时，清朝政府组织了一批人，专门从事《清文翻译全藏经》的译刻工作，进而确保《清文翻译全藏经》的翻译质量。罗盛吉等在《康熙〈大清一统志·黑龙江图〉考释》一文内，在考证《大清一统志·黑龙江图》的基础上，指出根据其题记时间和描绘区域。我们对照清代黑龙江将军衙门满文档案，断定该图实为黑龙江地方军政机构为《大清一统志》初修而专门绘制的舆图，含有丰富的边疆历史地理信息，具有重要的史料价值和研究价值。关康在《〈闲窗录梦〉作者考》中考证，《闲窗录梦》是一部道光年

第十课 清代满文文献资料的考证及分析研究

间的满文日记,该日记详细记载清朝中叶北京社会经济、满汉关系、京旗生活,具有很高的史料价值。文中还对作者的身份、家境等做了全面考证。该考证有助于我们进一步了解这部满文日记形成的历史背景和当时的相关情况,从而给人们提供相关研究思路和研究题目。

从事清代满语言文字及文献资料研究的专家学者,通过对清代满文文献资料的考证和深度挖掘整理,发现不少新的问题和疑点。比如,杨惠滨在《满语研究》2006年第2期上发表《满语研究灰色文献若干问题刍议》,提到清代满语研究面临如何使用灰色文献的学术问题。清代满语研究实践中许多灰色文献显示出特有的学术价值,属于不可复得的稀缺文献资料,是重要的学术研究资源。在开发利用这些灰色文献资料时,要充分考虑它们的实用性、真实性、可靠性和人们的接受程度等问题,以便使清代满语灰色文献资料通过清代满语学术研究体现出其富有的学术价值。敖拉在《满语研究》2008年第2期《有关〈清太祖实录〉的几个问题》中提到,满文汉文蒙文等多种文本的《清太祖实录》历来受到学术界的广泛重视,特别是满族入关前的历史研究离不开《清太祖实录》等诸多入关前史料。他认为,从《清太祖实录》入手,比对分析各种文本史料和相关内容,可以不断深入推进对于努尔哈赤的姓氏、满族始祖传说、"满洲"之称谓的形成等重大学术问题的科学讨论。除此之外,还有同样刊发在《满语研究》上的屈六生《试析清代满文档案汉译中的管界问题》(1990年第2期)、李婷《谈谈满文古籍分类如何借鉴〈四部法〉的问题》(2002年第2期)等。

根据满文文献资料展开科学考证的成果,被公开刊发的论著有不少。比如,赵志强撰写的《〈旧清语〉研究》于2002年由北京燕山出版社出版。书中主要分绪论和分析研究两大部分。其中,绪论部分考证了《旧清语》编写形式和特征以及《旧清语》与《实录》《加圈点字档》的关系等。深度考证和分析研究部分有12章,着重从语言学、史学、民族学、民俗学的角度,考证了《旧清语》词语结构类型、译文形式及内容。同时,对于一些错误词语或不清楚词语作了必要修改和注解。他的考证和研究表明，所谓《旧清语》的全称应为"实录内摘出的旧清语"，是乾隆敕纂大学士傅恒、舒赫德、阿桂相继主持编纂而成的14卷本书。该书摘录满文《实录》和《加圈点字档》的难解词语807条，并用当时通行的满文字母逐条作了解释。内容涉及早期满族的政治、经济、文化等诸多领域。本书的出版，对于《旧清语》语言、语源、语义结构的全面了解，对于清史语言资料的科学考证和满汉语言接触的科学探讨，对于清代满语口语表达习俗的研究等均有一定的学术意义和应用价值。

在出版该书之前，赵志强还在《满语研究》1990年第2期、1991年第2期、1992年第1期、1993年第1期上先后发表了《〈旧清语〉研究（一）（二）（三）（四）》四篇论文。所有这些，为《旧清语》的进一步科学考证发挥了积极推动作用。他还单独或与他人合作刊发过《清入关前满文档案概述》(《清史论丛》2011年第2期)、《〈无圈点档〉及乾隆朝钞本补絮》(《历史档案》1996年第3期)等考证论文。

吴雪娟编的《满文文献研究》，于2006年由民族出版社出版，书中收入30篇有关满文古籍整理、满文文献整理研究、满文档案与清史关系、《满文老档》史料价值、《无圈点老档》及有关名称诠释、清前期北京旗人满文房契研究、《大清全书》研究、《百二老人语录》的各种抄本、满语特有词翻译、满译汉的技巧、清代满文档案汉译中的问题、满语地名音译问题、早期满文文献分类特征等与满文文献资料的分析研究等相关考证性文章。与此相关，在《满语研究》上，还先后刊发了一系列科学考证与分析研究论文。例如，有季永海的《〈大清全书〉研究》(1990年第2期)、李勤璞的《辽阳〈大金喇嘛法师宝记〉碑文研究》(1995年第2期)和《盛京四寺满洲语碑文校译》(1998年第2期)、张虹等译编的《乾隆朝〈钦定新清语〉（一）（二）（三）》(1993年第2期、1994年第2期、1995年第2期)、赵志强的《老满文研究》(2003年第2期)、郭孟秀的《东北三省满文官印研究》(2004年第1期)、《满文玉宝、玉册研究》(2004年第2期)、王敌非的《清

第十课 清代满文文献资料的考证及分析研究

代满文读本会话类文献研究》（2010年第1期）与《〈重刻清文虚字指南编〉研究》（2009年第1期）、李健民等的《清代首任黑龙江将军萨布素满文题奏研究》（2008年第2期）、吴春娟等的《东北边疆满文档案研究》（2008年第2期）、高荷红的《满族说部搜集史初探》（2008年第2期）、佟颖的《〈皇清职贡图〉及其研究》（2009年第1期）、金鑫的《乾隆改定辽金元三史译名探析》（2009年第1期）、吕欧等的《满汉合璧〈射的说〉研究》（2009年第2期）、敖拉的《明万历己未年满蒙盟誓文献比较研究》（2010年第2期）、乌云格日勒等的《清代民族语文翻译研究》（2010年第1期）等。

其中，王敌非在《清代满文读本会话类文献研究》中认为，清代满语文作为官方语言文字，在全国范围内得到推广和普及，由此形成了数量十分可观的满文文献资料。为加强满语文的学习，以及促进各民族间交流而编纂的满文读本与会话类文献语种多、内容丰富，并在清代满语文教学中发挥了重要作用。满文读本及会话类文献所记录的清代满语、汉语对于我们了解当时满汉语言状况具有重要的意义。王敌非的另一篇《〈重刻清文虚字指南编〉研究》，主要考证和分析了清朝数量浩繁、内容庞杂的满文文献，并指出这些文献以其独特的语言、文化和历史价值为学术界和社会各界所关注。在他看来，万福撰著、凤山修订的《重刻清文虚字指南编》成书于光绪年间，采用传统方法讲述满语虚词，为清代满语语法著作中的典范，对后世影响较大，对人们客观准确地分析理解满语语法现象具有十分重要的意义。

李健民等的《清代首任黑龙江将军萨布素满文题奏研究》，考证并阐明萨布素是清代首任黑龙江将军，在清初抗击沙俄侵略、开发建设黑龙江地区等活动中做出了很多贡献。萨布素在任18年间形成的公文档案很多，特别是给康熙的题奏，涉及清初抗击沙俄、黑龙江开发建设等诸多问题，具有重要的史料价值和研究价值。吴春娟等的《东北边疆满文档案研究》，表明清代东北边疆地区设立驻防八旗管理机构，从东北边疆地区派驻八旗官兵、发展东北边疆农业生产、招抚东北边疆各少数民族部落，在区域性开发建设方面发挥了积极推动作用。东北边疆各机构、官员在办理公务过程中,形成了大量档案。保存至今的东北边疆满文档案数量大且内容丰富,是东北史、东北边疆民族史、民族语言研究的重要史料,同时也是满通古斯诸族语言历史考证的珍贵语料。

高荷红的《满族说部搜集史初探》,提出满族说部研究还很薄弱,其研究还处于搜集整理史料阶段。满族说部有单篇记载应始于1908年俄国学者对《尼山萨满》的搜集,从此开启了《尼山萨满》搜集整理热潮,国内对《尼山萨满》的搜集相对要晚一些。对其他作品的搜集则伴随着满族文化人对本民族民间文化的抢救、保护而进行。然而,搜集工作受政治运动、社会变革的影响很大。1949年前,以私人搜集为主。1949年后,随着国家、政府对各民族民间文化的三次大普查,东北的省、市、县的民研会、大学以及吉林省社会科学院等单位对满族民间文学进行过多次调查。在此过程中,发现了很多优秀的满族民间故事家。吉林中国满族说部集成编委会的成立和有组织、有计划的工作使满族说部从保留于传承人手中到被记录、整理、出版为更多人知晓。

佟颖的《〈皇清职贡图〉及其研究》,认为《皇清职贡图》是清代乾隆年间编绘的大型民族图志,由画像和图说两部分组成,生动描绘了清朝盛世时期藩属国、海外交往诸国以及国内各少数民族人物的样貌、服饰、生活等状况。这一满汉合璧的图说文字,概括地记录了相关国家、民族或部落的地理分布、历史沿革、社会生活、宗教信仰、语言文字、民族关系以及向清政府贡赋等情况。它不仅给人们全面了解清代少数民族风土人情提供第一手资料,同时也为满语文等相关领域的科学考证提供必要参考。金鑫的《乾隆改定辽金元三史译名探析》,通过对乾隆改定辽金元三史译名具体过程的深入考察,指出《通鉴辑览凡例》《增订清文鉴序》只谈及金、元二史译名的改定,并不能证明乾隆对辽史存在忽视态度。《钦定辽金元三史国语解》的始修时间并非在乾隆三十六年(1771),而应是在乾隆三十四年。多种少数民族语言混用是三史译名改定中的普遍现象,从词例分析上看,改

第十课　清代满文文献资料的考证及分析研究

译中使用的"索伦语"显然系鄂温克语，当时的译名改定尽管结论多误，但亦有较为严格的操作方法。

吕欧等在《满汉合璧〈射的说〉研究》中，说到清朝历代统治者十分重视对满族骑射传统的保护及传承，除了采取下诏定制学习骑射，考核八旗骑射技能等措施外，还鼓励刊刻出版关于习射的书籍。满汉合璧的《射的说》就是一部浅显易懂、简明实用的习射类书籍，在对习射要领阐述的同时，其内容在一定程度上也反映了骑射当中包含的精神内涵，以及清朝统治者对"骑射"制度的大力提倡，也收入不少与此相关的名词术语。敖拉的《明万历己未年满蒙盟誓文献比较研究》，考证了明万历己未年（1619）后金与内喀尔喀五部盟誓在满蒙关系发展史上发挥的重要作用。有了《满蒙盟誓》以后，更多蒙古部落归附后金政权，为后金发展壮大起到积极支撑作用。梳理《无圈点档册》等满汉文献的原始记载，比较不同文献对盟誓史实的描述，有助于准确了解该事件的原貌及其影响。乌云格日勒等在《清代民族语文翻译研究》里，阐明清朝译馆分中央及地方机构四译馆、理藩院等若干种，翻译人员主要来自当时的京师国子监学、八旗官学、宗室官学以及府、州、县学。清代科举考试重视官吏双语能力，考试中特设翻译科，选拔翻译人才，朝廷对翻译、通事腐败纳贿、寻衅误国之事有严厉的问责制度。清代蒙古文翻译还有通过满文翻译汉文文献资料的现象。由此说，满文在蒙译汉工作中同样发挥了积极作用。

总之，以上论及的论著主要对《旧清语》《满文老档》《无圈点老档》《大清全书》《百二老人语录》《大金喇嘛法师宝记》《盛京四寺满语碑文校译》《钦定新清语》《钦定新清语》《老满文研究》《东北三省满文官印》《满文玉宝玉册》《清代满文读本会话类文献》《重刻清文虚字指南编》《清代首任黑龙江将军萨布素满文题奏》《东北边疆满文档案》《满族说部》《皇清职贡图》《乾隆改定辽金元三史译名》《射的说》《明万历己未年满蒙盟誓文献》《清代民族语文翻译》等满文文献资料的来源、形成、内容、特点、价值、作用，以及这些资料文件所涉及的无圈点满文、有圈点满文以及满语书面语等作了科学探讨和分析研究,均有很高的科学考证和学术研究价值。另外,对于《御制清文鉴》的编撰背景、产生时间、选词特点、满文结构特征、满文表现出的诸多复杂语义结构等也展开了语言学视角的深入考证和分析研究,打下相当坚实的文献资料语言学术理论基础。

第十一课
清代满文文献资料综合性研究

　　前面的讨论，着重聚焦于清代历史文献及档案资料中的满语满文，从语音学、词汇学、语法学、文字学、词典学、比较语言学、对比语言学、语言接触与影响、翻译学、特殊词语的使用、文献资料考证学等角度，展开学术研究的基本情况及其取得的鼓舞人心的学术成绩。下面我们从综合性研究视角，阐述分析清代满语满文历史文献及档案资料方面的学术研究。资料显示，在此学术研究领域，更多更大更有影响力成绩的取得，基本上属于我国实施改革开放以后的事情。换言之，改革开放以后，从语言学和历史文化学角度，对于清代数量可观的满文文献资料的综合性研究进入快速发展的历史阶段，刊发了相当重要的代表性学术论著。所以，本课着重论述改革开放以后，我国在清代文献资料研究中取得的业绩。

　　首先应该提到的是，佟永功的《功在史册：满语满文及文献》，1997年由辽海出版社出版。本书着重叙述了清代满文文献分类、典藏状况、珍奇的满文木牌资料等。同时，对于《天聪九年档》《满洲实录》《镶红旗档》《玉牒》及军机处满文录副奏折、盛京内务府满文档案、三姓副都统衙门档案等清代满文历史文献作了翔实分析和介绍。另外，对从《御制清文鉴》至《御制五体清文鉴》的满文辞书、满族神话故事《尼山萨满》、清代满语语法书等文献资料也作了具有一定深度的探讨和说明。书中还阐述了清代文献资料中，满语同汉语使用方面表现出的异同现象,以及清代满语和汉语的相互影响,以及锡伯语和满语的历史渊源关系、锡伯族档案资料的学术影响和学术研究价值等。本书的出版,对于了解国内外满文资料现状、了解满族与锡伯族的关系等具有较高综合研究学术价值。另外,2004年民族出版社出版了郭孟秀的《满文文献概论》。该书由前言、满文创字与满文文献的产生、满文文献特征、满文文献在国内的分布、满文文献在国外的分布、满文著译图书文献、《满文老档》及学术研究价值、满文官印及碑刻、满文玉宝玉册规律和特征、满文谱牒、满文文献的分类与著录、满文文献整理与翻译、后记等内容组成,较全面系统地综合概述了清代满文文献资料的结构性特征、分类规则、分布状况、科研价值等学术问题。

清代满文文献资料的综合性研究成果里,还包括综合性讨论清代满文文献整理和分类的论文。例如,有季永海在民族出版社出版的《民族古籍论文集》上发表的《试论满文古籍文献及其整理》(1987)、富丽在《中央民族大学学报》1984年第3期上撰写的《满文文献资料整理纵横谈》、李婷在《满语研究》2002年第2期上发表的《谈谈满文古籍分类如何借鉴〈四部法〉的问题》等,都不同程度、不同视角地综合性阐述了在清代满文文献资料的搜集整理和分类编目中遇到的一系列学术问题,同时各自从不同角度提出了解决这些问题的方式方法和思路。

其次,也有不少对于不同地区、不同部门收藏的清代满文文献资料作综合性概述或分析的同时,论述其学术价值、分类规则、著书目录、翻译出版等的论文。例如,黄润华于《文献》1996年第4期发表《满文官刻图书述论》一文,以及先后在《满语研究》上刊登的吴元丰《清代内阁满文档案述略》(1997年第1期)和《黑龙江地区柯尔克孜族历史满文档案及其研究价值》(2004年第1期)、徐莉《北京地区满文图书概述》(2004年第1期)、阎立新《大连图书馆满文文献概述》(2004年第1期)、聂鸿音《谢德林图书馆收藏的满文写本和刻本》(2004年第1期)、郭美兰《近年来中国第一历史档案馆藏满文档案

第十一课 清代满文文献资料综合性研究

编译出版概况》（2004 年第 2 期）、徐小慧《齐齐哈尔满文文献、档案调查报告》（2003 年第 1 期）、吴雪娟《从满文档案看五大连池火山》（1998 年第 2 期）及在《北方文物》1998 年第 2 期上刊发的《有关五大连池火山爆发历史的满文档案》等学术论文或介绍性文章。还有，北京图书馆善本特藏部与故宫博物院明清档案部合编的《北京地区满文图书资料联合目录》油印本（1979），郭孟秀在《满语研究》陆续刊登的《试论早期满文文献分类》（2002 年第 1 期）、《试论满文文献的著录》（2002 年第 2 期），以及沈微在《满语研究》1994 年第 2 期发表的《清代国书与宝印》，等等。以上所提到的这些成果，对于丰富多彩、种类繁多的清代满文文献资料的数量及其格式和版本、所涉及的内容、保存价值、开发利用、分类整理、分析研究等方面作了综合性概括和论述。其中《北京地区满文图书资料联合目录》属于油印本，共有 407 页，于 1979 年由北京图书馆印刷，分有上下册。该满文文献资料目录集由前言、馆代号表、编辑说明、满文字母拉丁转写对照表、类目表、目录正文、书名索引等内容组成。

除此之外，在《满语研究》里还先后刊发综合性概述清代满文文档、清代满文奏折、清代满文舆图、储藏清代满文档案资料的论文或文章。比如，有刘子扬等的《〈满文老档〉综析》（1992 年第 2 期）及《满汉老档〈太宗朝〉综析》（1995 年第 2 期、1996 年第 1 期），郭美兰的《清代首任伊犁将军明瑞满文奏折综析》（2008 年第 1 期）与《沈阳故宫满汉文档案综析》（2009 年第 2 期），吴雪娟的《清代满文舆图概述》（2006 年第 2 期），吴元丰的《清代新疆历史满文档案概述》（2010 年第 2 期），柳泽明著、阿拉腾译的《东洋文库藏雍乾两朝〈镶红旗档〉概述》（2012 年第 1 期）等。其中，郭美兰在《清代首任伊犁将军明瑞满文奏折综析》里指出，乾隆年间清朝统一天山南北之后，地处西北边疆的伊犁成为新疆首府。清廷设置驻防将军，总统伊犁地区军政事务乃至新疆各地的军事事务。首任伊犁将军明瑞仅任职 4 年，进呈乾隆的奏折就多达 800 件。数量大而内容丰富的奏折涉及新疆防务、屯田、开矿、开办牧场、审理案件、维护驿站以及对外交涉等诸多问题，具有重要的综合性研究史料价值。郭美兰的另一篇文章《沈阳故宫满汉文档案综析》，首先阐述沈阳故宫是清朝入关前的皇宫，是努尔哈赤和皇太极时期处理政务、生活起居之地，有其特定清朝历史研究地位。其次还提到，中国第一历史档案馆所存清朝档案中，关于沈阳故宫的宫廷活动、日常管理和建筑修缮等内容的满汉文档案丰富而翔实，对于清朝入关前的皇宫研究同样具有重要的综合性研究史料价值。吴雪娟的《清代满文舆图概述》一文，对清代满文舆图基本情况进行了较全面的梳理，同时探讨了满文舆图开发利用的学术意义，并对今后满文舆图的研究发表了建设性意见。吴元丰的《清代新疆历史满文档案概述》，通过对于清代新疆历史满文档案的总体分析，概述了乾隆时期清朝统一新疆天山南北，开始向全疆各地派兵驻防屯田，设置机构和官员进行管理，不断巩固新疆的统一局面，从而实现了对新疆地区的有效管理。在这一过程中或可称自此往后，清朝政府及相关管理部门与新疆驻防将军、参赞大臣、办事大臣、领队大臣等衙署之间为管理、处理、解决新疆各项事务而形成大量历史文献。其中，清代满文文书档案、文献资料占绝大多数。这些反映当时新疆社会历史民族等诸多方面的满文档案史料，给新疆清史及其社会历史、民族宗教、边疆问题、语言文化研究留下弥足珍贵的史料。柳泽明著、阿拉腾译的《东洋文库藏雍乾两朝〈镶红旗档〉概述》，提及东洋文库藏雍正、乾隆两朝的《镶红旗档》日文译本于1972、1983年出版，汉文译本于1987年出版。该档所包含的镶红旗满洲旗人的历史资料内容丰富而广泛，全面反映了雍乾两朝八旗社会的政治、军事、经济活动，有助于我们进一步理解《镶红旗档》的重要学术价值。

概而言之，我国学者从20世纪30年代以后，特别是在20世纪80年代初至21世纪初的20余年时间里，在清代满文文献资料的搜集整理、统计分类、系统编目、汉文翻译、汉文对译、特定字母转写、汉文注解、修改补充、勘误考证、外文资料翻译等方面的综合性研究确实付出了辛勤工作和艰苦努力，并取得非常可喜的学术业绩。其中，绝大部分综合性研究论文刊发在《满语研究》这一专业性学术刊物。

第十一课 清代满文文献资料综合性研究

具体而言，对于清代满文文献资料进行概述、汉文翻译和注释，对于碑文资料的考证、讨论清代满语特殊用语或特殊词汇系统的语义学解释、分析清代满文满语地名等方面的论著比较多。这些论著的问世，使人们对于清代满文文献资料的了解更加方便和全面，利用起来也变得更加精确和可靠。对于清代满语满文的研究、满文语法结构、满文词汇特征、满文外来词语、满文书写形式、满文公文写法、满文文档格式等的深入研究均有极其重要的学术价值和意义。

国外专家学者对于清代满文文献资料的综合性阐述和分析研究从 20 世纪初就开始了，并做出了一定贡献。特别是日本和韩国在此学术领域出版和发表不少论著。比较而言，日本专家学者对清代满文文献资料的综合性整理、翻译、研究工作比韩国的专家学者做得要多。例如，20 世纪初，新村出在《新村出全集》1914 年第 3 卷内撰写《日本满语学史料部分内容》《满语学史料补遗》两篇文章，综合分析过同清代满语研究密切相关的满文文献资料。这些资料富有历史文献、档案资料、语言文字研究学术价值。到了 20 世纪 30 年代，藤冈胜二译、小仓进平等编辑的《满文老档》（1937）由日本岩波书店出版。该书属于日文版，共三册，16 开本，1575 页。《满文老档》是藤冈胜二从 1920 年起，充分利用东洋文库所藏的《加圈点字档》满文照片资料，对于内藤虎次郎用日文简略翻译和解释的《加圈点字档》（崇谟阁本）之手稿作了必要的修改和补充，并一直进行到 1935 年病逝。藤冈胜二病逝后，他进行修改和补充的译稿又让他的弟子小仓进平、金田一京助、服部四郎等续编，并以"满文老档"为书名，于 1937 年以原稿胶印形式出版。全书分为三册，第一册为太祖卷、第二册是太宗天聪卷、第三册是太宗崇德卷。这是《加圈点字档》之清代满文文献资料第一部较完整的日文翻译文稿，体现出相当丰富的综合性研究学术资料价值。

接着，内藤虎次郎的《满文老档邦文译稿》，于 1937 年由鸳渊一和户田茂喜等整理出版。同年，户田茂喜还在《史学研究》1937 年第 9 期发表《满文老档日译稿》一文。在此期间，还有今九经在《蒙满》

1935年第9期刊登《满汉混用歌本〈吃螃蟹〉》，在1935年第2期《东方学纪要》发表《阿济格略明事件之满文木牌》等论文。过了一年以后，羽田亨在日本《东洋史研究》1936年第1期撰写《清文鉴满语的日文解释与翻译》一文，强调《清文鉴》这一满文资料的日文翻译及其解释的科学性和重要性。同时，今西春秋还译写出版了《满和对译满洲实录》（1938）、《乾隆京城全图》（1940）、《校注异域录》（1964）、《五体清文鉴译解》（上册1966，下册1968）、《对校清太祖实录》（1974）等。除此之外，今西春秋还发表不少有关清代满文文献资料综合性研究学术论文。例如，他对满语日语对译的满文老档作进一步整理和分析研究后，在《书香》的1943年第10、11、12期以及1944年第1、3、9、12期上连续刊发《关于满日对译满文老档》之学术论文，并在《朝鲜学报》1958年第12期撰写了《汉清文鉴解说》等论文。他大部分关于清代满文文献资料及碑文方面的论文，先后刊登在日本的《东方学纪要》这一学术刊物上。其中，刊发于1959年第1期的文章就有《满文老档之目录》《满文老档的重抄年份》《崇德三年的满文原档》《满文老档太宗记事录册补记》《满文老档乾隆附注译解》等，在该刊物的1969年第3期里还发表《旧清语译解》一文。今西春秋与八木良子在《朝鲜学报》上还先后发表《〈旧清语〉解题》（1968年总第48期）、《〈满蒙古文鉴〉解题》（1968年总第49期）等综合分析的文章。可以看出，今西春秋的论著以及他的合作研究成果所涉及的清代满文文献资料比较多，包括有《满洲实录》《满文老档》《旧清语》《崇德三年满文原档》《阿济格略明事件之满文木牌》等。而且，他对这些清代满文文献资料所做的综合性整理、注释、考证和分析研究工作都十分到位，有很强的资料性、研究性和可利用性。在此期间，上原久还在《亚洲语言研究》1952年第3期发表《〈满洲实录〉的满文校定》，全面综合地论述《满洲实录》满文校定工作的形式和内容，以及深入综合性研究的重要意义。

总之，以上所谈到的这些成果，主要从综合性研究视角讨论了清代满文文献或满文碑文资料的实用价值和开展学术研究的深远意义，

第十一课　清代满文文献资料综合性研究

阐述了清代满文文献资料的语言文字解释或考证方式和理论方法。还有，从语用学、语法学、翻译学、阐释学、历史学、文献资料学等视角，综合性论述了《满文老档》《加圈点字档》《吃螃蟹》《清文鉴》《满洲实录》《异域录》《清太祖实录》《旧清语》《崇德三年满文原档》等十分珍贵的清代满文历史文献及档案资料的日文翻译技巧、日文注释基本原理，从而使日本的满文文献资料翻译和综合性分析研究工作不断走向更加深入和成熟。

伴随日本经济社会的快速发展，日本满语学界对清代满文资料的综合性分析和讨论及编辑出版相关成果进入较理想的发展轨道，出版和发表不少有关清代满文资料综合性研究系列成果和大部头著作。首先应该提到的是，于1992年由日本刀水书房出版的神田信夫的论文集《满学五十年》。该书为日文版，32开本，289页，约20万字。这是神田信夫在半个世纪的岁月中，从事清代满文文献资料研究的论文集。论文集中包括《从〈满文老档〉到〈旧满洲档〉》《关于满洲一词》《恭仁山庄和满语文献》等对于清代满文文献资料开展综合性分析论文。通过该论文集，人们可以了解20世纪后半叶日本清代满文文献资料综合性研究工作进展情况和取得的成绩，同时也了解到日本满学界从事清代文献资料综合性研究工作的理论方法、严谨的治学态度、成熟的学术思路等。

还应该提到的是，今西春秋的《满和蒙和对译满洲实录》。该书也是在1992年由日本刀水书房出版，属于日文版，大32开本，799页，约75万字。该书主要由序言、正文、注解、索引、诸影印本对照表、后记等章节和内容组成。书的前页还附有凡例、解题、《满和蒙和对译满洲实录》的年代目录等。书中，较为重要的内容是"解题"部分，也就是相关学术问题的综合性解说部分。其中涉及绪言、《满洲实录》的绘缮年代、与《满洲实录》绘缮有关的问题、《满洲实录》的满文史料价值、《满洲实录》的满文和《满文老档》《满洲实录》的满文及康熙、乾隆的改译、《满洲实录》的避讳、关于翻译语言、结束语等内容。不难看出，笔者在"解题"中，交代了该书的出版目的和综合性学术研究价值，全面细致地阐述了《满洲实录》产生的具体年代和历史背景、书写形式和内容、修改补充过程、存在的学术问题等。这对于读者全面了解和掌握《满洲实录》乃至《满和蒙和对译满洲实录》有很大益处。今西春秋《满和蒙和对译满洲实录》书名中，所说的"满和蒙和对译"是"满语日语对译及蒙古语日语对译"之概念，也就是说《满和蒙和对译满洲实录》是指"用满语日语对译的《满洲实录》，以及用蒙古语日语对译的《满洲实录》"之意。我们知道，《满洲实录》是清朝崛起时期十分重要的史料，记载了清朝建立初期的诸多重要事项，共分八卷。该书在日本出版时，清代满语转写部分使用了穆麟多夫的罗马字母拼写方案，而蒙古语的转写部分使用了蒙古语撰写特定符号系统。该书的正文，就如前面所交代，主要涉及《满洲实录》的满文翻译和日文对译，以及《满洲实录》的蒙古文翻译和日文对译两大内容。在日文对译的难懂点，还附有短小精悍的日文解释内容。书的索引部分，包括满语人名地名索引、汉语人名地名索引、蒙古语人名地名索引。书的后页，还附有为该书稿出版付出辛勤劳动的菅野裕臣所写后记等。

日本满语学家中岛干起，对于清代满文文献资料的综合性研究和满文文献资料的电子化处理方面做出了十分重要的贡献。例如，他编写的《满语语言学及文献学研究》，于1993年由东京外国语大学亚非语言文化研究所出版。这本日文版、16开本、104页、约9万字的著作，属东京外国语大学亚非语言文化研究所《语言文化接触研究》系列丛书之五。该书里，主要包括对满文文献资料的语言文字展开的语言学、语用学、翻译学、历史学、文献资料学等方面综合性学术讨论的论文等。中岛干起还在韩国《阿尔泰学报》1995年总第5期内撰写《关于电脑分析〈御制增订清文鉴〉之研究》，论述利用综合性研究及现代化工具分析研究《御制增订清文鉴》的必要性和学术价值。他与此有关的一些成果，我们在阐述国外编辑出版的清代满文辞书部分中已做过交代，在这里就不必赘述了。东京外国语大学亚非语言文化研究所于1996年出版过《〈三译总解〉之满文特殊语型的来源》一书。

第十一课　清代满文文献资料综合性研究

该书中，包括《三译总解》这一清代满文文献资料的撰写过程和历史背景的综合分析、综合性考证、特殊语型的综合性探讨等内容。《三译总解》是参照《三国志演义》汉文本及清初刊行的满语词典类图书，并以顺治七年（1650）的《清国三国志》作为底本，在一定修订和补充的基础上撰写完成的产物。在书中，对于来自《三国志演义》的特殊语型、朝鲜司译院编译清代满文文书过程中产生的特殊语型、清初尚未定型的满语口语特殊语型等进行了客观实在的综合性阐述。《三译总解》是18世纪朝鲜司译院满语学习课本之一，于康熙四十二年（1703）刊印，所谓"三译"就是《三国志译》的简称。乾隆三十九年（1774）重新刊印该书稿时，还增加和补充了相关内容。可以说，《〈三译总解〉之满文特殊语型的来源》一书的出版，进一步促进了《三译总解》语言文字以及资料内容的综合性讨论这一科学研究工作。

清代满文文献资料之满文版《金瓶梅》的研究方面，早田辉洋发表了不少综合性论文。例如，他在《亚非语法研究》1994年第23期发表的《满文金瓶梅序文译注》、在《语言教育》2000年第4期撰写的《满文金瓶梅译注（第1章至第10章）》和《满文金瓶梅译注（第11章至第15章）》、在九州大学《语言学研究报告》总第11期刊登的《关于〈满文金瓶梅〉满语书面语的汉字音》、在大东文化大学语言学教育研究院《语言教育研究论丛》总第13期刊发的《关于〈满文金瓶梅〉满语书面语中反映的近代汉语》等论文，主要从综合性研究层面，紧密结合语言学、语用学、语言接触学、语言影响论、历史学、翻译学、阐释学等学术理论，阐述了《金瓶梅》这一清代满文文献资料语言学和历史学研究价值，以及翻译技巧和注释要求，还分析了该满文文献资料的汉字音结构系统和近代汉语的表述特征等。另外，他还在《亚非语法研究》1996年第25期发表《电脑处理满文资料》，论述了如何科学运用综合研究与现代高科技手段，为全面科学地处理清代满文文献资料的讨论中遇到的学术问题等提供思路。

清代满语言文字研究概论

关于清代满文碑文资料的综合性研究成果，有佐藤文比古在《满洲史学》1937年第1期发表的《清朝初期的满语字碑》、白鸟库吉在《白鸟库吉全集》1970年第5卷撰写的《满洲地名谈 附好太王碑文》等论文。还有，对于清代满文文献资料的满文特征、对于满文文献资料语言的语音关系、对于满文文献资料的语义分析等展开综合性讨论的论文。其中，包括池上二郎在《北方文化研究》1968年第3期发表的《公文中的满文》、菅野裕臣在《满语研究》2001年第1期发表的《关于朝鲜司译院清学书的谚文对音的性质》、河内良弘在京都大学的《文学研究纪要》发表的《崇德二年满文档案译注》（1989年第28期）以及《满汉合璧宫中档雍正朝奏折译注》（1992年第31期）等论文。除此之外，也有一些结合文献学、图书资料学、目录学等综合概述或总结清代满文文献研究成果，或综合性搜集整理清代满文文献资料目录方面的学术文章。例如，山本谦吾在《东方语研究》1947年第3期发表的《有圈点满文老档满语书面语研究》、在《言语研究》1953年第22期撰写的《美国的满文图书目录》、在《跡见学园纪要》1954年第1期刊登的《满语学小书目》等。还有，池上二郎在《东洋学报》1962年第3期发表的《欧洲的满语文献》、在《朝鲜学报》1963年总第26期发表的《满语谚语文献》、在《满语研究》1995年第1期发表的《韩国满语研究资料的重要性》等论文。再说，河内良弘在《东洋史研究》1990年第3期内发表的《清初满语文献资料的现状》，综合分析清初满语文献资料被保存和被翻译利用的时代背景、历史条件、社会环境、语言文字使用情况等。对于在欧美发现或保存的满文文献资料进行较全面调查研究的基础上，龟井高孝于《朝鲜学报》1956年第2期撰写《欧美现存的满语文献》，综合概括地介绍欧美清代满文文献资料的基本情况以及相关研究成果。

可以看出，日本的满语学界在对清代满文文献资料及碑文满文资料的综合分析整理、总结概述方面做了大量工作，并取得较好的学术收获。他们在此方面的综合研究工作，从20世纪10年代到21世纪初的90余年时间里一直循序渐进，不断拓展综合性研究领域，且不

第十一课 清代满文文献资料综合性研究

断有新的论著和科研成果问世。这使清代满文文献资料的综合性分析整理和研究工作，在日本获得长足发展，并给清代满语满文综合性研究事业注入一定活力。

韩国专家学者在清代满文文资料的综合整理、翻译、注释和研究方面也取得了较突出的成绩。他们在此领域的综合性研究成果，从20世纪30年代以后就开始被公开发表，但直到20世纪40年代后期也没有太大起色，其间被发表的论文或文章为数不多。我们所掌握的资料中，主要有李德启在韩国《文献丛编》《中央日报》上撰写的《老满文上论》（1937年总第26期）、《满文老档之文字及史料》（1939年第2期）、《儿女英雄传里的满语释义》（1948年第12期）等论文。他在这些论文里，以《满文老档》《儿女英雄传》等满文文献资料为依据，论述了老满文、满文文字体系、满文表述形式等的结构特征和使用规则等。不过，在韩国，有关清代满文文献资料的分析研究成果，从20世纪50年代以后才陆陆续续被公开发表。例如，在20世纪50年代中后期，金民洙在韩国语学会办的《韩国语》上刊发《〈八岁儿〉注释》（1956）一文，对清代满文文献资料《八岁儿》做进一步注释。从20世纪60年代以后，韩国的清代满文文献资料的翻译整理和研究工作进入了一个较快运行的轨道。

韩国的满语学界专家学者从20世纪60年代初至80年代中期的约25年时间里，出版或发表有关清代历史文献和档案资料的综合性论著主要有李学智在《大陆杂志》1961年总第23期发表的《清太宗无圈点满文大钱考》、在《中国东亚学术研究计划委员会年报》1965年第4期刊登的《老满文原档与满文老档之比较研究》、在《老满文原档论辑》撰写的《清太祖朝老满文原档（译注Ⅰ、Ⅱ）》（1970）等论文。还有，朴恩用在晓星女子大学《国文学研究》和《晓星女子大学研究论文集》里先后发表的《音译〈清文虚字指南〉》（1968）、《〈同文类解语录解〉研究》（1968）、《〈清文虚字指南〉用语研究》（同李娟子合写，1969）、《〈同文类解语录解〉的出典》（1970）、《初刊〈汉清文鉴〉》（1971）等论文。还包括，闵泳珪于1964年在延世大学《人文科学》刊发的《〈清语老乞大〉辩疑》、崔鹤根于 1970 年在《国语国文学》撰写的《所谓〈三田渡碑〉满文碑文译注》以及于 1971 年由首尔大学出版部刊印的《清太宗朝颁行满文〈大辽国史〉译注》等。还有赵奎泰于 1981 在庆北师范大学《国语教育研究》发表的《〈八岁儿〉满语书面语研究》、于 1984 年在《刘昌君博士花甲纪念论文集》发表的《〈三译总解〉满语书面语研究》等，有朴相圭于 1984 年在《韩国民俗学会论文集》中发表的《满洲祭文一考》等。这些论文或文章，都是对韩国以及相关国家内收藏的《清太宗无圈点满文》《老满文原档》《满文老档》《满文档案》《清语老乞大》《清文虚字指南》《同文类解语录解》《〈三田渡碑〉满文碑文》《汉清文鉴》《清太宗朝颁行满文〈大辽国史〉》《八岁儿》《三译总解》《满洲祭文》等，从综合性研究角度对清代满文文献资料的满文满语关系和特征、语义结构、表述形式、标点符号等展开进一步考证、音译、意译、注释和分析讨论的成果。

谈到韩国的清代满文文献资料的综合性分析研究成果，必须要提到成百仁。他从 20 世纪 70 年代起到 21 世纪初的 30 余年时间内，先后发表和出版了一系列相当有价值的综合性研究学术论著。其中，在 20 世纪 70 年代初发表在首尔大学《东洋文化》的论文有《〈三田渡碑〉的满文》（1970 年第 9 期），还包括由韩国明知大学出版部刊印的《满族尼山萨满神歌》和《满族尼山萨满神歌译注》（1974）等成果。其中，他对满族尼山萨满神歌进行了译注和分析，并提出了该满文文献资料具有历史学、宗教学、翻译学等方面的综合性学术价值等。过了六年以后，由晓星女子大学出版部影印了成百仁《御制清文鉴解题》（1982）之手稿。在这以后，他又发表了不少综合性分析和解释《汉清文鉴》《御制清文鉴》《御制增订清文鉴》《旧满洲档》等清代文献资料的语言文字结构、书写特征、编写原理等方面的论文。例如，有 1983 年《金哲棱博士花甲纪念史学论集》中发表的《关于〈汉清文鉴〉》、韩国《阿尔泰学报》1990 年总第 2 期中撰写的《初期〈满语词典〉的语言纪录》、1998 年在延世大学国学研究院编的《汉清文鉴》中撰写

第十一课　清代满文文献资料综合性研究

的《〈汉清文鉴〉之解题》、1999 年的韩国国立国语研究院的《新国与生活》中刊登的《清朝清文鉴编撰》、2000 年版的《正祖代的韩国文献》中发表的《〈汉清文鉴〉之分析》、韩国《阿尔泰学报》2000 年第 10 期中刊发的《〈御制清文鉴〉的满语》、2001 年版的《韩日语文学论丛》中发表的《〈旧满洲档〉满语语音论特征》、《韩国语研究》2003 年第 1 期中发表的《〈御制增订清文鉴〉的不同版本识别特征调查》等代表性论文。

另外，成百仁的《满语和阿尔泰诸语研究文集》，于 1999 年由首尔太学社出版。该论文集里，除了以上谈到的有关论文之外，还收入或新刊发了《关于影印本〈同文类解〉》《〈同文类解〉与〈汉清文鉴〉》《现存司译院清学书及其研究》《关于初期〈满语辞典〉》《对于初期〈满语辞典〉的语言学思考》《满语语音史研究——〈清文启蒙〉异施清字研究（其一）》《满语语音史研究——〈清文启蒙〉异施清字研究（其二）》《〈旧满洲档〉的 jisami 和〈满文老档〉的 kijimi》等具有综合研究学术影响力的科研成果。还有他对《同文类解》《旧满洲档》《清文启蒙》《汉清文鉴》等收藏于韩国的诸多清代满文文献资料，展开综合性讨论和文字解释的论文。1978 年，韩国阿尔泰学研究所影印了两册 16 开本满文版《御制清文鉴》。同时，第二册后页还附有满语词汇索引。成百仁这些综合性研究论著的相继问世，使韩国的清代满文文献资料的整理、翻译、注释及综合性研究工作不断走向成熟，走向系统化和全面化、走向科学化和理论化。

除此之外，李基文在《震檀学报》1973 年总第 36 期撰写的《十八世纪满语方言资料》、金东昭在韩国《阿尔泰学报》1995 年总第 5 期发表的《满文三种祈祷文》、金周源等在韩国《阿尔泰学报》2004 年总第 14 期发表的《朝鲜王朝实录的女真语和满语》等论文，从各自的学术兴趣角度分别综合性探讨清代满文文献资料的方言特征、满文祈祷文的结构类型、满文文献资料及其语言关系等学术问题。

20 世纪 30 年代以来，韩国在满文文献资料的考证、整理、翻译、注释以及综合性分析研究工作中获得的成绩值得肯定。尤其是像成百仁、李德启、李基文、朴恩用、李学智、赵奎泰等满语学专家做出的成绩相当有影响力。其中，成百仁做出的贡献最为显著。但他们的绝大部分论著是在 20 世纪 60 年代以后被刊发或印刷。他们的论著主要以在韩国收藏的满文文献资料为中心，展开不同角度和不同层面的综合性学术讨论。也就是说，他们的论著内容基本上同《清太宗无圈点满文》《旧满洲档》《老满文原档》《满文老档》《满文档案》《清语老乞大》《清文虚字指南》《同文类解》《御制清文鉴》《御制增订清文鉴》《三田渡碑》《汉清文鉴》《大辽国史》《八岁儿》《三译总解》《满语辞典》《满洲祭文》等清代满文文献资料有关。不论怎么说，韩国满语学界在此学术领域做出的成绩，同样对满文文献资料的综合性研究和不断拓展其研究视野、不断开发其研究领域等方面，有其深远的学术意义。

美国、意大利等欧美国家以及蒙古国等，在清代满文文献资料的综合性研究方面也有一定的成绩。例如，美国的汉森·切斯（Hanson Chase）撰写的《清代早期满语的地位》（*The Status of the Manchu Language in the early Ch'ing*）之书稿，于 1979 年由华盛顿大学英文出版。本书主要以《清实录》和其他满文文献资料为依据，同时在参阅有关专家学者清代满文文献资料研究成果的基础上编写而成的综合性研究专著。其中，综合分析和讨论了清代满语演变规律、满汉翻译技巧、满语濒危现象、满语衰亡原因等。全书分四章，第一章包括清代满文有关官方文献资料，以及当时具体实施的语言使用政策，同时附有额尔德尼和噶盖创制的清代满文文献资料，以及达海改进的老满文文献资料等。第二章为汉译清代满文文献资料。第三章讲清代考试制度中的满语满文的作用，附有一般性考试制度和特殊性考试制度方面的相关满文文献资料。第四章论述了清代满语衰落的原因以及保护方面的问题等。书中还概述了 1644—1911 年间，达海改进的新满文作为国文被使用的情况。同时，还介绍了顺治时期，满语口语被有效保护，且在清朝政府高层阶级中占据过主要地位的事实。但他在书中也指出，从 1670 年以后，清代满语满文被满族统治阶级忽视而逐

第十一课　清代满文文献资料综合性研究

渐走向衰落。到了康熙末年，清朝政府里满语满文的使用标准变得很低，大多数满族已到了不能熟练地运用本族语的地步。他的这些看法，都是根据清代各方面历史文献资料，在综合性分析研究基础上得出的结论，有其特定参考价值和学术价值。

美国魏·南希·常（Wei Nancy Chang）撰写的硕士学位论文《康熙满文诏书选译》，于1984年由美国华盛顿大学印刷。这是一部16开本、共71页的学位论文。在论文里，对清代有关满文文献资料进行了深入浅出的综合分析。特别是，对于康熙年间发布的大量诏书资料展开了具有一定力度和深度的讨论，阐述了这些满文文献资料的语言文字特征及其相关的特定历史背景，还阐明了这些清代满文文献资料的综合学术研究价值。全文分四章，第一章是清代早期满文。第二章为康熙征服噶尔丹的历史文献资料及其分析。第三章里选译了康熙满文诏书。第四章是结论。

2000年美国夏威夷大学还出版了陆西华（Gertraude Roth Li）的《满文阅读档案指南》书稿。该书为16开本、有400页。此书主要由主旨、清代满语书面语研究、清代满文文献资料、清代满文档案资料的价值、清代满语满文的结构性特征及其演变历史、标准满文的叙述、官方档案资料及书信等、《满文老档》及满族文化遗产、满语语法要点、满文阅读例文等内容和章节组成。书中，他对于清代满文文献资料的综合研究价值和科研工作、清代满语发音特征和满语罗马字化、清代满语短语和句子的构成关系、外来语对于清代满语满文的影响、满文字符表和书写特征等进行了较深入的综合分析。书的后页，还附有清代满语语法要素索引、满语基本词汇、参考文献要目等内容。

意大利的满语学专家斯达理在《满语研究》2004年第1期，发表了英文翻译稿《满文本清太祖努尔哈赤〈圣训〉的考证及历史价值初探》。该文里，他从文献资料学、考释学、语言学的角度，考证和综合阐述了清代满文文献资料《圣训》产生的主要社会因素、历史背景及其目的和学术价值等。

另外，蒙古国的L.米西格于1959年，在乌兰巴托编写出版过《乌兰巴托国家图书馆满文图书目录》，该目录集属于蒙古文版、32开本、共269页。该满文图书目录集，基本上包括了蒙古国国立图书馆收藏的清代满文文献资料。而且，根据清代满文文献的具体内容，分类出了历史类、皇宫书信类、法律类、军事类、辞书类、教材类、文学类、哲学类、风俗习惯类、其他类等目录类型。这对于全面了解和掌握蒙古国国立图书馆收藏的清代满文文献资料很有帮助，同时也有较高的综合性利用学术价值。

总之，国外在清代满文文献资料的整理、翻译、注释和综合性研究方面，确实取得了相当的学术成绩。比较而言，日本和韩国的满语学界专家学者在此学术领域发挥了相当积极的作用，发表或出版了不少有影响力和特定学术价值的论著。在美国、欧洲以及蒙古国等国家，满语学界专家也做出了一定贡献，发表不少好的综合性研究论著。以上国外发表或印刷出版的清代满文文献资料整理、翻译、注释和综合性分析研究成果，给国际满语学以及清代满文文献资料学等学术事业注入了新的活力和生命力。

第十二课
清代满语书面语教材及其编辑工作

  我们在这里所说的清代满语文教材，主要是指清代编辑印刷的满语书面语教材，也包括后来对清代满语文教材进行补充修改后重新印刷出版的满语文教材。说到满语文教材，清代编辑印刷的种类和版本有很多，存在相互间不统一、不一致的现象。特别是，那些错综复杂语形态变化等，包括音变规律和构词原理等说得不是很清楚、很到位、很全面系统，有诸多遗留。我们下面的讨论主要是我国改革开放以后，在清代满语文教材基础上新编辑出版的教材类成果。其中，包括根据清代满语文编辑而成的满语文教材，以及教学中使用的满语文读本教材、满语文文献选读教材等。也就是说，我国清代满语满文研究专家学者，从 20 世纪 80 年代以后，编辑出版一些较高质量的满语文教材或满语文读本。不过，多数教材或教学用的读本属于清代编辑印刷的满语文教材及其读本的翻版。当然，有的满语文教材在重新编译、编排、编辑、编印时，对有关教学内容作了必要调整、修改和增补。但是，总体上遵从了清代满语文教材的课程设计和课程内容。特别是，中华人民共和国成立之初，一直到 20 世纪 70 年代末，在满文教学中使用的几乎都是清代原版教材及其教学用的读本。改革开放以后，公开出版的满语文教材或满语文读本，也很大程度上沿用了清代教材的绝大部分内容，所以其教学用的例句、短句或句子中，存在不少与封建社会制度、宫廷文化、帝王统治等密切相关的教学内容。

改革开放以后出版的满语文教材或者说满语文教材类成果里，首先应该提到乌拉熙春编写出版的《满语读本》。该读本为32开本、294页、约15万字，于1985年由内蒙古人民出版社出版。书内包括20个满语文课内容。其中，第一课至第五课里，讲解了满语语音结构。第六课至第二十课，以讲解具体满文课文为例，分别讲述了满语词法与句法在满文中的表现形式和使用方法等。这是一本以教学为主的满语文读本，书的后页还附有满汉对照基本词汇。

次年，也就是在1986年吉林教育出版社还出版了爱新觉罗·瀛生编写的第二本《满语读本》。该读本为32开本、92页、约6万字。这是一本满语文读本类型的小册子。其内容包括清代满语读音、满语语法、满语课文等。在满语读音部分里，第一课讲解了满语元音及其用法，第二课至第十一课讲解了辅音音位及其用法，第十二课讲了满文特殊字，第十三课是满文字母表，第十四课讲了元音和谐现象，第十五课属于京语音变说明。语法部分包括第十六课至第三十课的内容，其第十六课至第十九课讲解了名词、代词、数词等，第二十课至第二十九课讲解了动词，第三十课讲的是副词和虚词等。课文部分，包括从第三十一课至第三十七课的八个满语文课程内容。最后，还附有满文的汉文注释。其实，该小册子的清代满语文读音部分和语法部分的讲解，也都是根据讲课需求和教学课程内容编写而成，全部加起来共涉及37个满语文课程。以上提到的两本《满语读本》，都是以简明易懂的满语文读本为主，为初学满语满文者编写的初级教科书。

两年以后，爱新觉罗·瀛生又编辑完成《速成自学满语基础讲义》之书稿，并于1988年由民族出版社出版。该自学讲义为小32开本、149页、9万多字。这也是为了那些自学满语满文者，能够在短期内学习和掌握满语满文而编辑的讲义。所以，许多解释和说明都考虑到了自学满语满文者的方便和实用。讲义的解释和说明都简明扼要，主要考虑了自学者的兴趣和学习效果，突出了满语满文基础知识的学习和掌握。全书包括读音讲解、语法简述、文选读本三大章节的50个

第十二课　清代满语书面语教材及其编辑工作

课程内容。讲义中设计的课程和内容为：第一课讲元音、满文字母、拉丁字母、国际音标，第二课至第十一课讲辅音、辅音元音的结合、音节结构，第十二课至第十五课讲特定字、字母表、元音和谐、音变规则，第十六课概述词汇分类，第十七课至第二十三课讲名词，第二十四课和第二十五课讲形容词、代词，第二十六课和第二十七课讲数词，第二十八课至第三十六课讲动词，第三十七课讲副词，第三十八课讲后置词，第三十九课讲连词和助词，第四十课讲拟声拟态词和感叹词，第四十一课至第五十课讲解满文读文。这是作为满语满文自学者的教材，以及满语满文短期培训教材而编写的书。这两本满语文读本，对清代满语文读本都做了一些必要的补充、修改和调整。

到了20世纪90年代，满语学界的专家学者，在清代满语文教材基础上，编辑出版具有一定影响力的三本满语文教材。

其一是刘厚生编的《满语文教程》为32开本、230页、20万余字，于1991年由吉林文史出版社出版。该教程由清代满语语音、满语语法、满文阅读与欣赏三个部分组成。第一部分讲清代满语元音、辅音、复元音、元音字母、辅音字母、满文外加单字和满文切韵字、满语音变和满文书写规则等；第二部分讲清代满语词法和句法结构；第三部分以清代满语会话和满文文献为题材的满语文阅读和欣赏内容。这也是一本简编满语文教材。

其二是屈六生主编的《满文教材》，为满文版、32开本、574页、20万余字，于1991年由新疆人民出版社出版。这是第一历史档案馆满文部专家学者，在屈六生的牵头下编辑完成的满语文教材，主要用于满语文教学和满文翻译工作。该教材反映了清代文书风格，对于清代满语语音、词法和句法都作了较系统分析。教材中包括39个课程内容，其中第一课至第十四课讲解了满语语音结构和特征；第十五课至第三十九课里，通过具体讲解满文课文内容，分析和叙述了清代满语词法系统和句法结构系统。教材中，课文内容基本上选自清代档案资料和满文古籍文献。书的后页，还附有课文练习答案和清代满语词汇表。这是一本满文速成教材，主要提供给有一定满语文水平者使用，或作为高等院校的满语文教材使用，也可以作为阅读清代满文资料或翻译清代满文资料的参考书来使用。

其三是安双成和王庆丰等编辑完成的《满文讲义》，为32开本、368页、约20万字，于1996年由北京满文书院出版。本讲义分满语语音、语法、词汇表三大部分。语音部分里，以"十二字头法"为主，结合音素分析法讲解了清代满语语音结构和特征。语法部分内，着重讲解了满语词汇分类、不同词类的结构特征和语用关系等。第三部分中，有清代满语和汉语对照的2000余条基本词汇。该讲义包括38个课程，其中第一课及第十六课是满语语音讲解内容。第十六课到第三十八课是属于满语语法讲解部分。这是一本满语文教学中必不可少的教科书，同时对于满语满文研究也有一定的辅助作用。

与满语文教学有关的教学类书还有，于2009年由辽宁民族出版社出版的何荣伟编写的《满语365句》，这是一本以一天学一句满语的思路编写的短小精悍的自学类满语书。另外，索德还编著过20余万字的《满语读本》。该读本于2005年10月由民族出版社蒙编室用蒙古文出版。这是一本针对蒙古族学生或懂蒙古文的人学习满文而编辑的满语文教材。它的出版不仅为有蒙古文知识的人们学习满语文创造了便利条件，同时也为满蒙比较研究带来了一定的好处。这一满语文读本，主要结合清代满语语音和语法结构系统，编写了30个课程的讲解内容。在读本后页部分，还附有一些清代满语基本词汇。还有必要提到的是，由新疆人民出版社组织相关人员编辑完成，并于1989年由新疆人民出版社出版的《满语入门》一书，这是清代满语文启蒙教材《满语入门》的再版。

除了以上阐述的清代满语文教材之外，满语学专家学者还发表了一些与此相关的论文或学术文章。其中，刘景宪以"自学满语教材"为题，在《满语研究》1985年创刊号至1994年第2期上，连续发表满语自学内容的19篇文章。赵阿平在《中央民族大学学报》1994年第4期内刊发的《满语教学与研究中的文化因素问题》、在《满语研究》2003年第1期刊发的《满族语言文化教学方略》，毅松在《满

第十二课　清代满语书面语教材及其编辑工作

语研究》1999年第2期中刊登的《达斡尔族的满文私塾》，屈六生在韩国《阿尔泰学报》2001年总第11期上发表的《论清末八旗学堂的满文教育》、在《满语研究》2004年第2期内刊登的《论清末满语的发展——兼评〈满蒙汉三合教科书〉》，等等。这些论文或文章中，着重讨论了清代满语文的自学、清代满语文教学与研究、清代满语文教学中的文化因素、清代满语文私塾、清代末期的满语文教材和满文教学等学术问题。

与此同时，也有不少探索清代满文教学经验、教学思路、教学认识、教学问题以及有关满文教学调研方面的论文。比如，王忠欢等在《满语研究》2007年第2期上撰写《满语教学状况调查报告》，认为清代满文教学工作及其进展越来越引起社会各界的广泛关注，该文对国内清代满文教学情况，也包括国外满文教学，进行了一次卓有成效且较为全面的调查。调研结果表明，国内的清代满语文教学主要分非学历教育和学历教育两部分。也就是说，学习满文和满语的人中，绝大多数是从小学生到博士研究生的学生，另一部分是属于由社会、学校办的面向社会人员的满语文教学。在国外，清代满语文教学主要集中在个别大学或研究机构，学满语文的也基本上都是从事满学研究、清史研究或东方学研究的专家学者或他们的研究生。此外，邓天红在《满语研究》2006年第1期内刊登《满语文与清史教学》，主要谈如何挖掘满族文化的教学资源，将满语文科学合理地引入清史教学工作，是当今值得引起史学工作者思考和重视的问题。在邓天红看来，满语文引入清史教学，不仅具有丰富史学教学内容、深化知识层面、不断深度开发清史研究等积极教学作用。而且，还对巩固满族文化研究成果、传播满族文化知识、保护满族文化遗产均有特别重大的现实意义和持久的民族文化教育意义。该文由满语文引入清史教学的必要性，满语文引入清史教学的内容，满语文引入清史教学的原则三个部分组成。哈斯巴特尔在他的《满语教学的感悟》（《满语研究》2010年第2期）里写道，学习一门语言，特别是对于满语这样的严重濒危语言的学习，并不是一件轻松的事情。因此，学习者必须树立正确的学习态度，明确学习的目的。在学习过程中，不断探索科学的学习方式和方法，这样才能提高清代满语学习的实际效率，其中就涉及满文满语学习态度、方式办法、学习和运用等方面。吴雪娟在《满语研究》2010年第2期中发表《满语文教学思索——以黑龙江大学为例》，提到近十年来，黑龙江大学招收九届中国少数民族语言文学（满语）专业硕士研究生、三届满文与历史文化专业本科生，至今已有六届硕士研究生、一届本科生毕业。多数毕业生从事满语文教学、科研和满文文献整理翻译工作，也有一部分学生继续攻读博硕士学位。她说，在满语文教学实践中，黑龙江大学积极调整清代满语满文研究人才的培养方案，不断完善清代满语满文课程设置、教材配备等环节，并都落实到具体的教学工作中。她认为，及时总结清代满语教学经验，有助于今后满语文专业教学工作的进一步完善和提高，也有助于做好满语文人才培养工作。她的文章分为完善课程设置、选好满语教材、探讨教学方法、重视练习环节、加大档案翻译训练、侧重翻译技能培养、增加口语教学、提高满语语感等部分。

与吴雪娟的话题相关，季永海在《满语研究》2010年第2期发表的《满语文教学恳谈——以中央民族大学为例》，其中首先提到，从清代延续至今的满语文教学，在学堂、教科书、工具书等方面已具有鲜明的教学特色。中华人民共和国成立以后，中央民族大学于1961年首开满文本科专业，在随后的50年里又先后开设过不同层次的满文班。总结清代满语文教学经验，有助于今后教学工作顺利进行，也有助于我们理解清代满语文教学对满学研究事业发展的重要意义。他是从50年以来的中央民族大学满语文教学实践中提炼，要充分认识学好清代满语文的重要性，满语文教学要因材施教、传统与现代相结合、科研与教学相结合，要有一套切实可用的教材等开展满语教学。季永海还曾在《满语研究》2007年第2期刊登《〈清语老乞大〉研究》，进一步阐明《清语老乞大》是朝鲜人学习清代满语文的基础教材之说。他说，《清语老乞大》全部由对话形式编写，且对话内容反映了元末明初中朝民间贸易及现实生活内容。所以该教材式对话读本，不只是

第十二课　清代满语书面语教材及其编辑工作

有其特定的教学作用，甚至对于研究清代满语文及其传播形式和手段，了解在当时的特定历史条件下的中朝贸易关系、往来及特征，以及对于古往今来的满族与朝鲜族文化接触、文化交流、文化影响的探讨具有重要的历史价值。

此外，何荣伟还在《满语研究》2010 年第 2 期撰写《满语口语学习之我见》，认为像满语这样的濒危语言的学习确定与使用者多寡直接相关，语言使用者稀少也意味着语言使用环境的缺失，这就为人们学习和使用像满文满语这样的严重濒危语言带来很多困难。所以，学习严重濒危满语，首先要树立正确的语言学习态度，应用恰当的学习方法，同时强化满语口语学习。让学习者充分认识到，清代满语文学习与传承、满语口语抢救与保护、满文满语学习与使用的重要性。从以上这些讨论中，人们可以清楚地认识到，在清代满文满语的学习中必备的心理的、社会的、现实的和实际的条件，以及应该有的学习态度、学习精神、学习方法与技巧等。

另外，还应提到的是，台湾学者庄吉发编的几本满语教科书。首先，他编辑的《清语老乞大》于 1977 年由台北文史哲出版社出版。该书属于学习清代满文满语的教科书，原来是一本为朝鲜人编写的译解汉语的教科书。庄吉发在该书的序文里指出，所谓的"乞大"一词是蒙古人对汉人的一种称谓，所以"老乞大"是指"老汉人"（纯说汉语的汉族）之意。朝鲜仁祖十四年（1636）以后，后金和朝鲜的往来日益密切，在朝鲜满文满语使用率也随即提高。在这一历史条件下，朝鲜就把学习汉文汉语的"老乞大"译成了满文，目的就是为了学习满文满语。由此，《老乞大》就变成了《清语老乞大》。不过，由于当初的满文翻译并不理想，所以在朝鲜英祖四十一年（1765）重新作了文字加工和进一步提炼、修改后再版。该书在清代满文旁边加注朝鲜文音译，并将清代满文的语义逐句译成朝鲜语。这是当初朝鲜人学习清代满文语的一本理想教科书。庄吉发的这本书属于《清语老乞大》的汉译稿。庄吉发的第二本书是于 1982 年由台北文史哲出版社出版的《满语故事译粹》。该书用汉文从《满蒙汉三文合璧教科书》以及屈六生主编的《满文教材》等教科书选译了 40 篇清代满语满文故事，并附有罗马字母转写文。书的后页部分还附有清代满文运笔顺序、清代满文字母表、清代满文的电脑字母处理说明和满文电脑字母表。再就是，庄吉发编的《满语对话选粹》，于 2000 年同样由台北文史哲出版社出版。该书中摘录了康熙皇帝御门听证时的君臣谈话短句，并选录御制汉谕旨数则等。其中包括慰问起居、对症下药、民间疾苦、重农务本等 21 节满文课文内容。每一节满文课文先用满文撰写，接着又用罗马字母转写，同时附上汉译内容。在附录内，还有清代满文字母表、满文起居注册、汉文起居注册等内容。

大陆和台湾陆续出版的这些满语教材，对于国内外满学界同行进一步了解清代满语满文，以及清代满语文的学习情况，甚至对于满语书面语的研究均有较强的参考价值和实用价值。尤其是，对于清代满语文的学习和教学工作带来了极大便利，进而推进了清代满语文教学工作，同时给清代满语文的学习注入了活力。

在国外，有关清代满语文教材编辑出版的不多。20 世纪 30 年代初，日本的渡部薰太郎在大阪刊印过《满语俗语读本》（1930）。在 21 世纪初，日本的津曲敏郎编写过《满语入门 20 讲》，并于 2002 年由日本大学书林出版社出版。该书为日文版，32 开本、163 页、14 万字。该简易性满文讲义除了前言、清代满语词汇附录、清代满语词缀索引之外，主要由 20 个满语文教学内容组成。其中，第一课解释了什么叫满语，第二课讲了清代满语语音结构，第三课是清代满语文字解说，第四课属于清代满语语法概述，第五课讲的是清代满语名词，第六课讲了清代满语代词，第七课是清代满语数词，第八课和第九课是清代满语动词，第十课讲了清代满语无变化词，第十一课讲清代满语词干的构成和词缀，第十二课讲清代满语否定、疑问、可能句结构，第十三课讲了清代满语复句的主语，第十四课讲清代满语引用语，第十五课解读清代满文会话文和信，第十六课讲清代满文文学译文，第十七课解读清代满文历史文献，第十八课解读清代满文传统游戏文，第十九课讲清代满语的过去和现在，第二十课讲清代满语和通古斯诸语的

第十二课　清代满语书面语教材及其编辑工作

关系。这是一本针对日本人学习清代满语满文而编辑出版的十分重要的教科书。此外，河内良弘同清濑义三郎则府于 2002 年合编的《满语书面语入门》，由日本京都大学学术出版会出版。该满语入门主要由清代满文文字、满语发音、满语语法、满语读本、满语词汇等章节和内容组成。这些教材的出版，对于日本满语满文的教学工作带来了很大方便，激发了满语自学者的学习热情和积极性，进而也一定程度地推动了日本的满语满文研究事业。

除了日本之外，蒙古国的沙林宝编写的《满语教科书》，于 1999 年由蒙古国国立大学刊印。该教科书为 32 开本、337 页、约有 23 万字。教科书中收入了从清代满文经典著作里筛选的一些满文文章。这本教科书，主要用于蒙古国国立大学学生学习满文。

国外编辑的有关清代满语文教材或满语文读本，也都是在清代满语文教材或读本基础上进行适当调整和修改后印刷出版的产物。甚至有的根本就没有进行任何修改补充的前提下，将清代旧式印刷品重新用现代印刷手段和技术再版的满语文教材或读本。也有再版的清代满语文教材或满语文读本，只是增加了新的前言后记，而对于教学内容或形式未进行任何改动。所以，现在的人们用起来，同清代的满语文教材或读本没有太大区别。

第十三课
清代满语与满通古斯语族
语言语音及词汇关系

我们认为，从事清代满语满文研究，甚至包括清代历史文献及档案资料研究的专家学者，一定要全面了解和掌握与清代满语有同根同源关系的满通古斯语族语言的基本情况，乃至它们之间在语音、词汇、语法等方面的深层次根源关系，这样我们才能够更加精确、更加全面、更有说服力地科学论证在清代满语满文的底层结构中出现的一些疑难问题或同语音、词汇、语法密切相关的复杂学术问题。出于这一考虑，本课从语音学和词汇学角度，讨论清代满语满文与满通古斯诸语语言间存在的历史来源上的共性化特征及其异区别性存在的同点，乃至关系到他们的语言中保存下来的源于远古历史的固有成分。

一　清代满语与满通古斯语族语言语音关系

这里主要讨论清代满语和同语族语言间，更准确地讲是清代满语书面语同我国境内的锡伯语、鄂温克语、鄂伦春语和赫哲语等满通古斯诸语之间，在语音系统中表现出同根同源的固有成分。其中，涉及元音系

第十三课 清代满语与满通古斯语族语言语音及词汇关系

统及元音和谐规律、辅音系统、音节结构系统、重音结构特征等方面。需要说明的是，这里同满语相对而言的满通古斯语族语言是指除了满语之外的其他语言，如锡伯语、鄂温克语、鄂伦春语、赫哲语。

1. 元音系统

清代满语及满通古斯语族语言的语音里，元音是要比辅音简单的语音结构系统。这些语言在元音间凸显出明显的同源关系，不同语言的元音也表现出各自具有的区别性元音音素。相比之下，作为有同根同源关系的同一个语族语言，在它们各自语言的语音结构系统内，同样存在个性化而相互区别的元音音素，参见表 13-1。

表 13-1　　　　　　　清代满语及满通古斯语族语言的元音系统

序号	元音音素	清代满语	锡伯语	鄂温克语	鄂伦春语	赫哲语
1	a	★	★	★	★	★
2	e (ə)	★	★	★	★	★
3	i	★	★	★	★	★
4	ē (e)			★	★	★
5	o	★	★	★	★	★
6	u	★	★	★	★	★
7	ɵ			★	★	
8	ʉ			★	★	
9	y		★			★
10	œ		★			★
11	ū (ʊ)	★				

表 13-1 中出现的元音 e、ē、ū 分别属于国际音标的 ə、e、ʊ 三个元音。另外，从中还可以看出，清代满语及满通古斯语族语言的元音系统里，像 a、e、i、o、u 五个元音在这五种语言里均被使用，由此可以假定这五种元音是属于满通古斯语族语言同根同源的固有音

素。需要说明的是：（1）清代满语的元音 ū 的实际发音更加接近于元音 ʊ，只是觉得元音 ʊ 写起来比较麻烦，因此就用 u 取而代之；（2）鄂温克语和鄂伦春语的元音 u 也有发作 ʊ 或 ʉ 音的现象；（3）元音 y 和 œ 主要使用于锡伯语和赫哲语，但因现在的赫哲语已成严重濒危语言，而元音 y 和 œ 的区别特征变得十分模糊，结果元音 œ 经常发作 y 音，由此也有专家把元音 œ 写成 y 音；（4）元音 ɵ 与 ʉ 则使用于鄂温克语和鄂伦春语，其中的元音 ɵ 发作国际音标的 ə 之音的实例不断增多；（5）元音 ē 实际代表的元音音位是国际音标中的 e，由于在这里我们用符号 e 替代了国际音标内的央中元音 ə，所以用符号 ē 代替了国际音标中的前次高展唇元音 e。所有这些变音现象都无可怀疑地说明，满通古斯语族语言内元音和谐现象弱化的真实情况。

满通古斯语族语言至今共同保留的 a、e、i、o、u 五个元音之外，我们可以将不同语言内出现的其他不同元音假定为，从统一体的远古语言逐步分化为不同语言的漫长历史过程中，生成或增加了各自不同的新元音，从而更好地适应各自发展道路上遇到的新的社会语言环境，以及同其他语言的接触、碰撞、磨合、交流中本民族语的元音系统更加适合于同一个地域、同一个社会环境、同一个语言区内共有相同或相近的元音系统。在此基础上，消除同一个语言社会环境中由于不同元音系统的存在而出现的不同声音、不同语音带来的不和谐音素。比如说，东北的满族入关以后，满语里就出现与中原地区的汉语语音，或者说同北京汉语相适应的一些语音特征；到新疆守边的锡伯族同哈萨克族、维吾尔族等突厥语族诸民族长期接触交流中，使他们的母语语音系统也受到哈萨克语等一定程度的影响而出现一些突厥语化现象；内蒙古自治区呼伦贝尔牧区的鄂温克人因长期生活于以蒙古语为主的社会语言环境中而出现与蒙古语语音相近的一些语音特点；生活在东北汉语为主的社会语言环境中的鄂伦春语和赫哲语内同样拥有了与东北汉语方言相关的一些语音现象，等等。尽管清代满语及满通古斯诸语语音系统受其不同语言环境和不同民族语言的不同程度的影响，但还是很大程度上保留了有史以来传承的母语语音特点。

第十三课　清代满语与满通古斯语族语言语音及词汇关系

另外，我们将满通古斯语族语言同清代满语元音进行比较时，还发现鄂温克语和鄂伦春语内，均有同短元音相匹配的长元音现象，赫哲语里也有一些长元音，而在清代满语和锡伯语里却很少见到使用长元音的实例。与此语音现象相反，在清代满语和锡伯语包括赫哲语中，却出现极其丰富的复元音。反过来讲，鄂温克语和鄂伦春语内却很少使用复元音，而长元音却有一定出现率。

2. 元音和谐规律

就如上面的分析和讨论，历史上的清代满语及满通古斯语族语言均有相当严格的元音和谐现象及其和谐规律。不过，受外来语言影响或者说自身发展需要，使他们的语言一直固守的严格意义上的元音和谐规律，不断被弱化而越来越模糊不清，甚至出现阳性元音和阴性元音同时使用于某一个具体词的实例。尤其是，那些原来的多音节词或长音节词，因词中元音或辅音甚至是某一个音节的脱落或省略，出现单音节或双音节及短音节词现象，给元音和谐规律带来一定负面影响。还如，由阳性元音和阴性元音构成的汉语借词派生的新词术语中，同样出现阳性元音和阴性元音同时使用现象。尽管如此，我们可以从现已掌握的第一手资料中，还是能够分析出清代满语及满通古斯语族语言内存在的相对微弱而不十分严谨的元音和谐现象。而且，不同语言中的元音和谐现象间还存在一些区别性特征。参见表 13-2。

表 13-2　　　　清代满语与满通古斯语族元音和谐现象表

性别＼语种	清代满语	锡伯语	赫哲语	鄂温克语	鄂伦春语
阳 性 元 音	a、o	a、ē、o、œ	a、o、y（œ）	a、o、u	a、o、u
阴 性 元 音	e	e	e	e、ɵ、ʉ	e、ɵ、ʉ
中 性 元 音	i、u、ū	i、u、y	i、ē	i、ē	i、ē

从表 13-2 可以了解到：(1) 阳性元音，清代满语中只有 a 和 o,

鄂温克语及鄂伦春语有 a、o、u 三个，而在锡伯语与赫哲语里则有四个；（2）阴性元音，清代满语及锡伯语和赫哲语只有 e 一个，鄂温克语及鄂伦春语中有 e、ɵ、ʉ 三个；（3）中性元音，在清代满语中有 i、u、ū 三个，锡伯语内有 i、u、y 三个，而鄂温克语、鄂伦春语和赫哲语只有元音 i 和 ē 两个。从其元音和谐现象及规律看，清代满语同锡伯语比较接近，而鄂温克语和鄂伦春语的元音和谐现象和规律完全一致，赫哲语的元音和谐现象及其规律则处在这两对语言中间。不过，对于清代满语元音和谐现象和规律的分析方面存在一些分歧。由清代传承的满语口语因进入严重濒危状态而已经基本失去元音和谐规律，同时已进入严重濒危的赫哲语内，元音和谐规律也是变得十分模糊。相比之下，元音和谐规律在鄂温克语和鄂伦春语里保持得比较好。不论怎么说，包括清代满语和满通古斯语族语言在内，元音和谐规律是早期十分重要的语音现象。该语音现象的弱化或退化，同语言本身所处的濒危或严重濒危状态有其必然的内在联系。换言之，满语在内的满通古斯语族语言越濒危，其元音和谐规律变得越模糊不清。

3. 辅音系统

清代满语在内的满通古斯语族语言有其相当复杂的辅音结构系统。尤其是，清代满语的辅音系统十分复杂，甚至出现将非音位功能的音素放入辅音系统之现象。这使清代满语书面语辅音系统，变得不严谨而十分复杂，也直接影响到由清代满语书面语创制而来的锡伯文及锡伯语口语的辅音系统。特别是，满语口语辅音系统变得非常复杂。参见表 13-3。

表 13-3　　　　　　清代满语及满通古斯语族语言的辅音音素分布

序号	辅音音素	清代满语	锡伯语	鄂温克语	鄂伦春语	赫哲语
1	b	★	★	★	★	★
2	p	★	★	★	★	★
3	m	★	★	★	★	★

第十三课 清代满语与满通古斯语族语言语音及词汇关系

续表

序号	辅音音素	清代满语	锡伯语	鄂温克语	鄂伦春语	赫哲语
4	f（v）	★	★			★
5	d	★	★	★	★	★
6	t	★	★	★	★	★
7	n（ȵ）	★	★	★	★	★
8	l	★	★	★	★	★
9	r（ʐ）	★	★	★	★	★
10	s	★	★	★	★	★
11	dʒ（dz、dʑ、dʐ）	★	★	★	★	★
12	tʃ（ts、tʂ、tɕ）	★	★	★	★	★
13	ʃ（ɕ、ʂ）	★	★	★	★	★
14	g（ɢ）	★	★		★	★
15	k（q）	★	★	★	★	★
16	h（x、χ）	★	★	★	★	★
17	ŋ	★	★	★	★	★
18	w	★	★	★	★	★
19	j	★	★	★	★	★

清代满语及满通古斯语族语言里辅音系统最为复杂，作为满语书面语影响最深的锡伯语辅音系统，却同满语辅音保持着相当鲜明的一致性。后来，新疆的锡伯族语言又受哈萨克语和维吾尔语等突厥语族语言影响，使其原有的一些辅音音位出现变音现象，甚至有的变音辅音向音位化方向发展。鄂伦春语和赫哲语的辅音系统之复杂程度基本一致，相对而言，鄂温克语的辅音系统，比其他几个语言的辅音要简单一些。另外，从以上表格所展示的辅音使用情况来看，像 b[p]、p[p']、m[m]、d[t]、t[t']、n[n, ȵ]、l[l]、r[r、ʐ]、s[s]、g[k、ɢ]、k[k'、q']、h[χ、x]、ŋ[ŋ]、dʒ[dʒ、dz、dʑ、dʐ]、tʃ[tʃ、ts、tʂ、tɕ]、ʃ[ʃ、ɕ、ʂ]、w[w]、j[j] 等辅音在清代满语及满通古斯语族语言里均被使用，由此我们假

151

定这些辅音或许是满通古斯语族语言固有音素。需要指出的是，辅音 b、p、d、t、g、k、h、ʤ、ʧ是属于国际音标p、p'、t、t'、k、k'、x、ʧ、ʧ'的标音形式。这是因为充分考虑到，辅音 p'、t'、k'、ʧ' 中的送气符号"'"在印刷时比较麻烦，同时也会给教学和使用带来诸多不便。因此，就取消了送气辅音中表示送气的符号"'"，还将取消送气符号"'"的清塞音 p 由不送气浊塞音 b 来替换。再说，包括清代满语在内的满通古斯语族语言，均没有浊辅音 b、d、g、ʤ，只有不送气清辅音 p、t、k、ʧ 及送气清辅音 p'、t'、k'、ʧ' 等。那么，取消了清辅音的送气符号"'"以后，就会出现对于这些清塞音和清塞擦音间存在的送气和不送气现象无法区别的问题，进而引起教学、学习、使用方面的极大混乱。为了避免这一现象的出现，用国际音标中的不送气浊辅音 b、d、g、ʤ 取代了不送气的清辅音 p、t、k、ʧ。同时，使用了取消送气清辅音 p'、t'、k'、ʧ' 之送气符号"'"后的 p、t、k、ʧ 等。刚才阐述的这些清浊塞音和塞擦音的相互替代式使用形式，最后在清代满语在内的满通古斯语族语言内形成不送气的 b、d、g、ʤ 及送气的 p、t、k、ʧ 两套标音符号系统。

如同表 13-3 的括号所示，（1）辅音 f 在满语和锡伯语里出现 v 音变，甚至在锡伯语里被认为是一种相对独立的辅音音位。（2）辅音 n 在赫哲语中发生 ɲ 音变，且只有在元音 i 或 ē 前被发音为 ɲ 音，其他元音前均发作 n。我们在过去的研究中，保留了由 n 演变而来并使用于特定元音前的 ɲ 音。（3）辅音 ʤ、ʧ、ʃ 在满语和锡伯语内出现 dẓ、tʂ、ʂ 以及 ʥ、tɕ、ɕ 或 dz、ts 等音变，甚至认为满语和锡伯语均有 ʤ、ʧ、ʃ 和 dẓ、tʂ、ʂ 两套清塞擦音。然而，它们均在不同或特定语音环境和条件下使用。（4）辅音 g、k 在满语和锡伯语中有 ɢ、q 等音变现象。（5）辅音 r 在满语和锡伯语的借词里，有发作 ẓ 音的实例。（6）辅音 h 事实上是鄂温克语辅音 χ 的标音形式，同时辅音 h 包括清代满语在内的满通古斯语族语言内均有 χ 与 x 的变音现象。以上所说，包括清代满语在内的满通古斯语族语言的辅音是一个极其复杂的语音系统，且有不同程度的音变形式。在过

第十三课　清代满语与满通古斯语族语言语音及词汇关系

去的研究中,许多专家学者从严式语音学、严式记音法、严式音位学理论视角,将同一个辅音在不同语音环境和条件下出现的相对独立性的辅音变体均划分为不同辅音。导致包括清代满语在内的满通古斯语族语言的辅音越来越多,辅音系统变得越来越复杂。甚至由清代传承的严重濒危满语口语语音和锡伯语口语语音的辅音有 30 到 36 个之多,把许多音变形式都归纳为有独立性发音部位和发音形式的辅音,最终使人难以清楚地辨别哪些是属于原有辅音和哪些是属于后来的变音现象等,从而给这些语言的语音分析讨论营造极其复杂的研究环境。为此,我们在这里用宽式语音学、宽式记音法、宽式音位学理论,将同一个辅音在不同语音环境和条件下出现的音变形式均划归同一个辅音,包括哪些所谓相对独立的音变形式都归类为同一个辅音。

　　清代满语及满通古斯语族语言内,除了以上谈到的单辅音之外,还有 bb、pp、mm、dd、tt、nn、ll 等辅音重叠使用现象,以及有 ld、lt、nt、mp、rk、sh、ŋg 等复辅音。而且,重叠辅音主要出现于鄂温克语和鄂伦春语的词中,词首和词尾一般不出现。重叠使用辅音现象,在满语、锡伯语、赫哲语内很少出现。复辅音现象在锡伯语里出现得最多,同时在鄂温克语和赫哲语内也有一定使用率。相对而言,鄂伦春语和满语里,复辅音出现得较少。而清代满语在内的满通古斯语族语言的复辅音,几乎不能使用于词首,只出现于词中或词尾,词中音节末有一定出现率。

4. 音节结构系统

　　清代满语及满通古斯语族语言的音节,要以元音为核心构成。一般情况下,一个词内有几个元音就应该划分为几个音节。清代满语及满通古斯语族语言里主要有 V、VC、VCC、CV、CVC、CVCC、CVCCC、VCCC（V 表示单元音、长元音、复元音；C 表示单辅音）8 种类型的音节结构。这些音节在清代满语及满通古斯语族语言中的分类情况参见表 13-4。

表 13-4　　　　　　清代满语及满通古斯语族音节分布情况

音节类型 语种	V	VC	VCC	CV	CVC	CVCC	CVCCC	VCCC
清代满语	★	★	★	★	★			
锡伯语	★	★	★	★	★	★	★	★
赫哲语	★	★	★	★	★	★		
鄂温克语	★	★	★	★	★	★		
鄂伦春语	★	★	★	★	★	★		

以上 8 种类型的音节里,像 V、CV、VC、CVC 4 种类型音节出现于清代满语及满通古斯语族语言,并有很高的使用率。CVCC 结构类型的音节用于清代满语之外满通古斯语族语言,但使用率不高。像 CVCCC 或 VCCC 2 种类型的音节结构属于极其特殊的实例,且主要使用于锡伯语口语,其使用率也很低。另外,由元音开头的 V、VC、VCC、VCCC 4 种结构类型的音节在清代满语及满通古斯语族语言的词首使用率最高,由辅音开头的 CV、CVC、CVCC、CVCCC 4 种类型的音节结构在词的任何部位都可以出现。

5. 重音结构特征

清代满语及满通古斯语族语言均有词重音现象,而且重音一般都落在词中某一个元音音素上面,有重音现象的元音在音强和音高方面都表现得比较突出。根据我们掌握的资料,锡伯语、赫哲语、鄂温克语、鄂伦春语的词重音几乎都落在词的第一音节元音上,清代满语的词重音要落在词的第二音节元音。不过,词的第二音节的元音是长元音的情况下,像锡伯语、赫哲语、鄂温克语、鄂伦春语的词重音也会转移到词的第二音节的长元音之上来。另外,表示命令或祈求等语气时,清代满语及满通古斯语族语言的词重音基本上要落在词末音节的元音上面。

第十三课　清代满语与满通古斯语族语言语音及词汇关系

二　清代满语同满通古斯语族语言词汇关系

资料显示，清代满语与满通古斯语族语言里属于同根同源关系的基本词汇约占 80%以上。而那些不属于同根同源关系的词汇是，彼此分离各自进入不同的社会语言环境后，从其他语言借入的新词术语等有关。也有一些是，在特定地域和自然环境，或在不同的社会生活及生产方式的背景下，新创的地名、人名和生产生活用语或宗教信仰词语等。不过，在满通古斯语族语言早期词汇里，表示温寒带地区的植物、动物、自然现象、生产生活内容，以及东北地区山河湖泊等方面的同根同源词占有相当大的比例。具体而言，清代满语和锡伯语内有关温寒带地区的农耕生产生活方面的同根同源词最多，鄂温克语的基本词汇里有关温寒带地区的畜牧业生产生活以及农业生产生活方面的词语较突出，鄂伦春语和赫哲语的基本词汇中有关狩猎、渔猎以及林业生产生活或林区农耕生产方面的同根同源词比较丰富。作为同语族语言，清代满语及满通古斯语族语言早期同根同源词中，占比相当高的是与自然现象、自然物有相当数量的同源词。参见表 13-5。

表 13-5　　　　　　清代满语及满通古斯语族语言同源词示例

序号	词义	清代满语	锡伯语	赫哲语	鄂温克语	鄂伦春语
1	天空	abka	afka	abuka/abka/abga	bug	buga
2	太阳	ʃun(ṣun)	sun(ṣun)	ʃiwun/ʃiun/ʃun	ʃiwun/ʃiwen	ʃiwun/ʃiun
3	月亮	bia	bia	bija	bēē/bēēga	bēēga
4	星星	usiha	uʃha	uʃahta	oʃitta	ooʃikta
5	风	udun	udun	edin	edin	ediŋ
6	雪	nimaŋgi	nimaŋ	nimana	imanda	imana
7	水	muko	muku	muke	muu	muu

续表

序号	词义	清代满语	锡伯语	赫哲语	鄂温克语	鄂伦春语
8	火	tua	tua	tua/to	tog	togo
9	木	moo	mo	moo	moo	mo
10	草	orho	orhu	orootto	orokto	orokto
11	花	ilha	ilha	ilga	ilga	igga
12	河	bira	bira	bira	bira	bira
13	南	ʥulergi	ʥulhi	ʥylehi	ʥɯleʃihi	ʥɯletʃihi
14	年	aini	ani	ani	anē	aŋŋani
15	秋天	bolori	bolori	bolorin	bol	bolo
16	天	ineŋi	ineŋ	iniŋ	inig	iniji
17	虎	tasha	tash	tasug	tasaki	tasha
18	黑熊	moʥihijan	moʥihian	moʥihēn	moʥikin	moʥihin
19	猴	monio	monio	monio	monio	monio(monȵo)
20	身体	bej	bei	beje	bej	beje
21	嘴	aŋga/aŋa	aŋ	amma	amŋa	amŋa
22	手	gal	gal	nala	naalla	ŋaala
23	父亲	ama	ame	ame	amin	amiŋ
24	镜子	buleku	buluŋku	bulku	bilɯku	bilikɯ
25	我	bi	bi	bi	bi	bi
26	一	emu	emu	emun	emɯn	emɯn
27	黄的	suwajan/suajan	sujan	sujan	sujan	sujan
28	老的	sakda	sahd	sagedi	sagdi	saddē
29	认识	taka-	taqe-	taga-	taag-	taag-
30	吃	ʥe-	ʥi-	ʥefɯ-	ʥebte-	ʥit-

除了表 13-5 提到的在语音结构或语义方面比较一致的同源词之外，还有许多有曲折的语音对应关系或语义结构方面比较复杂的同源词，我们通过语音对应关系和语义结构的深层次分析，均能揭示其词

第十三课　清代满语与满通古斯语族语言语音及词汇关系

语的同源性。根据我们对阿尔泰语系语言词汇的比较研究，发现清代满语及满通古斯语族语言同蒙古语族语言间的同源词，比清代满语及满通古斯语族语言跟突厥语族语言间的同源词要多。而且，所涉及的词汇领域也十分广泛。

清代满语及满通古斯语族语言的词汇系统里也有相当数量的同义词、同音词、多义词、反义词、近义词、谐音词等，也有不少来自汉语、蒙古语、俄语、突厥语族语言以及现代英语的借词。具体而言，在清代满语里来自汉语和蒙古语的农业用语、宫廷用语、政治术语以及借自蒙古语的畜牧业名词术语等比较多；锡伯语里有一定数量的蒙古语和突厥语族语言的借词；鄂伦春语和赫哲语里主要有汉语借词；鄂温克语里的借词来自汉语农耕生产生活用语，蒙古语的畜牧业生产用语，以及借自达斡尔语、俄语的一些借词。此外，在清代满语及满通古斯语族语言的借词里，还有不少译义词或半译音译义词等。清代满语及满通古斯语族语言中，借入的这些借词，进一步补充和丰富了这些语言的词汇系统。尤其是，那些数量可观的现代新词术语的借入，为清代满语及满通古斯语族语言的使用和发展注入了新的活力。

清代满语及满通古斯语族语言主要用派生构词法和合成构词法的手段构造新词。其中，最为常见的是用派生构词法派生出的新词术语。例如：

清代满语：　uʃin"田"　＋　-ʃi　＝　uʃi（n）ʃi"农夫"
锡　伯　语：　utu-"穿"　＋　-ke　＝　utuke"衣服"
赫　哲　语：　lele-"怕"　＋　-ki　＝　leleki"狼"
鄂伦春语：　buu-"给"　＋　-rgi　＝　buurgi-"退回"
鄂温克语：　ana-"推"　＋　-hu　＝　anahu"钥匙"

清代满语及满通古斯语族语言里，除了从名词和动词派生名词和动词之外，在名词或动词词根或词干后面接缀相关构词成分，还可以派生出副词或虚词。同样在副词或虚词词干后面接缀构词成分,还能派生出新的名词术语或动词。相比之下,在名词或动词里,被派生的实例有很多。另外,清代满语及满通古斯语族语言的词汇系统中,也有不少利用合成构词手段构成的新词术语。

第十四课
清代满语与满通古斯语族语言语法关系

  这一课主要讲清代满语及满通古斯语间的语法关系，包括句子在内的语法结构系统内出现的具有历史性、传统性、代表性的共性化特征。这种共性化特征，我们可以认为是同根同源的产物。往往是很难产生变化的基础而基本型语法现象，即使产生变化也要经历极其缓慢的发展演变过程。不过，也不能否定在特殊历史时期、特定社会环境或人类社会的历史性、革命性、制度性变革，也会对某种语言的传统语法带来很大影响，从而出现不同程度的变化。例如，特定历史时期，外来移民的不断大量迁入，很可能改变该地区原有的某一语言社会，甚至是使该社会原有的交流语言受到全范围冲击而很快进入濒危或严重濒危状态，进而在语法结构关系方面会出现一系列变化或变异。而且，用新出现的社会用语语法结构替代本民族语语法系统的现象。也有经过较长一段时间，或者说，在外来语言间接或直接的影响下，从外来语言循序渐进地吸收新词术语或词汇系统，同时一定程度上保留本民族语语法结构系统的现象。但是，我们不得不承认，批量接受外来词汇的某种语言，其语法结构内部也会出现不同程度的演变。

一 清代满语和满通古斯语族语言间的形态变化语法关系

作为同语族语言，清代满语及满通古斯语族语言间均有名词、代词、形容词、数词、动词、副词、后置词、助词、连词、语气词、感叹词、拟声拟态词等。名词分一般名词、人物名词、方位名词、时间名词、专业名词等；代词分人称代词、反身代词、指示代词、疑问代词、确定代词、不定代词；形容词分性质形容词和关系形容词；数词一般分为基数词、序数词、集合数词、平均数词、概述词、分数词、限定数词、重复数词等；动词主要分基本动词、形动词、副动词、助动词等；副词分程度副词、时间副词、行为副词、范围副词、处所副词、数量副词、语气副词等；后置词分为时间后置词、方向后置词、方式后置词、目的后置词、原因后置词、假定后置词、让步后置词、比较后置词、限定后置词、程度后置词等；助词一般分为泛指助词、疑问助词、愿望助词、强调助词、判断助词等；连词分联合连词、条件连词、选择连词、转折连词、假定连词、让步连词、促使连词、模糊连词等；语气词分疑问语气词、肯定语气词、否定语气词、促使语气词、给予语气词、应许语气词、招呼语气词等；感叹词分允许感叹词、嘱咐感叹词、惊疑感叹词、藐视感叹词、惋惜感叹词、招呼感叹词、哀痛感叹词、赞赏感叹词、禁止感叹词等；拟声拟态词主要分拟声词和拟态词两种。

根据清代满语跟满通古斯语族语言中使用的这些词的词义及其功能和作用，可以把它们分别归类为实词类词和虚词类词两大词汇范畴。其中，实词类词内包括名词、代词、形容词、数词、动词、副词等，虚词类词内包括后置词、助词、连词、语气词、感叹词、拟声拟态词等。而且，清代满语及满通古斯语族语言的虚词类词之中，有一定数量的由实词类词派生而来的实例，甚至有的虚词是属于实词类词

第十四课　清代满语与满通古斯语族语言语法关系

的词义被虚化的结果。所以，被虚化了的这些词或后来创造的虚词，在清代满语及满通古斯语族语言的句子结构里往往处于次要位置，句子里占主要位置或者说发挥重要作用的一般都是实词类词。另外，在实词类词范畴，还可以依据语法形态变化特征及其在语句中发挥的语法功能，进一步分为名词类词和动词类词两大部分。所谓名词类词，是指名词、代词、形容词、数词等，动词类词是指基本动词、形动词、副动词、助动词等。

清代满语的各种语法关系，也跟满通古斯语族语言一样，一般都用在名词类词或动词类词的词根或词干后面，以各种语法概念的形态变化语法词缀来表现出来。例如，名词类词就有复数、格、领属、级形态变化系统。这些形态变化语法现象，虽然在满通古斯语族语言里，同清代满语一样保持了许多固有的、传统的和代表性的表现形式及其所承载的语法概念，但由于相互分离的历史年代过长，彼此的语言中却出现个性化特征，且主要体现在其语音结构或某种语法关系的表达方面。

以下，首先用不同的表格形式分别展示，清代满语及满通古斯语族语言名词类词和动词类词的形态变化特征及其词缀系统，其次对于相关词缀的使用原理及其所表现出的语法概念等进行必要分析和阐述。

表 14-1　清代满语跟满通古斯语族语言间的复数形态变化语法关系

序号	复数词缀	清代满语	锡伯语	赫哲语	鄂伦春语	鄂温克语
1	sal/sel…			★	★	★
2	sar/ser			★		
3	ʃeŋ					★
4	sa/se…	★	★			
5	s	★	★			
6	tʃẽŋ/tʃeŋ				★	★
7	hal/hel			★	★	
8	ka、ke			★	★	

续表

序号	复数词缀	清代满语	锡伯语	赫哲语	鄂伦春语	鄂温克语
9	l				★	★
10	r	★		★	★	★
11	ri	★	★			
12	ta/te	★				
13	tes		★			
14	nar/ner…			★	★	★
15	nēl				★	★

从表 14-1 展示的情况完全可以看出，在满通古斯语族名词类词的复数形态变化里，其语法形态变化语法词缀最复杂，表现形式最为丰富的就是鄂温克语和鄂伦春语，其次是赫哲语，再就是清代满语和锡伯语。清代满语及满通古斯语族语言的这些复数形态变化语法词缀，根据元音和谐原理接缀于单数概念的名词、代词、数词以及有关形容词和副词等的词根或词干后面，表示事物的复数概念。例如，满语：deuse（deu"弟弟"-se）"弟弟们"；锡伯语：haheʤis（haheʤi"孩子"-s）"孩子们"；赫哲语：sagdiri（sagdi"老人"-ri）"老人们"；鄂伦春语：etʃekel（etʃeke"叔叔"-l）"叔叔们"；鄂温克语：ahiŋnar（ahiŋ"哥哥"-nar）"哥哥们"等。

表 14-2　清代满语跟满通古斯语族语言格形态变化语法现象的异同关系

序号	格词缀	清代满语	锡伯语	赫哲语	鄂伦春语	鄂温克语
1	主格	无专用词缀，用名词类词的词根或词干形式表示				
2	领格	ni/i	ji/i	ni/ji	ni	ni
3	确定宾格	be	b/f	we/me	ba/be/wa/we…	ba/be/wa/we…
4	不确定宾格				ja/je/a/e…	ja/je/a/e…
5	位格	de	d	du	la/le/dula/dɨle	la/le/dula/dɨle
6	与格	de	d	du	du/dɨ	du/dɨ

第十四课 清代满语与满通古斯语族语言语法关系

续表

序号	格词缀	清代满语	锡伯语	赫哲语	鄂伦春语	鄂温克语
7	从格	tʃi	deri/diri	tiki	duki/dᴜki	duhi/dᴜhi/dihi
8	比格	tʃi	deri/diri	tiki	duki/dᴜki	thi
9	共同格					tē
10	所有格					tēēn
11	方面格				jiiʤi	giiʤi
12	方向格	de/tʃi	tʃi	tki/dule	thahi/thehi…	thahi/thehi…
13	定位格				li/dili	li/dili
14	造格	ni/i	je/mak	ʤi	ʤi	ʤi
15	有格				tʃi	ʃi
16	离格	tʃi	deri/diri	tiki	duki/dᴜki	dihi
17	所有格					tēēn
18	经格				li	li
19	限定格		nil			haŋ/heŋ/kaŋ/keŋ

　　表 14-2 里出现的格形态变化语法词缀，在清代满语及满通古斯语族语言名词类词的词根或词干后面均可以接缀，但在名词和代词后面的使用率最高。另外，清代满语及满通古斯语族语言的名词类词格形态变化语法范畴里，主格的语法概念要用名词类词词根或词干形式来表示，不需要任何形态变化语法词缀。清代满语及满通古斯语族语言里，鄂温克语的格形态变化语法词缀最为丰富，所表现出的语法概念也最为复杂。其次是，属于鄂伦春语的格形态变化与系统。相对而言，像锡伯语、清代满语、赫哲语的格形态变化语法词缀简单一些。而且，在这三个语学中像位格和与格、从格和比格及离格等，均用相同语音构成的语法词缀来表示。区分它们表达的不同语法意义时，主要看这些格词缀在句子中的使用情况、使用环境、使用目的以及所要表示的具体语法概念等。由同一个语音要素构成的格形态变化语法词缀，在鄂温克语和鄂伦春语里也出现。因此，有的专家学者干脆把使用相同形态变化语法词缀的不同格语法概念放在一起讨论。例如，像清代满语的位格（de）和与格（de）就放入位与格或位格里一并讨论，

将从格（tʃi）和比格（tʃi）及离格（tʃi）等也归类为从比格或离比格范畴里一同分析。此外，用同样语音要素构成的语法词缀，表示不同格语法概念的现象在赫哲语、鄂伦春语里也能见到，但在鄂温克语里比较少见。还有必要提出的是，包括清代满语在内的锡伯语、赫哲语的格形态变化语法词缀中，依据元音和谐原理成双成对组合而成的实例比较少见。不过，通古斯诸语的鄂温克语和鄂伦春名词类词格形态变化语法词缀里，却用 12 个由不同语音结构形式的形态变化语法词缀来表示确定宾格和不确定宾格的语法概念。

表 14-3　清代满语跟满通古斯语族语言间的领属形态变化语法关系

序号	领属分类法			清代满语	锡伯语	赫哲语	鄂伦春语	鄂温克语
1	人称领属	单数	第一人称	无人称领属范畴	mini	mi	wi	bi, wi
2			第二人称		ʃini	ʃi	ʃi, ji, i	ʃi
3			第三人称		ni	ni	ni	niŋ
4		复数	第一人称		moni	mun/mu	muŋ/mʉŋ（排除式）/tir（包括式）	muŋ/mʉŋ（排除式）/ti（包括式）
5			第二人称		soni	sun/su	sun/sʉn	suŋ/sʉŋ
6			第三人称		ni	ni	nin/tin	niŋ/ʥiŋ
7	反身领属	单数人称		无反身领属范畴			wi	niwi
8		复数人称					wal/wel	niwal/niwel

从表 14-3 可以清楚地看出，清代满语已经失去曾经有过的领属形态变化语法词缀系统。也就是说，它已经完全失去用形态变化语法词缀去表示不同人称的语法手段，进而同汉语一样用不同人称代词来表示。那么，同清代满语相比较，满通古斯语族语言在锡伯、鄂温克语、鄂伦春语、赫哲语等语言内都较理想地传承了下来。不仅如此，

第十四课　清代满语与满通古斯语族语言语法关系

还保存了原有的人称领属和反身领属的两大分类，以及人称领属和反身领属系统内部的单数人称和复数人称两种分类关系，甚至包括人称领属的单数和复数范畴中的第一人称、第二人称、第三人称形态变化分类内容。作为领属形态变化语法现象，主要表示事物和不同人称之间产生的不同人的不同领属关系。例如：

锡伯语：　dumini（du"弟弟"-mini）"我的弟弟"
赫哲语：　ihanʃi（ihan"牛"-ʃi）"你的牛"
鄂伦春语：　ŋaalamun（ŋaala"手"-mun 排除式词缀）"我们的手"、ŋaalatir（ŋaala"手"-tir 包括式词缀）"咱们的手"
鄂温克语：　ʤʉʉniwi（ʤʉʉ"家"-niwi）"我自己的家"、honiŋniwal（honiŋ"羊"-niwal）"我们自己的羊"

以上例词中的锡伯语 -mini、赫哲语 -ʃi、鄂伦春语 -mun 和 -tir、鄂温克语 -niwi 与 -niwal 一样，分别表达了锡伯语的人称领属单数第一人称形态变化语法概念、赫哲语的人称领属单数第二人称形态变化语法概念、鄂伦春语的人称领属复数第一人称排除式形态变化语法概念及复数第一人称包括式形态变化语法概念、鄂温克语的反身领属单数人称和复数人称形态变化语法概念。

从表 14-3 还可以看出，不知清代满语里的人称领属语形态变化语法现象完全消失，根本找不到表示该语法概念的形态变化语法词缀的使用实例。而且，在锡伯语和赫哲语里，也只保存了人称领属的形态变化语法词缀及其使用功能，同时反身领属形态变化语法词缀及其使用功能也复存在。具体而言，人称领属形态变化语法现象在鄂温克语和鄂伦春语里被保存得较理想，甚至反身领属形态变化语法现象也都被保存了下来。特别是，在鄂温克语和鄂伦春语中，至今保留人称领属复数第一人称的包括式和排除式极其深层的语法表现形式。再说，在鄂温克语和鄂伦春语内，人称领属形态变化语法词缀和反身领属形态变化语法词缀有其很高的使用率。

表 14-4　　清代满语跟满通古斯语族语言间的级形态变化语法关系

序号	级分类法	清代满语	锡伯语	赫哲语	鄂伦春语	鄂温克语
1	一般级	无特定词缀，用名词类词的词根或词干形式表示				
2	次低级	saka/seke	ʃike/ʃiku	tʃaka/tʃeke	tʃara/tʃere	sala/sele
3	低级	kan/ken	ken/kun	hen/hun	kan/ken	haŋ/heŋ
4	最低级	sakakan sekeken	ʃikeken ʃikukun	tʃakakan tʃekeken	tʃarakan tʃereken	salahaŋ seleheŋ
5	次高级	ŋga/ŋge	kendi/kundi	rgan/rgen	rkan/rken	ggaŋ/ggeŋ
6	高级	umesi	umeʃi	mura	mani	mandi
7	最高级	dʒatʃi	ersun	tʃiken	miin	miiŋ

　　清代满语在内的满通古斯语族语言的名词类词均有级形态变化语法现象。调研资料表明，清代满语及满通古斯语族语言的级形态变化语法现象，均用约定俗成的形态变化语法词缀或特定规则来表现。其中，更多的时候是，用形容词等名词类词词根或词干后面接缀不同形态变化语法词缀的手段，表示事物的不同级别或程度的性质、功能、作用、特征等。就像表 14-4 所示，清代满语及满通古斯语族语言名词类词级形态变化语法范畴内，分为一般级、次低级、低级、最低级、次高级、高级、最高级 7 个层级。而且，一般级使用形容词等的词根或词干形式表示，不使用任何形态变化语法词缀。例如，清代满语 nemjen "柔软的"、锡伯语 netʃin "平的"、赫哲语 nemne "细的"、鄂伦春语 dirama "厚的"、鄂温克语 aja "好的"等。然而，包括清代满语在内的满通古斯语族语言名词类词级形态变化语法范畴内，次低级、低级、最高级、次高级等的语法概念，都要使用约定俗成的形态变化语法词缀来表示。而且，形态变化语法词缀几乎都由元音和谐原理构成。因此，具体使用时，必须按照元音和谐原理，接缀于由不同性质的元音构成的形容词等名词类词词根或词干后面。例如：

　　清代满语：nemjenseke（nemejen "柔软的"-seke 次低级形态变化语法词缀）"略柔软的"

第十四课 清代满语与满通古斯语族语言语法关系

锡伯语：netʃinken（netʃin "略微平的" -ken 低级形态变化语法词缀）"平的"

赫哲语：nemnesekeken（nemne "细的" -sekeken 最低级形态变化语法词缀）"略微细一点的"

鄂伦春语：diramargen（dirama "厚的" -rgen 次高级形态变化语法词缀）"厚厚的"

鄂温克语：ajahaŋ（aja "好的" -haŋ 低级形态变化语法词缀）

不过，清代满语在内的满通古斯语族语言名词类词级形态变化语法范畴中，高级语法概念有两种表现形式，其一是用重复使用形容词等的第一音节来表示，其二是用表格中展示的程度副词来表示。例如，鄂温克语（1）aw aja，（2）mandi aja。这两种说法均表示"很好的"意思。从例句中可以看出，用重复使用形容词等的第一音节之手段表示级形态变化语法现象的高级语法概念时，被重复使用的形容词等名词类词的第一音节尾音要产生 w 音变，或出现 m 及 b 音变。另外，该语族语言的级形态变化语法范畴的最高级语法概念，几乎都用程度副词来表示。例如：

清代满语：ʤatʃi nemejen "最柔软的"
锡伯语：ersun netʃin "最平的"
赫哲语：tʃiken nemne "最细的"
鄂伦春语：miin dirama "最厚的"
鄂温克语：miiŋ aja "最好的"

以上短句里，像清代满语的 ʤatʃi、锡伯语的 ersun、赫哲语的 tʃiken、鄂伦春语的 miin、鄂温克语的 miiŋ 等均属于表示"最"之意的程度副词，而清代满语的 nemejen、锡伯语的 netʃin、赫哲语的 nemne、鄂伦春语的 dirama、鄂温克语的 aja 等都是一般级形容词、但它们同前置的程度副词相结合时，就会表示"最柔软的""最平的"

"最细的""最厚的""最好的"等最高级结构类型的形容词。

比较而言,清代满语的级形态变化现象及其表现形式同锡伯语相对接近。然而,要比通古斯诸语的级形态变化现象显得简单。特别是,鄂温克语和鄂伦春语的名词类词级形态变化语法词缀要比清代满语复杂得多。例如,鄂温克语里表示最低级形态变化语法概念时,就要使用 11 套具有元音和谐原理及词首辅音交替规则的 44 个形态变化语法词缀。这充分证明清代满语及满通古斯语族语言,对于事物的性质、特征、功能、作用等的等级划分中存在的极其细腻而系统的表达形式。

表 14-5　　清代满语跟满通古斯语族语言间的态形态变化语法关系

序号	态分类法	清代满语	锡伯语	赫哲语	鄂伦春语	鄂温克语
1	主动态	无特定词缀,用动词词根或词干形式表示				
2	被动态	bu	fu/fe	wu/we	wu/wʉ/w	wu/wʉ
3	使动态	bu	fu/fe	ku/wu/we	kan/ken/kon/kɵn	haŋ/heŋ/hoŋ/hɵŋ
4	互动态	ndu	ldʒi/ndu	ldʒi/matʃi/metʃi	ldi/maat/meet	ldi/maaʃi/meeʃi
5	共动态	tʃa/tʃe	tʃe	tʃi/ti	tē	ttē

如表 14-5 所示,清代满语及满通古斯语族语言动词类词的态形态变化语法范畴内,主要分主动态、被动态、使动态、互动态、共动态 5 种。其中,主动态用动词类词的词根或词干形式表示,其他 4 种态语法概念均用约定俗成的形态变化语法词缀来表现。例如,以清代满语和鄂温克语为例:

　　(1) 主动态　⇨　清代满语 tanta-"打"　　鄂温克语 ana-"推"

　　(2) 被动态　⇨　清代满语 tantabu-"被打"　　鄂温克语 anawu-"被推"

　　(3) 使动态　⇨　清代满语 tantabu-"使打"　　鄂温克语

第十四课　清代满语与满通古斯语族语言语法关系

anahaŋ-"使推"

（4）互动态　⇨　清代满语 tantandu-"互相打"　鄂温克语 analdi-"互相推"

（5）共动态　⇨　清代满语 tantatʃa-"一起打"　鄂温克语 anattē-"一起推"

我们从表 14-5 还可以看出，清代满语在内的满通古斯语族语言动词类词的态形态变化语法词缀里，多数是在构成过程中遵循了元音和谐原理。另外，同清代满语相比，通古斯诸语的鄂温克语和鄂伦春语动词类词的态形态变化语法结构系统比较复杂。其中，有的态形态变化语法概念，要用两套具有元音和谐原理的形态变化语法词缀来表示。

表 14-6　　清代满语跟满通古斯语族语言间的体形态变化语法关系

序号	体分类法	清代满语	锡伯语	赫哲语	鄂伦春语	鄂温克语
1	开始体		mētʃi	du	l	
2	进行体	-m+bi	-me+bi	-m+biren	-m+bitʃin	-m+biʃin
3	未进行体		ktʃi	gdi	ddi	
4	中断体			ʥigdi	ʥiddi	
5	一次体		mak	maki	mki	mki
6	多次体	ta/te	t/ti	t/ti	t/ti	t/ti
7	反复体				guutʃ/gɯɯtʃ	
8	执行体	na/ne	ne/n	na/ne/n	na/ne	na/ne
9	延续体	-fi+bi	-mek+dudun	tal/tel	tal/tel	
10	持续体	hai/hei	gei	ge	ge	
11	假充体			kaʃi/keʃi	haaʃi/heeʃi	
12	愿望体			kʃa/kʃe	kki	
13	完成体	-ha+bihe	-h+bihei	-hei+bihei	tʃtʃi	tʃtʃi
14	未完成体			ʥi	ʥi	ʥi

清代满语及满通古斯语族语言动词类词体形态变化语法范畴内，共有开始体、进行体、未进行体、中断体、一次体、多次体、反复体、

执行体、延续体、持续体、假充体、愿望体、完成体、未完成体14种。以鄂温克语动词 ana-"推"为例，做进一步具体解释的话，（1）进行体 ana-m biʃin "正在推"；（2）未进行体 ana-ddi "推的时候"；（3）中断体 ana-ʤiddi "推的当中"；（4）一次体 ana-mki "一推就"；（5）多次体 ana-t-raŋ "多次推"；（6）反复体 ana-guutʃ "反复推"；（7）执行体 ana-na-raŋ "去推"；（8）延续体 ana-tal "延续推"；（9）持续体 ana-ge- "持续推"；（10）假充体 ana-haaʃi- "假推"；（11）愿望体 ana-kki- "希望推"（12）完成体 ana-tʃtʃi- "推完"；（13）未完成体 ana-ʤi- "推着"等。

由表14-6可知，包括清代满语在内的满通古斯语族语言动词类词体形态变化语法范畴，在每一个语言中具体表现出的情况有所不同，在清代满语里只有进行体、多次体、执行体、延续体、持续体、完成体6种体形态变化现象；锡伯语内有开始体、进行体、一次体、多次体、执行体、延续体、持续体、完成体8种体形态变化现象；赫哲语中也有开始体、进行体、未进行体、一次体、多次体、执行体、完成体、未完成体8种体形态变化现象；鄂伦春语里有开始体、进行体、未进行体、中断体、一次体、多次体、执行体、延续体、持续体、假充体、愿望体、完成体、未完成体13种体形态变化现象；鄂温克语内却有进行体、未进行体、中断体、一次体、多次体、反复体、执行体、延续体、持续体、假充体、愿望体、完成体、未完成体13种体形态变化现象。而且，清代满语及满通古斯语族语言的动词类词体形态变化语法范畴里，几乎所有语法概念均用约定俗成的形态变化语法词缀来表示。因此，通古斯诸语的鄂温克语和鄂伦春语动词类词体形态变化现象及其表现形式，比清代满语在内的赫哲语和锡伯语动词类词体形态变化结构要复杂得多。

另外，清代满语及满通古斯语族语言动词类词体形态变化语法词缀内部，像进行体以及清代满语和锡伯语的延续体、完成体等的语法概念，要以特定形态变化语法词缀跟后面的助动词相配合手段表现出来。例如，以清代满语为例，进行体 tantam bi. "正在打"，延续体 tantafi bi. "继续打"，完成体 tantaha bihe. "打过了"等。

第十四课　清代满语与满通古斯语族语言语法关系

表 14-7　清代满语跟满通古斯语族语言间的陈述式形态变化语法关系

序号	体分类法			清代满语	锡伯语	赫哲语	鄂伦春语	鄂温克语
1	现在时	单数	第一人称	m	maha mahai mahan	jiw	raw/rəw	ʥimē
2			第二人称			jiʃi	ranē/renē	ʥindē
3			第三人称			jire	ran/ren	ʥiraŋ/ʥireŋ
4		复数	第一人称			jimu	ramun/remun	ʥimuŋ/ʥimʉŋ
5			第二人称			jisu	ran/ren	ʥitʃuŋ/ʥitʃʉŋ
6			第三人称			jin	ran/ren	ʥiraŋ/ʥireŋ
7	现在将来时	单数	第一人称	m/ ra/re	m	mi	m	mē
8			第二人称			ʃi	ni	ndē
9			第三人称			ran/ren	ra/re	raŋ/reŋ
10		复数	第一人称			wu	mun/mʉn	muŋ/mʉŋ
11			第二人称			su	tʃun/tʃʉn	tʃʃuŋ/tʃʃʉŋ
12			第三人称			ran/ren	ra/re/ran/ren	raŋ/reŋ
13	过去时	单数	第一人称	ha/he	ha/he hai/hei han/hen	heji	tʃaw/tʃew	su/sʉ
14			第二人称			heʃi	tʃaje/tʃeje	saʃi/seʃi
15			第三人称			heni	tʃa/tʃe	sa/se
16		复数	第一人称			hewu	tʃawun/tʃewun	samuŋ/semuŋ
17			第二人称			heso/hesu	tʃasun/tʃesun	sasuŋ/sesʉŋ
18			第三人称			heni	tʃa/tʃe	sa/se
19	将来时	单数	第一人称	m ra/re	m	ʥiji	ʥaw/ʥew	ʥigawi/ʥigewi
20			第二人称			ʥiʃi	ʥajē/ʥejē	ʥigaʃi/ʥigeʃi
21			第三人称			ʥini	ʥa/ʥe	ʥiga/ʥige
22		复数	第一人称			ʥiwu	ʥawun/ ʥewun	ʥigamuŋ ʥigemuŋ
23			第二人称			ʥisu	ʥasun/ʥesun	ʥigasuŋ ʥigesuŋ
24			第三人称			ʥini	ʥa/ʥe	ʥiga/ʥige

如表 14-7 所示，清代满语在内的满通古斯语族语言，虽然均有陈述式现在时、现在将来时、过去时、将来时形态变化语法范畴，但清代满语和锡伯语中却失去区别单数或复数及不同人称的功能和作用。清代满语和锡伯语里，现在将来时和将来时形态变化语法词缀演变为完全相同的语音结构形式。甚至在清代满语里，现在时有关形态变化语法词缀的语音现象，也演变为同现在将来时和将来时形态变化语法词缀完全相同的语音结构类型。那么，我们对于这些用语音结构相同的陈述式形态变化语法词缀，所要表达的不同语法概念进行区别性时，要严格按照句子表示的具体内容来辨别。例如，以清代满语为例：

（1）现　在　时　　　bi　ete　gene-m.　"我现在去。"
　　　　　　　　　　　我　现在　去
（2）将　来　时　　　bi　amargide　gene-m.　"我将来去。"
　　　　　　　　　　　我　　将来　　　去
（3）现在将来时　　　bi　ete　embitʃi　amargide　gene-m.
　　　　　　　　　　　我　现在　或　　将来　　　去
　　　　　　　　　　"我现在或将来去。"

锡伯语动词将来时和现在将来时形态变化语法词缀 m 表现出的不同语法意义，同样也要根据句子表达的具体内容来判断，它是表示了现在时语法概念还是现在将来时语法概念的问题。

同清代满语相比较，通古斯诸语的赫哲语、鄂伦春语、鄂温克语均有十分系统而完整的动词类词陈述式形态变化语法词缀体系。其词缀内部，不仅有单数和复数的区别功能特征，还有不同人称的区分作用。以赫哲语为例：

（1）现在时
单数第一人称 ⇨ bi emejiw．"我现在来。"
单数第二人称 ⇨ ʃi emejiʃi．"你现在来。"

第十四课　清代满语与满通古斯语族语言语法关系

单数第三人称 ⇨ niani emejire. "他现在来。"
复数第一人称 ⇨ bu emejimu. "我们现在来。"
复数第二人称 ⇨ su emejisu. "你们现在来。"
复数第三人称 ⇨ tigurun emejin. "他们现在来。"

（2）现在将来时
单数第一人称 ⇨ bi ememi. "我现在或将来要来。"
单数第二人称 ⇨ ʃi emeʃi. "你现在或将来要来。"
单数第三人称 ⇨ niani emeren. "他现在或将来要来。"
复数第一人称 ⇨ bu emewu. "我们现在或将来要来。"
复数第二人称 ⇨ su emesu. "你们现在或将来要来。"
复数第三人称 ⇨ tigurun emeren. "他们现在或将来要来。"

（3）过去时
单数第一人称 ⇨ bi emeheji. "我去过。"
单数第二人称 ⇨ ʃi emeheʃi. "你去过。"
单数第三人称 ⇨ niani emeheni. "他去过。"
复数第一人称 ⇨ bu emehewu. "我们去过。"
复数第二人称 ⇨ su emexesu. "你们去过。"
复数第三人称 ⇨ tigurun emeheni. "他们去过。"

（4）将来时
单数第一人称 ⇨ bi emeʤiji. "我将来去。"
单数第二人称 ⇨ ʃi emeʤiʃi. "你将来去。"
单数第三人称 ⇨ niani emeʤini. "他将来去。"
复数第一人称 ⇨ bu emeʤiwu. "我们将来去。"
复数第二人称 ⇨ su emeʤisu. "你们将来去。"
复数第三人称 ⇨ tigurun emeʤini. "他们将来去。"

从赫哲语以上短句实例可以看出，陈述式形态变化语法范畴的一些词缀，属于人称代词语法化以后以黏着形式接缀于动词类词词根或词干后面，充当陈述式不同人称形态变化语法词缀。另一些则属于人称代词语法化词缀，同其他形态变化语法词缀联合构成的产物。当然，有的人称代词，充当陈述式形态变化语法词缀时，要出现相关语音变化。不只是赫哲语如此，像通古斯诸语的鄂伦春语和鄂温克语动词陈述式语法范畴里，也有不少由人称代词演变而来的形态变化语法词缀。

比较而言，清代满语和锡伯语等满语支语言动词陈述式形态变化语法现象有了很大变化，不仅失去了区别单数和复数的语法功能，同时丢掉了第一人称、第二人称、第三人称的区别作用。由此，只成为分别表示现在时、现在将来时、过去时、将来时等不同时间概念的形态变化语法现象。与此相反，通古斯语支语言分别不同程度地保存着原来的、固有的、传统的动词类词陈述式极其复杂多变的形态变化语法现象和词缀系统。

表14-8 清代满语跟满通古斯语族语言间的命令式、祈求式、假定式形态变化语法关系

序号	体 分 类 法		清代满语	锡伯语	赫哲语	鄂伦春语	鄂温克语
1	命令式	单数 第一人称	kin	kin	rki	gar/ger	gar/ger
2		第二人称				k	h
3		第三人称				giŋ	giŋ
4		复数 第一人称				ktamu/ktemʉ	gatmu/getmʉ
5		第二人称				kaldu/keldʉ	haldu/heldʉ
6		第三人称				giŋ	giŋ
7	祈求式	单数 第一人称	ki	kie	je	kti	ktē
8		第二人称	ki	kie	kiʃo	ka/ke	ha/he
9		第三人称	kini	kini	kini	kini	ganē/genē
10		复数 第一人称	ki	kie	kiwu	ktamuŋ/ktemʉŋ	gatmuŋ/gətmʉŋ
11		第二人称	ki	kie	kisu	kaldun/keldʉn	haldonē/heldonē
12		第三人称	kini	kini	kini	kini	ganē/genē

第十四课　清代满语与满通古斯语族语言语法关系

续表

序号	体 分 类 法		清代满语	锡伯语	赫哲语	鄂伦春语	鄂温克语
13	假定式	单数 第一人称	tʃi	tʃi	ki	kiwi	kkiwi
14		单数 第二人称				kiʃi	kkiʃi
15		单数 第三人称				kin	kkini
16		复数 第一人称				kimun/kimʉn	kkimuŋ/kkimʉŋ
17		复数 第二人称				kisun/kisʉn	kkisuŋ/kkisʉŋ
18		复数 第三人称				kin	kkini

从表 14-8 可以看出，包括清代满语在内的满通古斯语族语言动词式形态变化语法现象均有命令式、祈求式、假定式范畴。不过，从表格还可以发现，清代满语在内的锡伯语和赫哲语动词命令式和假定式的形态变化语法词缀，均没有单数和复数及不同人称的区别功能和作用，都使用有没有人称区别的形态变化语法词缀。不过，表示动词类词祈求式语法概念时，清代满语和锡伯语形态变化语法词缀，虽然失去区分单数和复数的语法功能，但却保留了第一人称及第二人称形态变化语法词缀 -ki（清代满语）、-kie（锡伯语）、第三人称的形态变化语法词缀 kini。很有意思的是，它们分别用形态变化语法词缀 -ki 与 -kie 表达了第一人称及第二人称的双重语法概念。显然，它们间的区分关系，要依靠句子中使用的不同人称代词来判断。

包括清代满语在内的锡伯语及赫哲语相比，通古斯诸语的鄂温克语和鄂伦春语动词命令式、祈求式、假定式形态变化语法现象，均有单数和复数以及人称区别功能和作用。以鄂伦春语为例进一步解释的话：

命令式

单数第一人称 ⇨ bi jabugar. "我走！"
单数第二人称 ⇨ ʃi jabuk. "你走！"
单数第三人称 ⇨ nugan jabugin. "让他走！"

复数第一人称 ⇨ bu jabuktamu. "我们走！"
复数第二人称 ⇨ su jabukaldu. "你们走！"
复数第三人称 ⇨ nugar jabugin. "让他们走！"

祈求式

单数第一人称 ⇨ bi jabukti. "让我走吧！"
单数第二人称 ⇨ ʃi jabuka. "请你走吧！"
单数第三人称 ⇨ nugan jabukini. "请他走吧！"
复数第一人称 ⇨ bu jabuktamun. "让我们走吧！"
复数第二人称 ⇨ su jabukaldun. "请你们走吧！"
复数第三人称 ⇨ nugar jabukini. "请他们走吧！"

假定式

单数第一人称 ⇨ bi jabukiwi. "假如我走的话……"
单数第二人称 ⇨ ʃi jabukiʃi. "假如你走的话……"
单数第三人称 ⇨ nugan jabukin. "假如他走的话……"
复数第一人称 ⇨ bu jabukimun. "假如我们走的话……"
复数第二人称 ⇨ su jabukisun. "假如你们走的话……"
复数第三人称 ⇨ nugar jabukin. "假如他们走的话……"

另外，表 14-8 和上述实例告诉我们，通古斯诸语的鄂伦春动词命令式、祈求式、假定式的形态变化语法现象里，表示单数第三人称和复数第三人称的形态变化语法词缀的语音结构形式完全一致。而且，鄂温克语内同样也出现类似现象。清代满语及满通古斯语族语言动词命令式语法概念，还可以用动词词干或词根形式表示。除此之外，在清代满语及满通古斯语族语言中，用形态变化语法词缀 -r 表示禁止性命令口气的现象。例如，清代满语 ume gener! "别去！"，锡伯语 em soŋur! "别哭！"，赫哲语 eʤi tantar! "别打！"，鄂伦春语 eʤi itʃer! "别看！"，鄂温克语 eʤi tuurer! "别出声！"等。

第十四课 清代满语与满通古斯语族语言语法关系

二 清代满语及满通古斯语族语言句子关系及结构特征

包括清代满语在内的满通古斯语族语言的句子，主要由主语、谓语、宾语、补语、定语、状语、插入语等构成，同时分为简单句和复合句。

1. 清代满语及满通古斯语族语言简单句

简单句就是指，表述形式和表达的内容简单，包括句子成分及其句子结构简单的句子。以鄂温克语为例：

ʃi　meeni　ʉtwi　amakkaŋ　ʤʉʉdʉ　iigʉhe.
你　自己的　儿子　赶快地　屋子　进
你把自己的儿子赶快拿进屋里。

该简单句里 ʃi "你"为主语，meeni "自己的"是定语，ʉtwi "我的儿子"是宾语，amakkaŋ "赶快地"为状语，ʤʉʉdʉ "屋子里"是补语，iigʉhe "拿进"是谓语。

清代满语及满通古斯语族语言的句子里，主语和谓语是句子的主要组成内容。而且，其结构顺序为主语在前，谓语在后。以清代满语为例：

（1）bi　genem. 我去。
　　　我　去

（2）ter　ʤire. 他来。
　　　他　来

清代满语及满通古斯语族语言的句子一般都有主语和谓语，但也有无主语或主语被省略的个别句子。以鄂伦春语为例：

digar　　ninike.　　请（你）赶快去。
赶快　　去

　　鄂伦春语的这一简单句里，把主语 ʃi"你"省略了，所以该短句成为没有主语的简单句。事实上，由清代传承的严重濒危满语口语在内，乃至满通古斯语族濒危或严重濒危语言里，经常出现省略主语的简单句现象。

　　如上所述，清代满语及满通古斯语族语言的句子中，主语和谓语是主要成分，而宾语、补语、定语、状语均属于次要成分。从清代满语及满通古斯语族语言句子结构角度来分析，句子里出现的这些次要成分，连带和修饰主语和谓语方面发挥着极其重要的作用。并且，清代满语及满通古斯语族语言的句子中，宾语经常出现于谓语之前，定语主要用于充当被修饰语的名词等的前面，补语多用于充当句子谓语的动词之前，状语则用于充当补语或谓语的名词、代词、动词等的前面。清代满语及满通古斯语族语言句子内，插入语是属于句子的特殊成分。也就是说，在一些特殊句子内，表示某一特定概念时，或强调某一话题时才使用插入语。以锡伯语为例：

ter　　（batu）　　amehen.　　他（巴图）睡了。
他　　（巴图）　　睡了

　　该锡伯语简单句中，为强调说明已经入睡的"他"不是别人，而是"巴图"这一概念，在句子里专门使用了插入语"巴图"一词。

2. 清代满语及满通古斯语族语言复合句

　　前面的分析，基本上都和清代满语及满通古斯语族语言的简单句有关。除此之外，清代满语及满通古斯语族语言还有一些结构复杂的复合句。以鄂温克语为例：

第十四课　清代满语与满通古斯语族语言语法关系

imiŋ	bogdu	boggoŋ	baraaŋ,	huj	bogdu	hultʃiŋ	baraaŋ.
伊敏	地区	柳树	多	辉河	地区	芦苇	多

在伊敏地区柳树多，辉河地区芦苇多。

  如同上句所示，清代满语及满通古斯语族语言的复合句一般由两个或两个以上的分句组合而成。而且，复合句中的每个分句均能单独表示较为完整的语句概念。同时，清代满语在内的满通古斯语族语言的这些分句，还能够共同表示更加广义而完整的句子概念。清代满语及满通古斯语族语言里，复合句虽然有其一定的使用率，但同简单句相比复合句的使用率要低得多。

第十五课
清代满语同本语族相关
语言比较研究

  资料显示，清代满语或者说清代满语书面语同满通古斯诸语言比较研究论著发表和出版不少。实际上，我们在前面讨论清代满语语音、词汇、语法成果时，已不同程度涉及过清代满语，同相关语言的语音、词汇、语法比较研究的论著。甚至，关系到方言土语间的比较研究等方方面面的语言学领域。这其中有专著，也有专题研究的论文类成果。相比之下，似乎专题论文类成果显得多一些。而在清代满语及满通古斯语族语言间的比较研究中，将女真语同满通古斯语族其他语言比较研究的内容要少一些，就是有也多数是女真语与满语间的比较研究。特别是，将女真文文献资料里的女真语同满语书面语作比较研究的有不少。相反，把女真语跟其他清代满语口语及满通古斯语族语言比较的研究内容很少见到。那么，该学术研究领域，更多的是属于清代满语同锡伯语、鄂温克语、鄂伦春语、赫哲语间的比较研究。也就是说，满通古斯语族语言里，更多的是满语书面语和锡伯语、鄂温克语、鄂伦春语、赫哲语间的比较研究。其中，有几种语言比较研究的实例，也有两种语言的语音、词汇或语法间进行比较研究的成果。相对而言，两种语言间的比较研究要多一些。

第十五课　清代满语同本语族相关语言比较研究

　　这里提到的有关研究内容在前面也有所交代。所以，在这一课里，具体分析时只做些简要介绍，尤其对于20世纪80年代之前与此相关的论著不再进行重复性讨论。下面主要论述将清代满语书面语同满通古斯语族语言文字及其口语，包括同历史上的亲属语言进行的比较研究。例如，在《满语研究》上，金焘方和穆鸿利先后以《从女真语到满洲语》（1990年第1期）、《女真语与满语之比较研究》（1995年第1期）为题撰写论文，比较分析过清代满语与女真语间底层结构里存在的深层次同源关系。《女真语与满语之比较研究》一文，从语音学、词汇学、词义学角度，在对清代满语与女真语词汇中出现的同源词进行比较研究的基础上提出，女真语与清代满语里应该有数量可观的同源词，不过其中一些词在语音和词义方面产生了一定的变异。而且，主要表现在语音形式相同而词义内涵不同，以及词义相同而语音形式有所不同两个方面。另外，还有一些在语音形式和词义结构方面都不相同的词汇。在该文中，与清代满语词汇的比较中，梳理了女真语词汇的一些语音变化现象及其规律。

　　金光平、金启孮和乌拉熙春于1996年由远方出版社出版的《爱新觉罗氏三代满学论集》收录的《女真语与满语关系浅议》，依据女真文资料《女真译语》内出现的女真语词汇为例，同清代满语和由清代传承的严重濒危满语口语相关词汇进行比较研究，进而提出这两种语言同源词中表现出的语音和词义等方面的共有关系和异同点。乌拉熙春还在《满语研究》2006年第2期发表《从名词复数后缀、格后缀的异同看满洲语与女真语的关系》，认为女真语名词类词复数形态变化语法词缀在语音形式上分属两类，一类属于音节式结构类型的-sa与-si，另一类属于辅音式结构类型的-s、-l和-r。与女真语的-sa、-s同属一类结构的形态变化语法词缀有清代满语的-sa、-so、-s，而-so在现已发现的女真大字石刻语言历史资料中还未见到。另外，清代满语名词类词复数形态变化语法词缀-si与女真语的-si相对应，而清代满语名词类词复数形态变化语法词缀-ta与-t在女真大字石刻中也未出现。

我们掌握的历史文献资料显示，女真语名词共有 10 个格形态变化语法现象。其中，主格以零形式出现之外，其他格形态变化语法现象皆用专门词缀予以表示，多数格形态变化语法现象具有语音和谐形式。然而，有些语音和谐形态变化语法词缀，在清代满语中已经消失而不复存在，另一部分却演化为无语音和谐现象的单一类型结构。与此相反，清代满语中源自实词或后置词的次生格形态变化语法词缀，从女真语现有资料中却找不到相对应的语音结构形式。与此研究相关，金燾方在 1990 年第 1 期的《满语研究》上发表《从女真语到满洲语》，认为女真语及清代满语词汇结构基本相同，其区别性特征主要体现在词汇的不同语音形式上。尽管如此，它们之间完全相同词要占全部词汇量的 70%，其余的占 30%。这 30%中包括语音相同而词义有所不同、词义相同而语音有所不同、词义和语音形式完全不同 3 种类型的词。

清代满语和锡伯语的比较研究，也取得一些阶段性科研成果。例如，赵杰在《民族语文》1988 年第 1 期发表《锡伯语满语语音演变的比较》，明确提出清代满语和锡伯语语音音变类型、语音间的相同结构类型、语音变化现象的类同性、元音中的高化类低化类及清音浊化类、塞音擦化类、复元音单化类及地域性差异表现出的语音变体现象等。佟加·庆夫在《满语研究》1993 年第 2 期发表《论满语文对锡伯语文的传承作用》，主要从清代满文对锡伯文的传承过程、清代满语书面语的传承作用、清代满文的传承价值等角度，论述了满族和锡伯族的历史来源、接触关系、清代满文和锡伯文之间存在传承关系。金宁用英语撰写的博士学位论文《满语同锡伯语的关系》，于 1994 年由美国华盛顿大学印刷。在该博士学位论文中，通过清代满语书面语同锡伯语口语的元音比较研究，论证了锡伯语口语语音变化原理及其规则。该博士学位论文分清代满语书面语比较研究、锡伯语口语比较研究、清代满语书面语与锡伯语口语重音和轻音比较研究、清代满语书面语与锡伯语口语元音比较研究、清代满语书面语与锡伯语口语常见音变类型比较分析等五个章节。该论文对于清代满语书面语与锡伯语

第十五课　清代满语同本语族相关语言比较研究

口语元音系统中存在的诸多异同现象的科学认知，以及相关语音现象或语法关系的科学把握，乃至进一步深入系统研究这两个亲属语言的深层关系等，均有十分重要的学术价值。赵志强在《满语研究》2007年第2期发表《论满语的akū——兼与锡伯语比较》一文，认为满语的akū一般表示"没有"之意。不过，对于akū一词的词性归类问题，以及在锡伯语等满语支语言内使用现象的比较研究里，学者之间存在不同认识和阐释。按其词形词义来说，akū应属于表示否定意义的动词akūmbi"没有"词根。从动词"式""时"的形态变化语法现象来看，akū与其他有形态变化语法现象的动词不同，它应该是动词akūmbi"没有"的现在时形态变化语法形式，而不是命令式形态变化语法现象。另外，佟加·庆夫在《满语研究》1993年第2期发表《论满语文对锡伯语文的传承作用》，阐述过清代满语满文对于锡伯语锡伯文的影响。

在清代满语和鄂温克语的比较研究方面，也先后发表过一些学术研究论文。其中包括，朝克在1988年第5期《中央民族学院学报》发表的《鄂温克语和满语同源词的语音对应规律》。他提出，鄂温克语和清代满语的基本词汇里有相当数量的同源词，它们在语义结构和语音形式等方面均有很多共同点，尤其是在所表示的语义结构方面有着相当多的一致性。不过，在语音形式方面出现了不少有规律的音变现象和区别性特征，所有这些问题完全可以通过语音对音现象的分析做出全面科学阐释。论文主要从鄂温克语长元音同清代满语短元音的对音、鄂温克语短元音同清代满语短元音的对音、鄂温克语短元音同清代满语复元音的对音、鄂温克语词首辅音同清代满语零辅音的对音、鄂温克语辅音同清代满语辅音的对音等方面，系统分析了这两个亲属语言的元音对音及其辅音对音规律。另外，他还在《民族语文》1988年第4期发表了《鄂温克语和满语语音对应规律》。他在该文中再次强调，鄂温克语和清代满语的基本词汇里有相当数量的同源词，它们在词义结构方面有相当强的一致性。不过，在语音方面出现不少有区别性特征。所有这些问题，要通过严格意义上的语音对音现象的分析进行全面解释。

在清代满语与鄂伦春语及赫哲语比较研究方面，季永海于 2006 年第 6 期《中央民族大学学报》发表的《满语鄂伦春语名词比较研究——兼谈语言发展的普遍规律》一文，从语言发展演变普遍规律，论述了清代满语严重濒危现象。此外，在清代满语与赫哲语比较研究方面，同样有一些学术成绩。比如，赵志忠在 2003 年第 2 期《满语研究》上发表的《满语与赫哲语之比较》一文，将凌纯声《松花江下游的赫哲族》一书中的赫哲语词汇资料中选出 160 个代表性词汇，同满语书面语词汇间展开比较分析。在此基础上，他明确提出，在这 160 个基本词汇内，完全相同或相近的词有 121 个，占 75%；大约相同的词有 39 个，约占 25%。他认为，这些基本词汇的不同点有可能跟方言差别有关。他还指出，赫哲语里保存有女真语早期的一些语音特征，进而提出，清代满语和赫哲语是属于满通古斯语族语言里最亲近的两种语言之观点。

赵阿平等对清代满语及满通古斯语族语言的濒危现象进行讨论的论文《满语、赫哲语濒危原因对比探析》刊发于《满语研究》2007 年第 1 期。文中运用人类文化语言学、比较语言学、社会语言学的理论方法，在对由清代传承的严重濒危满语口语及严重濒危赫哲语的发展变化现象开展深入调查基础上明确提出，由清代传承的满语口语和赫哲语已成为严重濒危语言，目前仅有黑龙江省的一些满族村屯和赫哲族集居地的部分老人使用本族语的基本事实。他们还认为，自然条件、历史背景和社会发展变迁等多种因素，是构成由清代传承的满语口语和赫哲语的严重濒危现象的重要因素。但是，处于各不相同的自然条件、生态环境、社会发展变迁中，由清代传承的满语口语和赫哲语的严重濒危情况亦有所不同。他们在文章的最后提出，通过对由清代传承的满语口语和赫哲语严重濒危原因进行调查分析与比较研究，可为濒危语言的发展演变规律研究提供必要的科学依据。赵阿平等还在《满语研究》2007 年第 2 期上发表《濒危满语、赫哲语格、时形态探析》，认为由清代传承的满语口语与赫哲语均处于严重濒危状态，

第十五课　清代满语同本语族相关语言比较研究

因此在语言结构上发生了许多变化，许多形态变化语法现象在语言严重衰退过程中，受外来语言强有力影响及自身形态变化语法成分的淡化而出现被省略或丢失等现象。文中依据实地调研第一手语言资料，对由清代传承的三家子严重濒危满语口语和街津口严重濒危赫哲语的格形态和时形态语法结构作了深入浅出的比较分析。可以说，在清代满语与同一族语言的锡伯语、鄂温克语、鄂伦春语、赫哲语之间进行比较研究的论著并不太多。相比之下，清代满语与锡伯语间的研究要多一些，其次是清代满语、女真语和赫哲语之间的研究，而清代满语同鄂温克语及鄂伦春语间的比较研究确实不多。而且，这些研究涉及清代满语在内的满通古斯语族语言与相关语言的语音、词汇、语法间存在的共性化特征和区别性关系，乃至语言使用情况和濒危或严重濒危现象等不同学术研究领域。

另外，在国外也刊发了相关学术论文。比如，日本的长田夏树在《神户言语学会报》1949 年第 1 期发表《满洲语和女真语》，从语音学角度阐述满语和女真语的同源词并在此基础上，进一步论证它们之间有史以来就有的同源问题和极其亲密的亲属关系。对于女真语及满语研究方面，日本的清濑义三郎则府作出了一定的贡献，他发表了不少有一定影响力的学术成果。其中包括，他在 1996 年第 38 届内陆亚和欧洲历史语言学学术讨论会编《国际阿尔泰学会学报》上的《女真语和满语的 q、γ、χ 音》一文，以及在 1997 年匈牙利第 39 次国际阿尔泰学会《国际阿尔泰学论文集》中发表的《从女真语到满语腭化音和谐现象的消失》等，专门论述过女真语和满语同源词的辅音 q、γ、χ 的亲属关系，以及腭化音和谐现象的消失等学术问题。清濑义三郎则府还在德国威斯巴登的《中亚学》上先后刊登《从女真语到满语方言的谱系关系》(1998 年第 42 期)、《女真方言和满语书面语之间的系统关系》(2000 年第 44 期)等论文，从历史比较语言学角度全面论述女真语及清代满语方言、清代满语书面语之间产生的历史渊源关系。津曲敏郎和冈田宏明在北海道大学的《环北极文化比较研究》(1993)上刊登《赫哲语形态特征和满语的影响》，阐述清代满语形态变化语法现象对于赫哲语的影响。

　　韩国的有关专家也发表一些文章,分析女真语和清代满语词汇关系。例如,金东昭的《女真语满语研究》(1990)里就涉及过它们间的词汇关系。毫无疑问,在女真语和满语词汇结构及其语音演变比较研究方面,日本的清濑义三郎则府所做的工作较为突出,做出的贡献也较大。其次,在此方面,韩国的女真语言文字学专家学者也做出了一些成绩。在清代满语和锡伯语的比较研究方面,金宁用英语撰写的博士学位论文《满语同锡伯语的关系》,通过对清代满语书面语和锡伯语口语的元音比较研究,论述了这些语言的语音变化原理。该博士学位论文分清代满语书面语研究、锡伯语口语研究、清代满语书面语与锡伯语口语词重音和轻音比较研究、清代满语书面语与锡伯语口语元音比较研究、清代满语书面语与锡伯语口语常见音变类型分析5个章节。该论文还对清代满语书面语与锡伯语口语元音系统中存在的诸多异同现象,以及语音变化现象导致的语法结构特征的演变等方面,提出了独到的学术见解。这对于人们深入了解这两个亲属语言深层关系有其十分重要的学术价值。

第十六课
清代满语及满通古斯语族
语言的全面比较研究

　　这一课里，我们要阐述清代满语跟我国境内的满通古斯语族其他语言间开展的语音、词汇、语法比较研究情况，以及编辑出版包括清代满语在内的满通古斯语族语言词典、词汇集等方面的著作。同时，分析除清代满语之外的满通古斯语族语言与相关语言间的比较研究和对比研究成果。也就是说，该领域的研究中已刊发不少中国满通古斯语族语言内部进行比较研究的论著。这些成果，自然涉及语言学的语音、词汇、语法等诸多语言本体研究领域，同时也涉及语言历史学、语言社会学、语言文化学、语言民族学、语言地域学、语言地理学、语言接触学、语言变迁论等诸多学术视角和学术研究范畴。这使清代满语及满通古斯语族语言的研究史变得更加丰富、厚重、有价值和意味深远。当然，也拓展了该学术领域的视野、延伸了它的生命力，增强了它的活力。这使该项研究事业变得更加活跃。

　　朝克于1997年由民族出版社出版的《满-通古斯诸语比较研究》书里首先对该语族语言的语音结构系统进行比较研究，在此基础上论证了清代满语在内的满通古斯语族语言最为基础的元音音位 a、e、i、o、u，讨论了元音和谐规律、语音使用原理。另外，还论述了以舌尖音、舌面音、双唇音、舌叶音、唇齿音为核心组成的辅音对应规则。

该成果的形态变化语法现象比较研究章节，全面系统地论述了满通古斯语族语言名词类词的数形态、格形态、人称领属形态、级形态变化现象及其规律，以及动词类词的态形态、体形态、式形态、副动词形态、形动词形态、助动词形态变化现象及其规律。其中提出：

1. 清代满语及满通古斯语族语言的复数形态变化语法词缀有：
/s/sa/sə/si/so/sal/səl/sol/sul/sʉl/sər/səŋ/
/tʃeŋ/tʃen/
/xala/xal/xə/ka/
/ri/rin/
/l/
/ta/tə/təs/
/nar/nər/nor/nɵr/naka/

2. 清代满语及满通古斯语族语言的格形态变化语法现象分为：
主格、领格、确定宾格、不确定宾格、与格、位格、不定方位格、造格、从格、比格、方向格、方面格、有格、所有格、离格、有格、经格、共同格等

3. 满通古斯语族语言的人称领属形态变化语法现象分为：
人称领属 —— 单数第一人称、第二人称、第三人称
　　　　　　复数第一人称、第二人称、第三人称
反身领属 ⇨ 单数和复数

在这里需要指出的是，清代满语的人称领属形态变化现象已失去使用功能而自然消失，其他几种语言里还在被使用。另外，反身领属形态变化语法现象在满语、锡伯语、赫哲语里基本上不再使用，只是在鄂温克语及鄂伦春语内能够见到。

第十六课　清代满语及满通古斯语族语言的全面比较研究

4.清代满语及满通古斯语族语言的级形态变化语法现象分为：
一般级、次低级、低级、最低级、次高级、高级、最高级等

其中，一般级、次低级、低级、最低级、次高级一般有特定形态变化语法词缀表示，高级要用重复名词类的词首音节形式或用名词类词前使用程度副词的形式表示，最高级则用在名词类词前使用程度副词的形式表示。

5.清代满语及满通古斯语族语言的态形态变化语法现象分为：
主动态、被动态、使动态、共动态、互动态等

其中，除主动态之外，像被动态、使动态、共动态、互动态均有特定形态变化语法词缀来表示。

6.清代满语及满通古斯语族语言的体形态变化语法现象分为：
开始体、进行体、未进行体、中断体、一次体、多次体、反复体、执行体、延续体、持续体、假充体、愿望体、完成体、未完成体等

以上提到的清代满语及满通古斯语族语言的体形态变化语法现象，在不同语言里被使用的实际情况有所不同，有的语言里出现得多，有的语言里出现得比较少。并且，基本上均用特定形态变化语法词缀来表示。很有意思的是，在清代满语研究成果里很少谈到动词的体形态变化语法现象。

7.清代满语及满通古斯语族语言的式形态变化语法现象分为：
陈述式、祈求式、命令式、假定式等

而且，这四种式形态变化语法现象内部，还存在不同程度的时、数、人称方面的区别关系。

8.清代满语及满通古斯语族语言的副动词形态变化语法现象分为：

联合副动词、完成副动词、延续副动词、让步副动词、条件副动词、紧接副动词、并进副动词、界线副动词、立刻副动词、趁机副动词、目的副动词、前行副动词、渐进副动词、终极副动词、结果副动词、因果副动词等

但它们在不同语言内的分布情况有所区别

9.清代满语及满通古斯语族语言的形动词形态变化语法现象分为：

现在时、现在将来时、过去时 3 种

10.清代满语及满通古斯语族语言的助动词形态变化语法现象分为：
否定助动词、肯定助动词、判断助动词、应许助动词、能愿助动词等

该书对名词类词还是动词类词的形态变化语法现象都做了详细而全面的分析研究，同时还做了举例说明。朝克认为，清代满语及满通古斯语族语言的语法现象是一个极其复杂的形态变化结构系统。并且，在每一种语言内，表现出的实际情况还各有不同。尽管它们之间存在很大程度的共性，同时也应该承认各自富有的个性化的语法特征。

朝克还在《内蒙古大学学报》（哲学社会科学版）1990 年第 2 期上刊发过专门讨论清代满语及满通古斯语族语言名词类词级形态变化语法现象的论文《论满-通古斯语形容词的级》。卡丽娜在《满语研究》1995 年第 2 期中刊登的《论满通古斯诸语的格形态及功能》，全面分析该语族语言名词类词的格形态变化语法现象时，分别比较论述

第十六课　清代满语及满通古斯语族语言的全面比较研究

了满语的主格、领格、宾格、与格、位格、从格、造格、共同格、方向格、比格、离格、经格 12 种格，锡伯语的主格、领格、宾格、与格、位格、从格、造格、共同格、方向格、比格、离格 11 种格，赫哲语的主格、领格、宾格、与格、位格、造格、从格、共同格、方向格、比格、离格、经格 12 种格，鄂温克语的主格、领格、确定宾格、不确定宾格、与格、位格、从格、造格、共同格、所有格、方向格、方面格、有格、不定位格、比格、离格、经格 17 种格，鄂伦春语的主格、领格、确定宾格、不确定宾格、与格、位格、从格、造格、共同格、方向格、方面格、不定方位格、比格、有格、离格、经格 16 种格等格形态变化语法现象，以及它们的构成原理和使用关系，包括它们各自不同的语法功能和作用。

李树兰等还在《民族语文》1988 年第 4 期刊发《满-通古斯语言语法范畴中的确定/非确定意义》一文，对于该语族语言的确定和非确定意义的语法范畴展开过深入系统的研究。季永海在《满语研究》2003 年第 1 期和第 2 期分上下两部分撰写的《满-通古斯语族通论》，比较分析了国内外专家学者对该语族语言的分类，以及语音、词汇、语法、方言、文字研究的一些情况的基础上，指出了该学术的历史发展和未来走向。尹铁超在《满语研究》2004 年第 2 期还撰写发表《通古斯语中人称后缀之再研究》，对于清代满语及满通古斯语族语言名词类词的人称后缀 /niɔ/、/nan/ 的内涵及其相互关系进行比较研究基础上，明确提出《鲜卑名考》一文中重构的 b＞m＞n 之语音关系并不符合实际情况。

朝克还于 2014 年由中国社会科学出版社出版《满通古斯语族语言研究史论》《满通古斯语族语言词源研究》《满通古斯语族语言词汇比较》三部著作，这是在我国满通古斯语言研究历史上具有划时代意义的代表性科研成果。

《满通古斯语族语言研究史论》对于我国境内的女真语、清代满语、锡伯语、鄂温克语、鄂伦春语、赫哲语 6 种满通古斯语族语言文字展开学术讨论的论著、相关历史文献资料、论文集、教科书、辞书、词汇集、比较研究或对比研究成果等进行了全面系统而客观实在的讨论和评价。由于清代满语言文字方面的历史文献资料十分丰富，所以占有了相当长的篇幅。其次女真语言文字的研究成果也有不少，加上其研究论著呈现出的复杂性，对其进行分析和阐述时也需要不少的笔墨。再次，锡伯语言文字和鄂温克语研究方面的成果也有不少，因此在具体论述其论著等的学术价值和作用时也都占有了一定的篇幅。相比之下，与鄂伦春语和赫哲语相关的科研成果比较少，自然对它们的分析讨论显得比较轻松，也没有耗费太多文字。

另外，对于每一种语言的研究成果进行分类时，完全是根据成果内容的丰富和成果数量的多少来划分相应的小节。例如，有的语言语音研究成果较多和较丰富，那么就给语音研究成果分析单列一个小节，有的语言语音研究成果和词汇研究成果都不多，就将该语言的语音研究和词汇研究成果放入同一个小节进行分析和研究。这样做的结果，使每一个小节的分析内容显得较为丰富，所占有的篇幅也显得相对合理科学。

该项成果主要有（1）前言；（2）女真语研究，包括女真语言文字历史研究、女真语语音研究、女真语词汇研究、女真语语法研究、女真碑文牌印墨迹文献研究、女真语辞书及其研究、女真语与其他语言比较研究、女真语综合研究、结束语等内容；（3）清代满语研究，包括概述、清代满语满文研究、清代满语语音及口语语音研究、清代满语词汇及口语词汇研究、清代满语语法及口语语法研究、清代满文文字研究、清代满文词典词汇集研究、清代满语及相关语言比较研究、清代满文文献资料翻译注释研究、清代满语口语研究、清代满语教科书、结束语等内容；（4）锡伯语研究，包括概述、锡伯语语音研究、锡伯语词汇研究及词典词汇集、锡伯语语法研究、锡伯语文字研究、锡伯语比较研究及对比研究、锡伯语使用及语言接触研究、锡伯语教学及研究、结束语等内容；（5）鄂温克语研究，包括研究概述、鄂温克语语音研究、鄂温克语词汇研究及词典词汇集、鄂温克语语法研究、鄂温克语比较与对比及语言接触研究、鄂温克语使用及语言社会学研

第十六课　清代满语及满通古斯语族语言的全面比较研究

究、国外鄂温克语研究、结束语等内容；（6）鄂伦春语研究，包括研究概述、鄂伦春语语音及词汇研究、鄂伦春语语法研究、鄂伦春语使用及语言接触及语言对比研究、鄂伦春语话语资料及历史文献研究、国外鄂伦春语研究、结束语等内容；（7）赫哲语研究，同样包括研究概述、赫哲语语音与词汇及语法研究、赫哲语使用及语言接触研究、赫哲语话语资料及词汇集、国外赫哲语研究、结束语等内容；（8）清代满语在内的满通古斯语族语言与相关语言相关学科关系研究，包括清代满语及满通古斯语族语言比较研究、清代满语及满通古斯语族语言与阿尔泰语系语言比较研究、清代满语及满通古斯语族语言与相关语言关系研究等内容。该成果对于我国女真语、清代满语、锡伯语、鄂温克语、鄂伦春语、赫哲语、清代满语在内的满通古斯语族语言展开学术讨论的论著、清代满文历史文献资料、论文集、教科书、辞书、词汇集、比较研究或对比研究成果等，进行了全面系统而客观实在的科学论述和评价。

《满通古斯语族语言词源研究》是对于我国清代满语在内的满通古斯语族锡伯语、鄂温克语、鄂伦春语、赫哲语以及女真语三千余条基本词汇的来源，从词源学、构词学、语用学、语言接触学的理论视角，展开学术讨论和科学分析。在此基础上，论述了它们的词源关系。同时，对我国满语在内的满通古斯语族语言词汇来源问题、相互关系、使用特征、语音演变等，展开词源学理论视角的科学讨论，从而论证了清代满语在内的满通古斯语族语言固有词及其基本词汇中富有的错综复杂的词源关系，论证了同语族语言、同语支语言、不同语言间存在的同源词。同时，论述了相关语音演变规律，词义演化原理及其深层次的历史、文化、地域、民俗等方面的影响和作用。还阐述了与蒙古语族语言有同源关系的相关词汇，乃至来自蒙语、汉语的一些借词，以及这些借词的语音变化现象等。更为重要的是，该书对于濒危语言、严重濒危语言的词源研究，探索出一条新的研究方法与理论，突出了濒危语言及严重濒危语言词源研究的特色，提出了对于濒危语言及其严重濒危语言的词源研究要从不同视角、不同层面、不同理论办法、不同历史文化与地域关系以及充分利用其他亲属语言词汇进行实地调研，还要充分参阅相关历史文献资料及早期词汇调研成果等主要建树。

该项成果主要由前言、凡例、第一章的同源名词分析、第二章的同源代词与数量词及形容词分析、第三章的同源动词与副词及虚词分析、附录、满通古斯语族语言语音系统、汉语索引、英语索引、参考文献等章节与内容构成。在前言里，全面系统地阐述了我国清代满语在内的满通古斯语族语言文字使用状况，母语使用者生活的地域结构、自然环境、生存条件、生产关系、经济社会现状。论述了有史以来国内外专家学者对清代满语在内的满通古斯语族语言所做的实地调研、学术研究、研究成果、学术价值、理论观点、突出成绩等方面的学术问题。在凡例中，交代了该书使用的清代满语在内的满通古斯语族语言语音系统、有关符号系统、语言分类系统。书的第一章首先将该语族语言的同源名词，根据表述内容和词义结构系统的不同，划分出自然物及自然现象名词、动物名词、植物名词、亲属称谓及人体结构名词、衣食住行名词、生产生活用具名词、社会与行政用语名词、文化名词、时间与方向名词九大类。进而，对于这些不同语义结构类型的名词词源，从词源学、构词学、词汇学、词汇接触学等学术理论视角进行了科学分析和论述。第二章着重讨论了同源代词、同源数词、同源量词、同源形容词。第三章同源名词的分析论述中，首先将动词分为及物动词和不及物动词两大类，其次对于这些动词的词源展开了学术研究和讨论，论述了它们之间存在的同语族语言及其同语支语言的同源关系。第三章还对清代满语在内的满通古斯语族语言的同源副词及同源虚词进行了分析研究。在该项目成果的附录部分中利用一定的篇幅，对于满通古斯语族语言的语音形式进行高度概括分析的基础上，言简意赅地阐述了每一种语言的语音系统。语音系统的分析里，涉及每一种语言的单元音音素、长元音音素、复元音音素，以及单辅音音素、复辅音音素、叠辅音音素等。另外，为了使国内外专家学者更好、更充分、更理想地利用该项成果，以及更快捷、更便利、更加

第十六课　清代满语及满通古斯语族语言的全面比较研究

得心应手地查找相关同源词及其分析研究内容,专门编制了汉语词汇索引和英语词汇索引。这是一项对于我国女真语和清代满语在内的满通古斯语族语言词汇的词源问题全面系统研究的科研成果,也是在国内外该学术研究领域的第一本词源研究著作。

《满通古斯语族语言词汇比较》收入清代满语、锡伯语、鄂温克语、鄂伦春语、赫哲语五种语言的五千余条基本词汇。尤其可贵的是,将女真语弥足珍贵的有限词汇也放入书中。书的前言主要介绍了语言分布、使用人口、濒危程度、相互间的关系及其分类情况。凡例里交代了不同语言的语音系统。书的基本词汇部分是该书的重中之重,是核心部分。书中还收入了极个别而有其特定意义和使用价值的借词。还应该提出的是,附录里的六种语言词汇索引,事实上也是一本本单一语言词汇集,各自具有特定学术价值和意义。因为,在国内外至今还未公开出版发行有关鄂温克语、鄂伦春语、赫哲语如此丰富、数量可观的基本词汇图书。该书对这些民族语词汇的抢救保护、搜集整理、永久保存,以及树立我国在该学术领域的权威性和话语权均有极强的现实而深远的学术影响力。锡伯语、清代满语、女真语词汇索引同样有特定学术价值和意义。另外,汉语和英语索引,给那些只懂汉语和英语的国内外专家学者查阅满通古斯语族语言词汇提供了极大便利,从而扩大了该书的使用范围。另外,这本满通古斯语族语言的词汇集里,收入的五千余条词汇中名词占绝大多数,动植物名词、自然现象名词、生产生活名词等十分丰富。其次是动词和形容词,还有一部分代词、数词、副词以及一小部分感叹词、连词、后置词等。特别可贵的是,还搜集到相当数量的量词。清代满语在内的满通古斯语族语言词汇进行搜集整理和相互比较,对于它们严重濒危或濒危语言词汇资料的抢救和保护,对于包括俄罗斯西伯利亚和远东地区的通古斯诸民族语言词源研究、词汇研究、构词研究,甚至对于它们的语音研究、语义研究、语言历史与变迁研究、语言接触与语言影响研究、语言濒危现象和混合语现象研究等均有十分重要的学术价值和意义。同样,对于同语系语言的蒙古语族语言与突厥语族语言词汇研究,以及对于朝鲜语、日本语、日本阿伊努语、日本乌依勒特语词汇研究，乃至对于北极圈诸民族语言词汇研究均有极其重要而深远的学术价值。我国的阿尔泰语系语言包括蒙古语族语言、突厥语族语言和满通古斯语族语言三大部分。其中，蒙古语族语言和突厥语族语言的历史研究、历史比较研究、词源研究早已完成并发表，只是满通古斯语族语言的词源研究成果一直到今天还没有问世，从而一定程度上影响着阿尔泰语系语言的比较研究。这一成果的完成，应该说弥补了这一空白和遗憾，从而为阿尔泰语系语言的全面系统科学讨论提供了十分宝贵的学术研究和学术理论依据。甚至，对于这些民族的历史文化研究，同样产生重要的学术价值和意义。

除了以上提到的成果之外，朝克还在日本用日语撰写出版《中国通古斯诸语对照基本词汇集》（1997）和《通古斯诸民族语言》（2002）。其中，《中国满通古斯语族语基本词汇集》收入1910个包括清代满语在内的基本词汇，前页还有绪论，书中有满通古斯语族语言语音比较、满通古斯语族语言构词系统、满通古斯语族语言基本词汇，书的后页附有满通古斯语族语言词汇索引。《通古斯诸民族语言》事实上也是，对于女真语和清代满语在内的满通古斯诸语的历史研究、语言文字现存、语言使用、外来语言影响、语言的濒危、本族语使用人口、研究现状等方面的情况，做了全面系统分析研究的成果。书中有前言、通古斯诸语的分类等内容。十分珍贵的是，书中论及国内外通古斯诸语时，阐述了俄罗斯西伯利亚和远东地区的埃文基语、埃文语、涅基达尔语、那乃语、奥罗奇语、奥罗克语、乌德盖语、乌利奇语等的基本情况。与此同时，朝克还在《满语研究》1995年第1期上发表《关于满通古斯诸语的辅音结构》一文，专门探讨清代满语及满通古斯语族语言的辅音整体结构特征，以及每一种语言的辅音系统及其各自具有的结构关系。在他的另一篇《论满通古斯诸语的音变规则》（《满语研究》1996年第2期）里，论证了该语族语言内常见的词尾元音的弱化与脱落、词中元音脱落、元音顺同化、元音逆同化、元音鼻音化、元音增加现象、元音 i 之演变、元音 u 之演变，辅音脱落、辅音顺同

第十六课　清代满语及满通古斯语族语言的全面比较研究

化、辅音逆同化、辅音 s 之演变、辅音 k～q～l 音节末的演变、辅音 ç～x～χ 之演变的 14 项演变规则。朝克于 2003 年还在日本青年语言学家学术讨论会上发表《关于通古斯诸语语音结构特征》（日文）之论文，论述它们语音结构的特殊性、合理性、实用性和科学性特征。另外，朝克还完成胡增益等主持的"满通古斯语族语言词汇学"（国家社科基金项目，1997）、朝克主持的"我国满通古斯语族语言研究"（国家社科基金青年项目，1997）等重大研究课题。

同上述研究有关，李兵对清代满语及满通古斯语族语言语音做过很有价值的学术探讨。他于 1998 年第 3 期《民族语文》发表的《论通古斯语言元音和谐的语音学基础》一文里，认为通古斯语言元音和谐现象的表现形式主要体现在 A 组元音和 B 组元音的组合原理上。在他看来，这两种结构类型的元音和谐现象，跟元音对立存在的语音学基础结构有密切关系。进而，他强调指出，一旦这一元音对立存在的内部关系发生变异，元音和谐现象的基本模式也将会随即发生变化。李兵讨论通古斯语支语言元音和谐规律的另一篇论文《通古斯诸语言元音和谐与书面满语元音系统》发表在 1998 年第 1 期《满语研究》上，文中首先分析了清代满语书面语元音及其和谐原理，其次还探讨了通古斯语族语言元音和谐的语音学基础、语音系统结构及历史演变，满语书面语元音系统分析等。最后，他在该文提出，清代满语及满通古斯语族语言虽然有共同的元音系统及演变规律，不过在元音音位的数量方面还是存在一些差异，这种差异完全可以从历时语音学的角度给予合理解释。李兵《满-通古斯语言的最小韵律词》在《满语研究》2005 年第 1 期刊登，阐述清代满语在内的满通古斯语言的最小韵律词必须由两个音素构成，进而论证了 CV 式结构类型的单音节词不出现的主要原因，说明了 CVV 式结构里长元音不具有音位意义的主要因素。该文中，他还分析了语音演变与最小韵律词之间的关系。另外，李兵还发表《通古斯语言唇状和谐的形式特点与比较》（《民族语文》2000 年第 3 期）等学术论文，专题研究通古斯语支语言的元音和谐内部规律，以及唇状音和谐的形式与特征等语音问题。

清代满语言文字研究概论

　　清代满语及满通古斯语族语言的全面比较研究中,也涉及一些将语言研究与历史文化研究紧密结合的成果。比如说,朝克于2002年由日本东北大学出版的《通古斯诸民族及其语言》,从历史学、民族学、地域学的角度全面论述了清代满语在内的国内外满通古斯语族诸民族的历史关系、发展迁徙、生存环境、生产关系、语言分类、语音语法结构特征、相互间亲属关系等。朝克与李云兵等著,并于2013年3月由中国社会科学出版社出版的《中国民族语言文字研究史论》之"北方卷"第三章"满通古斯语族语言文字研究史"也较全面地阐述了清代满语及满通古斯语族语言文字研究的基本情况。朝克主持完成的中国社会科学院国情调研重大项目《东北人口较少民族优秀传统文化》(方志出版社,2012)里,从语言文化学及濒危语言学的理论视角,着重论述了清代满语及通古斯诸民族语言文化的深层关系,以及对于它们濒危或严重濒危语言抢救性保护的重要性等学术问题。朝克与曹道巴特尔、陈宗振合著的《北方民族语言变迁研究》(中国社会科学出版社,2012)之第三章"满通古斯语变迁研究"内,充分利用语言比较研究和语言变迁论、社会语言学、语言接触学的学术观点,阐述了清代满语及满通古斯语族语言变迁的社会环境、语言环境、语言接触、外来语言影响等因素。朝克还先后发表《满通古斯诸语一百年(20世纪)研究》(韩国首尔大学《阿尔泰学报》2005年总第15期)、《论满通古斯诸语言的历史研究》(《黑龙江民族丛刊》2000年第4期)、《论满通古斯诸语研究的理论意义》(《鄂温克研究》1999年第2期)等论文,讨论过清代满语及满通古斯语族语言研究的理论价值,以及有史以来的国内外研究现状等。朝克还撰写《满通古斯语族诸民族语言及信仰文化》(2009)发表于韩国首尔大学语言学会,该文从民族语言学、民族学、宗教学的角度论述了该语族语言在民族学与宗教信仰学方面的学术价值。赵阿平编的《满-通古斯语言与文化研究》(民族出版社,2008)中编入相关学术刊物上刊发的关于清代满语及满通古斯语族语言姓氏词语、地名、赐号、官职称呼、族称、文化词语、碑名及宗教用语等展开学术讨论的29篇论文和文章。在郭孟秀

第十六课　清代满语及满通古斯语族语言的全面比较研究

编的《满-通古斯语言与历史研究》(民族出版社，2006) 中，收入有关清代满语及满通古斯语族语言历史词汇、文化词语、词语史学考证、语言史料、历史语言、文化语言关系的 31 篇学术论文。除此之外，赵阿平还撰写过《中国满学研究新进展》(《满语研究》2006 年第 2 期)，戴庆厦主编的《中国少数民族语言研究 60 年》(中央民族大学出版社，2009) 以及《二十世纪的中国少数民族语言研究》(书海出版社，1998)、中央民族大学少数民族语言研究所编的《中国少数民族语言》(四川民族出版社，1987)，孙宏开等主编的《中国的语言》(商务印书馆，2007)，中国社会科学院民族研究所及国家民族事务委员会文化宣传司主编的《中国少数民族语言使用情况》(中国藏学出版社，1994)、《中国少数民族语言文字使用和发展问题》(中国藏学出版社，1993)、《中国少数民族文字》(中国藏学出版社，1992)，王元新的《中国民族语言学史》(中央民族学院出版社，1993) 等成果里，从语言历史、语言社会、语言使用、语言发展、语言接触、语言影响的角度，都不同程度地介绍、阐述、分析、论述过清代满语及满通古斯语族语言文字的历史、现状、使用、发展、变迁、研究等方面的诸多情况。在清代满语及满通古斯语族语言的全面比较研究的成果中，也有一些从语言分类学的理论视角展开比较研究的论文。例如，有朝克的《关于满-通古斯诸语的分类》(《世界民族》2000 年第 3 期)，以及张晰的《从语言特征谈我国满-通古斯语言的分类》(《满语研究》1995 年第 1 期) 等。

在国外，对于清代满语及满通古斯语族语言开展整体性比较研究成果也有不少。不过，更多的成果是从通古斯语角度开展的比较研究。其中，早在 1941 年就有野村正良在日本的《声音教育》第 2 期上刊发《关于通古斯语》一文，阐述过包括清代满语在内的满通古斯诸语语音、词汇、语法等方面的相关情况。在清代满语及满通古斯语族语言的类型比较研究、全面比较研究方面，日本的清代满语及满通古斯语族语言专家津曲敏郎做了卓有成效的科研工作，并发表不少有其独到建树的学术论文。其中,包括《通古斯语的类型和差异》(《北方诸文化比较研究》,1990)、《中国、俄罗斯的通古斯诸语》(《满语研究》1996年第2期)、《中国的通古斯诸语言》(《国立民族学博物馆调查报告》,2003)。还有,风间申次郎在日本的《语言月刊》上发表的《通古斯诸语言》(1991)之文。而且,在此方面日本清代满语在内的满通古斯语族语言专家风间申次郎做出的贡献较突出。比如说,风间申次郎先后在日本京都大学的《环太平洋的语言》、日本东京外国语大学的《语言研究所论文集》发表《关于通古斯诸语言表示可让性词尾》(1998)、《关于通古斯诸语言表示使役性词尾》(1998)、《通古斯诸语言的指定格》(1999)、《关于通古斯诸语言的确定宾格》(1999)、《关于通古斯诸语言表示让步的后缀》(2001)、《关于通古斯诸语言动词使动态的形态变化》(2002)等学术论文,对于清代满语在内的满通古斯语支语言动词的让步、使役形态变化语法现象,以及名词类词的有关格形态变化现象进行过比较研究。另外,玛拉楚克瓦(А.Л.Малъчуков)在《满语研究》2006年第1期刊登《通古斯语的动词完成时及其可见性意义》(范丽君译),从动词形态论的角度,比较研究过通古斯语族语言动词完成时的形态变化现象。对于清代满语及满通古斯语族语言的名词及其形态变化现象展开系统比较研究的成果,还有金周源的《通古斯诸语的人称词缀》(《历史语言学》,1985)、高尔茹瓦斯卡雅的《通古斯语满语动名词概论》(列宁格勒,1959),以及苏尼克的《通古斯诸语满语名词研究》(俄罗斯圣彼得堡科学出版社,1982)等有一定影响力的学术论著。从历史文化的角度,对于清代满语及满通古斯语族语言作比较研究的成果在国外也有一些。韩国的清代满语及满通古斯语族语言专家,在此方面也做出应有的学术贡献。例如,有成百仁在韩国淑明女子大学《中国文化》刊物上撰写的《中国满语研究现状》(1985)、金周源在《汉城大学博士学位论文集》(1988)、韩国《阿尔泰学报》(1997)等学术文集或学术刊物上发表的《满通古斯语族语言的元音和谐律研究》《论满通古斯语族语言前元音的发展和变化》等论文,以及金东昭在韩国首尔大学的《阿

第十六课　清代满语及满通古斯语族语言的全面比较研究

尔泰学报》1998年总第8期里发表的《新疆地区的通古斯诸语言》等中，均不同程度涉及清代满语及我国满通古斯语族语言研究现状、相关元音和谐律及元音变化原理等学术问题。

另外，美国清代满语及满通古斯语族语言专家林赛、格林伯尔等也在《语言刊物》1999年第2期刊发相关论文，提出清代满语及满通古斯语族语言相关分类要求和必要条件。国外清代满语及满通古斯语族语言全面研究方面也一定程度地体现在词汇研究领域。比如说，日本通古斯语专家风间申次郎先后发表《关于通古斯诸语言的方位名词》（日本北海道《北方民族博物馆研究纪要》1993年第6期）、《通古斯诸语言的基本名词》（韩国首尔大学《阿尔泰学报》，1997年总第7期）、《通古斯诸语言的基本动词和形容词》（日本千叶大学文学部《北方欧亚先住民语言文化研究报告书》，1998）等论文。尽管他的研究更多涉及中国和俄罗斯的通古斯诸语，但还是不同程度地论及清代满语。

第十七课
清代满语及阿尔泰语系
语言比较研究

　　清代满语及满通古斯语族语言属于阿尔泰语系，也就是阿尔泰诸语系列语言。这是因为清代满语及满通古斯语族语言同蒙古语族语言和突厥语族语言间存在诸多历史渊源关系。特别是，清代满语及满通古斯语族语言与蒙古语族语言间产生的诸多关系，一直引起语言学界的热议和关注。所以，在此领域取得的学术成绩确实不少。其中，最为显著的是清代满语及满通古斯语族语言同蒙古语之间比较研究的论著。还有，将清代满语及满通古斯语族语言同达斡尔语等比较研究的成果。

　　首先应该提到的是哈斯巴特尔在蒙古语同满语比较研究方面做出的突出成绩。他的代表性学术专著《蒙古语和满洲语研究》于1991年由内蒙古大学出版社用蒙古文出版。这一语言比较研究著作，主要由前言、蒙古语满语共有词辅音比较、蒙古语满语格形态变化语法词缀比较、蒙古语满语陈述式形态变化语法词缀比较、蒙古语满语形动词形态变化语法词缀比较等章节组成。该书从结构语言学、描写语言学、历史比较语言学和语言接触学的理论视角，对于蒙古语满语语音系统、语法形态变化结构体系内存在的鲜明的共有关系进行相当有价值、有力度、有思路的分析研究。同时，具体讨论时，为更清楚地阐

第十七课　清代满语及阿尔泰语系语言比较研究

述满语和蒙古语中存在的共有现象，还从满通古斯语族和蒙古语族的其他语言中引用有说服力的实例作为旁证，做了更具广泛意义而更加深入系统的比较研究。与此同时，他在《满语研究》上先后发表《关于满语和蒙古语某些辅音的比较（一）》（1992年第2期）、《蒙古语、突厥语和满-通古斯语第一人称代词比较》（2007年第1期）、《从数词"一"词源谈阿尔泰语系语言比较方法》（2009年第1期）等论文，比较研究满语和蒙古语辅音系统，比较分析阿尔泰语系清代满语及满通古斯语族语言和蒙古语族语言及突厥语族语言的第一人称代词关系。在他看来，由于阿尔泰语系语言数词中，出现相互区别的结构性特征而认为这些语言间不存在发生学关系是错误观点，对此需要词源学意义的科学分析和讨论。它们的基数词中不仅存在同源关系，而且它们是从早期的共同体发展而来的产物。他提出，对于这些同源词的阐释，还需要历史学、文化学、民族学等方面的理论知识来考证。

另外，哈斯巴特尔于2006年由民族出版社出版的《阿尔泰语系语言文化比较研究》上篇中，比较研究了清代满语及满通古斯语族语言与阿尔泰语系语言的复数词缀及人称代词；下篇从词源学、语音学、文化学、宗教学、社会学的角度，阐释了清代满语及满通古斯语族语言与阿尔泰语系语言内的有关社会文化、宗教信仰、狩猎生产、姓氏族称、自然现象、四季名称等方面的名词术语的历史来源问题。这一定程度上推动了我国清代满语及满通古斯语族语言和蒙古语族语言之间的比较研究事业。高娃于2005年由中央民族大学出版社出版的《满语蒙古语比较研究》一书，主要由序言、前言、上篇、下篇、附录等组成。下篇涵括满语蒙古语语音和字母比较、满语蒙古语音节比较、满语蒙古语元音和谐规律比较、满语蒙古语共有词语音比较等内容。下篇中涉及满语蒙古语静词类词形态变化语法现象比较、动词类词形态变化语法现象比较、满语蒙古语无变化词类比较等内容；附录包括清朝统治者年号的满语蒙古语对照表、天干地支满语蒙古语对照表、清代衙署名称满语蒙古语对照表、清代管理蒙古事务机构及与蒙古有关的公文知识简介、满语蒙古语汉语对照阅读文献、满语蒙古语对照常用词汇等。

对于满语及蒙古语语音、词汇、语法等某一个研究话题，展开专题讨论的论文也有不少。比如，在满语蒙古语语音比较研究方面，朝克在国内外相关学术刊物上先后发表一些论文。其中，《论满语和蒙古语的语音关系》（《蒙古语文》1989年第3期）、《满语及蒙古语共有词元音关系》（《日本青年语言学》，1990）、《蒙古语和满通古斯诸语代词比较研究》（《内蒙古大学国际蒙古学会议论文简介》，1998）等。我们掌握的满语和蒙古语比较研究论文表明，有相当数量的专题性研究均涉及满语蒙古语的共有词汇、借词关系、构词手段等内容。例如，乌日根等在《满语研究》1991年第2期上发表的《谈满蒙语语音相近词的语义关系》一文，阐述了满语和蒙古语语音相近词的语义关系及其使用特征。图门的硕士学位论文《满蒙家畜及狩猎用语共有词》，对于满语和蒙古语的畜牧业和狩猎业方面的共有词进行了比较全面的分析研究，该文用蒙古文撰写，于1988年由中央民族大学研究生院油印。额尔敦巴根在《满语研究》1992年第1期上刊登的《满蒙语数词的比较》和吴宝柱在蒙古文版《蒙古语言文学》1993年第4期上撰写的《满蒙语数词比较研究》等，对满语和蒙古语书面语的基本数词分别进行了比较研究，并认为满语和蒙古语数词的共有现象是早期接触中相互借用的结果。陶克敦巴雅尔在蒙古文版《蒙古语言文学》1993年第2期上刊登的《满蒙古语第一人称代词比较研究》，以及哈斯巴特尔在《内蒙古大学学报（蒙文版）》1993年第3期上撰写的《蒙古语和满语第三人称代词比较》等论文，比较分析了第一人称代词及第三人称代词的共有关系。高娃的《蒙古语和满语基本颜色词的比较研究》（《满语研究》2001年第2期）与《满蒙汉谚语语义比较》（《满语研究》2005年第1期）、晓春的《蒙古语联系助动词"ge"和满语联系助动词"sembi"的比较研究》（《满语研究》2001年第1期）、高娃的《满蒙谚语的现存应用、文献资料与研究》（《满语研究》2006年第2期）等论文，都是从词汇比较研究的理论视角，对于满语和蒙

第十七课　清代满语及阿尔泰语系语言比较研究

古语的语音相近词、家畜及狩猎词、谚语、颜色词、数词、人称代词、助动词等的结构特征、词义关系、语用条件展开词汇比较学、词义比较学、语用比较学、文化比较学意义的学术探讨。另外，孟达来的《从核心关系词的分布看蒙古语和满通古斯诸语的词汇关系》(《满语研究》2001 年第 1 期)中，对于满语和蒙古语书面语共有代词、助动词、近义词、核心关系词、谚语作了相当深入的比较研究。在这里，还应该提到的是，索德用蒙古文撰写的约 28 万字的硕士学位论文《蒙满语书面语构词词缀比较研究》。该论文于 1988 年由中央民族大学研究生院油印后，在我国蒙古语学和满语学的专家学者中得到较高评价。这一论文由前言、导论、蒙古语满语构词系统的有关问题、蒙古语满语构词词缀的比较分析、结论、注解、参考资料等章节和内容构成。他在硕士学位论文里，对蒙古语和满语中共有的构词词缀进行了较全面系统的分析研究。索德还同班布尔在《满语研究》1991 年第 1 期上发表论文《蒙满书面语部分构词附加成分比较》，讨论过蒙古语和满书面语中最常见的 13 例共有构词成分，进而明确提出这些共有构词具有发生学方面的联系。说到构词成分，朝克还在东京外国语大学亚非语言文化研究所的《语言文化接触》1993 年刊上，用日文发表《论蒙古语和满语的共同构词成分》，系统论述过这两种语言的共有构词词缀。

　　在已见到的满语及蒙古语词汇研究论文里，还包括从语言接触学、借词学的角度，探讨满语和蒙古语间的借词使用现象。比如说，有达古拉论述如何界定、区别满语和蒙古语同源词、借词以及研究方法论等学术问题的论文《辨别满语的蒙古语借词和同源词的方法和原则》，于《内蒙古大学学报（蒙文版）》2002 年第 3 期上发表。从而引起有关专家学者的一定关注。与此相关，索德在《满语研究》2005 年第 2 期内撰文《蒙古语科尔沁土语中的满语借词考》，从历史比较语言学的视角，阐释历史上蒙古科尔沁部落同满族间产生的密切往来及其关系。他认为，科尔沁土语中出现的满语借词，与他们这段历史中的文化交流及语言接触有直接关系。该文还利用丰富的田野调查资料和文献资料，充分联系相关社会历史文化背景，对蒙古语科尔沁土语中的满语借词进行了考证。在他的另一篇论文《蒙古语巴尔虎土语中的满语借词》(《满语研究》2009 年第 2 期)中，同样利用历史比较语言学的研究方法，论述了巴尔虎蒙古人在历史上与满族的密切交往，由此在巴尔虎蒙古语里留下与当时的物质文化和制度文化密切相关的名词、形容词、动词等满语借词，以及该蒙古语土语受满语一定影响的基本因素、条件与原理。还有斯琴巴特尔在《满语研究》2009 年第 2 期刊发《蒙古语中满语借词 ombolo 及其相关问题探析》，认为满语和蒙古语同属阿尔泰语系语言，二者之间不仅有大量的同源词，而且还有为数不少的相互借用的词语。蒙古语 ombolo "孙子"一词就是借自满语的 omolo "孙子"，该词被借入蒙古语之后，语音形式上发生了一些变化。在他看来，满语借词 ombolo "孙子"在蒙古语中有派生新词的能力。并且，由此派生的亲属称谓，对蒙古语固有亲属称谓词汇系统产生一定影响。

　　还有分析满语蒙古语语法形态变化现象的论文。哈斯巴特尔先后在《满语研究》上刊登的《关于满语领造格词缀和蒙古语领属格词缀宾格词缀的比较》(1993 年第 2 期)、《满语和蒙古语从比格词缀比较》(1994 年第 2 期)、《满语位格词缀和蒙古语与位格词缀》(1998 年第 2 期)、《关于满语和蒙古语动词陈述式词缀 -mbi/和 -mui（-müi）、-mu（mü）的比较》(1999 年第 2 期)、《满语动词 -ka、-ke、-ko、-ha、-he、-ho 词缀和蒙古语 -ɣa、-ge 词缀比较》(2002 年第 1 期)等，从不同角度和层面讨论满语书面语和蒙古书面语的名词类词形态变化语法现象，以及动词类词形态变化语法现象中出现的共同要素。敖特根其其格还在《满语研究》2006 年第 2 期上发表《论语义分析对确定同源词的作用——以蒙古语族和满-通古斯语族语言为例》，指出阿尔泰语系研究已有一百多年的历史，历史比较法得到充分的实践。尽管如此，直到现在同源词的存在仍受到怀疑，历史比较法的基本原则依然遭到质疑。以往的研究对语音对应规律的关注要比对语义的关注更多。

第十七课　清代满语及阿尔泰语系语言比较研究

在重新审视阿尔泰语系比较研究方法、进一步探索方法的突破时，语义相近原则应得到重视。

清代满语及满通古斯语族语言和蒙古语族语言的比较研究中，也有除满语和蒙古语之外语言间进行比较研究的内容。比如说，朝克于《民族语文》1988 年第 4 期上刊发《达斡尔语中的满-通古斯语借词》，论述达斡尔语日常交流中使用至今的满通古斯语借词。满语和达斡尔语比较研究方面，哈勘楚伦与胡格金台合著的《达斡尔语与满蒙古语异同比较》一书有其特殊的学术价值，于 1977 年由台北学海出版社出版。书的开头部分用蒙汉两种文字写的所谓前言，实际上应该叫凡例，因为在这一短小的前言里主要对该书的体例进行了说明。该书包括绪论、满语蒙古语达斡尔语词汇异同现象比较等九章。书中对于满族、蒙古族、达斡尔族的历史渊源关系进行了相当有价值的分析，尤其重要的是对于满语、蒙古语、达斡尔语基本词汇作了平面比较，由此展示出了这些词汇里存在的共同点和异同点，进而阐释了达斡尔语不属于清代满语及满通古斯语族语言，属于蒙古语族语言的学术观点。同时，对于这三种语言中存在的异同现象进一步深入比较研究，提供了必要且较成熟的语言资料和理论依据。该项成果，对于这三种民族语言词汇进行比较时，由于第一栏是属于用蒙古文写的蒙古语单词，所以也就按照蒙古文字母的顺序编排了所有的词汇，并在蒙古语单词下方附有罗马字母大写形式转写的达斡尔语单词，第二行是用满文写的满语单词，第三行为汉译词，第四行是英译词。书中共列举了 2464 个基本词条，其中满语与达斡尔语相同的词只有 147 条，而蒙古语与达斡尔语相同的词有 1433 条，满语与达斡尔语蒙古语相同的词有 299 条，满语、蒙古语、达斡尔语异同词有 492 条。书的最后，还用表格形式列举了清代满语及蒙古语、达斡尔语、维吾尔语、土耳其语的 100 条核心词。

与此话题相关的讨论，还有巴达荣嘎在《满语研究》1993 年第 2 期里发表的《满语与达斡尔语的关系》，其中从词汇学、语义学以及语言接触学角度，阐明了满语与达斡尔语里的共有词。同时，他指出清代满语和蒙古语相互接触和影响的漫长历史岁月里，彼此间留下的诸多借词。而且，他认为，清代满语和蒙古语中相互借用的词汇，绝大多数是属于名词，除此之外只有一小部分常用动词和形容词等，也谈到达斡尔语中的与清代满语有关的借词。还有，丁石庆在《满语研究》1991年第2期里撰写《清代达斡尔族满达双语现象形成的多元基础》，论述清朝兴盛时期受清代满语影响，达斡尔人逐步走入达斡尔语满语并用的双语社会的基本情况，还分析了达斡尔人当时使用清代满语的特定历史条件与社会因素。赵阿平编的《满通古斯语言与相关语言比较研究》（民族出版社，2008）中，收入了清代满语蒙古语比较研究、清代满语与达斡尔语关系研究、达斡尔语的清代满语借词等方面的学术论文。

在国外，清代满语及满通古斯语族语言，同蒙古语族语言间比较研究的论著也有不少。比如说，蒙古国的满语专家米吉德道尔基在乌兰巴托用新蒙古文出版了《蒙古语满语书面语比较》（1976）。该书主要从比较语言学和描写语言学的角度，较全面地比较研究了蒙古语和满语书面语共有词语音的共同点及异同现象。同时，还对复杂多变的形态变化语法词缀等作了较为细致的比较分析。这使蒙古语和清代满语书面语共有词的语音系统及形态变化语法词缀系统的研究，变得更加深入和规范。他还在蒙古国《语言文学研究》1977年第12期上撰写《蒙古语和满语基本同源词词素的对音关系》一文，阐述过蒙古语和清代满语同源词的语义变化和语音对应原理。日本的石滨纯太郎在《岩波讲座东洋思潮》1934年第5期上发表的《满蒙古语系统》一文，以及江实在在日本《东洋史研究》1964年总第21期内撰写的《蒙古语满语词汇关系》等论文，均不同程度地论述过清代满语和蒙古语书面语内出现的诸多同源关系。再说，韩国的著名满学家成百仁在韩国国立国语研究所的《国语生活》1985年第3期刊发《蒙古文和满文》一文，阐述过蒙古文和清代满文的历史渊源关系。1999年首尔大学还出版过成百仁的《满语和阿尔泰诸语研究》。书中主要包括成百仁对

第十七课　清代满语及阿尔泰语系语言比较研究

于《汉清文鉴》《同文类解》《御制清文鉴》《清文启蒙》《旧满洲档》《满文老档》等清代满文文献资料的满语书面语语音、词法、语法以及满文文字方面开展学术讨论的科研成果。当然，也包括论述清代满语书面语和蒙古语书面语渊源关系的内容。这是一项将清代满语同阿尔泰诸语言进行深入比较研究的、有相当高学术价值的科研成果。

总之，现已出版或发表的关于清代满族语言文字同其他民族语言文字间相互接触、相互影响、相互渗透、相互作用方面的论著里，讨论清代满语与汉语间接触关系及相互影响方面的成果最多，其次是属于讨论清代满语和蒙古语接触关系的论著。不过，也有讨论清代满语和通古斯诸语言、清代满语和达斡尔语之间，产生的不同接触关系及互相间不同程度的影响等论文。而且，这些成果绝大多数是20世纪80年代以后公开出版或发表。其中，大部分论文发表在《满语研究》之专业类刊物上。这些论著的相继发表和出版，使人们对于清代满语与同语族、同语系、同一社会环境中使用的语言之间产生的复杂多变的历史关系、社会因素、人文交流，以及不同层面和不同程度的相互影响和作用等，有进一步深入了解和科学把握。同时，给予人们对清代满语言文字从兴盛走向衰亡的社会因素的探讨提供必要理论依据。另外，通过以上分析讨论，我们还可以认识到，将清代满语满文与通古斯语系语言文字作比较研究成果里，对清代满语书面语和蒙古语书面语语音、词汇、语法展开学术讨论的成果论著占绝大多数。其次，应该提到，清代满语书面语同蒙古语族达斡尔语间进行的比较研究成果，对于清楚地认识和把握清代满语书面语同相关亲属语言间产生的错综复杂的关系，有其特定参考价值和深远的学术思想意义。

第十八课
清代满语与汉语对比研究

　　清代满语书面语研究资料显示，有不少从语言对比学、语言接触学、语言演变学、语言影响论等角度，对于清代满语同其他民族语言间展开的对比性研究、相互借用关系研究、相互影响和作用现象研究的学术成果。相比之下，清代满语和汉语的一些关系词作对比分析，或对相互间的借用关系进行讨论的论著要多一些。特别是，分析清代满语和汉语北京话的相互接触、相互影响、相互渗透、相互作用现象的内容显得十分丰富而引人注目。

　　例如，20世纪30年代就有赵振纪在《华年周刊》1934年第3期上撰写的《北京话中的满语成分》、毛汶在《国学论衡》1937年第9期上发表的《满文汉化考略》等论文，从不同视角阐述过满语同汉语的接触中所受到的相互影响。对此问题展开一定深度和广度的学术探讨，并取得较理想的学术研究成绩的是20世纪80年代以后的事情。其中，做出较突出贡献的是赵杰和爱新觉罗·瀛生两位满语学专家，他们的论著基本上都涉及了清代满语，同汉语东北方言或汉语北京话的深度接触中，在清代满语和汉语及其方言土语的语音、词汇、语法等语言学诸多领域产生的彼此间深刻而深远影响。例如，赵杰的《现代满语与汉语》就是属于其中的代表性成果。该研究性著作，于1993年由辽宁民族出版社出版。该书以黑龙江省泰来县现存清代传承的满语口语调查资料为基础，对从汉语东北方言中大量输入各种活力强的

第十八课　清代满语与汉语对比研究

语言要素不断充实由清代传承的满语口语的实事为理论依据,论述了受汉语东北方言强烈影响的满语口语音变规则以及衰变原理。《现代满语与汉语》中还明确提出,汉语东北方言的基本词语大量而不断地借入,使黑龙江省内由清代传承的满语口语固有现象出现裂变,导致了所谓满语口语语音发生连锁性变化。同时,还阐明了受汉语东北方言的强势影响,使由清代传承的满语口语使用者的思维方式不断产生有规律的深刻变化,这使由清代传承的满语口语语序逐步趋同于汉语语序。该书还从另一个视角探讨了清代以后的汉语北京话,受清代满语口语影响而逐渐形成具有特殊音高形式的京腔汉语之语言事实。进而认为,受清代满语口语影响而形成的"满语式汉语京腔北京官话",对周边地区的汉语也有一定程度的影响和作用。该书的出版,对于人们了解黑龙江省个别村屯内使用的,由清代传承的满语口语受汉语东北方言影响,对于弄清汉语北京话的语音特征及其音变原理,以及正确认识由清代传承的严重濒危满语口语衰变原理等,都提供了很有价值的学术理论思考。

其次,赵杰专门分析由清代传承的满语口语和汉语北京话的接触和相互影响的专著《满族话与北京话》,于1996年由辽宁民族出版社出版。书中从语言接触学角度,论述了由清代传承的满语口语对汉语北京话(京腔话)的语音与有关词义结构的影响,阐明了清代满语及由清代传承的满语口语同汉语相互接触和相互影响的漫长历史。进而深入而系统分析了汉语北京话产生的历史背景,以及清代满语及由清代传承的满语口语内,同汉语融合而产生的新词等深层学术问题。该书的出版,对于了解汉语北京话的来龙去脉,把握清代满语及由清代传承的满语口语同汉语相互接触中出现的一系列共有现象,以及在语音、词汇、语法方面彼此出现的相关变化等均有较强的学术参考价值。

此外,赵杰的另一本讨论满语和汉语北京话语音接触关系的研究著作《北京话的满语底层和"轻音""儿化"探源》,于1996年由北京燕山出版社出版。该书主要由序言、清代北京话的语言接触、北京话的满语底层例析及满汉词语的融合规律、京腔方言岛(指汉语北京方言区）的空间差异与北京话的时间发展、汉语北京话的"儿化"与"轻音"现象、满汉语言融合所启示的理论与方法等内容组成。书中揭示了汉语北京话的语音底层结构，分析了受清代满语影响而出现的"儿化"与"轻音"二源性语音特征，阐释了清代满语和汉语的融合性音变规律。除此之外，赵杰还先后发表《北京香山满语底层之透视》（《中央民族学院学报》1993年第1期）、《清初满语京语重音前移及其对京腔汉语的影响》（《满语研究》1995年第1期）、《满语对北京语音的影响》（《满语研究》2002年第1期）、《京郊火器营北京话中的满语词》（《民族语文》2002年第1期）等系列论文，对于清代满语和汉语相互接触时，彼此间语言底层结构中产生的不同程度的影响和作用，包括彼此语言的语音系统里出现的互动性变化和特殊性演变，以及词语的相互借用和影响等展开了更加具体而有价值的探讨。

  在此研究领域，爱新觉罗·瀛生也发表过相关论文，出版过有关专著。例如，他分析汉语北京话里出现的清代满语成分的专著《北京土话中的满语》，于1993年由北京燕山出版社出版。书内有绪说、北京话、北京话的前身、北京话的形成和发展、北京话中的满语词汇等部分。其中，第一部分绪说首先简述了北方汉语方言和北方少数民族语的关系，同时较全面概述了宋、辽、金、元等朝代的汉语北方方言的基本情况。第二部分先对汉语北京话进行了概述，继而简述了汉语北京话的语音结构特征，并用一定数量的汉语北京话词语，论述了北京话独有的语言特征，以及轻声音系统和歇后语体系等。第三部分从燕京语谈到元代大都语，接着论述了辽、金、元、明等朝代的汉语东北方言。第四部分首先分析了清代八旗组织中的汉族及其语言关系，讨论了汉语沈阳话同清代满语的接触关系。尤其重要的是，书中还分别叙述了清代雍正、乾隆、嘉庆、道光、咸丰、同治时期的汉语北京话的基本情况。书的最后还附有80条汉语北京话中的清代满语例词。这本书的出版，使人们可以从语言接触学角度，以及汉语方言形成多元论的理论视角，更加深入而客观实在地了解和把握汉语北京话形成的历史命脉。另外，爱新觉罗·瀛生从1987年至2004年间，在《满

第十八课 清代满语与汉语对比研究

语研究》上，先后以"谈谈满语的京语"（也就是满语北京话）为题连续发表十余篇学术论文，着重论述了受汉语影响的东北清代满语标准语与北京满语语音系统以及语音演变中出现的一系列的异同现象。他在这些论文中认为，清代满语北京话（所谓的"满语的京语"），是指在北京和以北京为中心的周边地区使用的清代满语及由清代传承的满语口语，也可以说是北京的清代满语方言。他坚持认为，清代满语的北京话语音结构系统，同清代满语标准语十分相近，只不过在某些语音方面有所差异而已。通过语音结构系统的深入而全面的分析研究，爱新觉罗·瀛生明确提出，清代满语及由清代传承的满语北京话口语语音系统，同黑龙江省由清代传承的严重濒危满语口语语音系统十分相近，所谓拉林满语属于清代北京满语口语的分支，拉林满语口语使用者是在清代乾隆九年（1744）之后陆续从北京迁至黑龙江省拉林地区的清代满族及其后裔。由于由清代传承的严重濒危满语口语区，远离城镇或汉民居住区及多民族杂居区，所以较好地保留了清代北京满语语音结构系统及其特征。在他看来，清代北京满语口语语音特征并非形成于京城，而是形成于我国东北，是受汉语东北方言影响的产物。清代满语北京话语音是满族从关外故土带进关内，受汉语东北方言一定影响的满语口语语音形式。反过来讲，该满语口语在北京这一特定地域环境和语言环境及其社会历史条件下，受汉语北京话的长期而直接影响而又产生了一定程度的变化。而且，其变化主要体现在满语口语的语音方面。他的论文还列举了若干清代满语北京话语音变化的具体实例。这对于人们了解清代满语东北方言语音结构系统和语音演变形式和规律，研究清代满语北京话语音及其演变原理等，均有较高的参考价值和实用价值。

季永海在《满语研究》1985年创刊号上发表《论满语中的汉语借词》一文，论述过从汉语借入清代满语的有关名词、动词、量词等。他认为，清代满语里大量涌入汉语借词，同满族入关后提倡的学习汉语汉文，用汉文开科取士等有必然的内在联系。季永海还在《满语研究》1991年第2期上发表《清代满汉音韵书三种》之文章，以清代编写印刷的《圆音正考》《同文韵统》《音韵逢源》三本清代满文语音资料为据，讨论了清代满语和汉语接触中，在语音方面相互造成的影响和作用。张嘉鼎也在《满语研究》1989 年第 2 期内撰写《北京现存满语杂记》之文，阐述过汉语北京话里经常使用的 30 个清代满语借词。与此相关，胡增益在《中国语文》1989 年第 5 期中发表的《满语的 bai 和早期白话作品"白"的词义研究》，将清代满语书面语里使用的 bai 一词，同早期汉文白话作品中出现的"白"字词义作了对比分析。白立元还在《满语研究》上撰写《满汉词义的对比与翻译》（1989 年第 2 期），探讨过清代满语书面语中的一些词，同汉语相关词间存在的诸多语义学、词义学方面表的异同现象。他还在论文里罗列一系列清代满语和汉语中经常出现的关系词，并从词义学和翻译学角度进行了对比研究。进而，他指出，清代满语和汉语的交替使用，使那些关系词词义中出现多对一、一对多、一对一、一对零等对应现象。马彪在《满语研究》2009 年第 1 期上发表《哈尔滨方言状态词缀的类型学特征——兼与周边的满语等语言对比》，提出汉语哈尔滨方言中的状态词缀，属于单音节词缀或多音节词缀。其主要特点是词根、词缀结构松散，词根可以单独使用而词义基本不变，词缀位置固定、缺少独立性，无实际意义，只描摹某种状态。他将哈尔滨方言状态词缀的这种现象，与清代满语词缀进行类型对比基础上，认为该实例有其独特读音规律和语用含义，是一种介于构词词缀与构形词缀间的产物。

　　清代满语同其他民族语的接触研究成果里，也有从社会语言学、文化语言学、语用学等角度，论述清代满语展示的不同文化、不同地区、不同民族之特征的论文。例如，《满语研究》上先后刊发的有赵杰的《旗人语言才能探因》（1996 年第 1 期）、邓天红的《论满族语言文学的主要社会功能》（1996 年第 2 期）、赵志忠的《从〈清文启蒙〉看清代前期满族人的双语使用》（2000 年第 1 期）、杨惠滨的《入关前满族语言中的物质经济文化基因》（2001 年第 1 期）、哈斯巴特尔的《从满语 butambi 词源文化看不同民族关系》（2002 年第 2 期）、佟永功的

第十八课　清代满语与汉语对比研究

《对清末至民国年间呼伦贝尔地方公文中使用满文情况的考察》（2000年第2期）等，以及阎崇年在《中外文化交流》1996年第1期上刊登的《满文——中西文化交流的桥梁》，等等，都是从不同视角论述清代满族的语言转换功能和多种语言使用能力，分析在不同语言文化的接触中清代满族语言文化所发挥的作用。其中，也有阐述清代满语中体现的特定时期的特定文化背景，相关民族间的共有语言习惯等，还有考证清代公文中满文使用情况，探讨清代中西交流中满文发挥的历史作用等的学术文章。

满语学专家学者对于清代满族同汉族的接触过程中，从满语汉语双语交流到单用汉语、从满文汉文的使用转到单用汉文、从满族汉族双重语言文化社会逐渐演变为以汉族语言文化为主流的社会问题，对于满语逐渐衰退乃至走向消亡的现实问题，对于满族的现代化进程中如何更好地开发和利用母语和满文等学术问题，也做过不同程度、不同层面、不同角度的学术讨论。例如，分析清代初期满族广泛使用双语现象的论文，有赵志强在《满语研究》2000年第1期上撰写的《从〈清文启蒙〉看清代前期满族人的双语使用》。阐述清代满族同汉族的接触中逐渐丢掉本民族语，并用汉语作为主要交流语言之现象的论文，有王会银在《中央民族学院学报》1991年第4期上刊登的《浅论清代满族改操汉语问题——兼谈满汉民族关系》。讨论汉语言文字对满族语言文字带来深刻影响，以及分析清代满语的演变原理的论文，有黄锡惠在《满语研究》2001年第2期至2003年第1期里连续发表的《满族文字的异质文化影响（一）（二）（三）（四）》、赵杰在《中央民族学院学报》1987年第4期上刊登的《满语的变化》、周澍田等在《满语研究》1998年第2期上撰写的《论满族语言文字的演变》、张杰在《北方文物》1995年第1期中刊发的《清代满族语言文字在东北的兴废与影响》、张丹在《黑龙江史志》2002年第2期里发表的《浅谈汉语言文化对满族语言文化兴衰的影响》、季永海在《满语研究》2004年第1期内刊发的《从接触到融合（上）——论满语文的衰落》、佟永功等在《满语研究》1985年创刊号上刊登的《盛京满语兴衰谈》、傅莉莉等在《松辽学刊》（哲学社会科学版）2000年第5期的《试论民族基地与语言兴衰关系——满语衰亡原因考证之一》、嘎日迪等在《满语研究》2002年第2期中撰写的《关于我国满文信息化处理现代化技术方面的进展》，等等。

总而言之，我国在清代满语与汉语对比研究取得相当理想的学术成绩。特别是，清代满语与北京话语音、词汇对比研究和相互影响研究获得不凡的学术业绩。其次，清代满语与汉语北方方言的对比研究，包括满语与汉语词缀类型、满语和汉语翻译、满语与汉语双语使用、满语与汉语语言关系、满语与汉语融合现象等研究领域都做出鼓舞人心的学术贡献。

第十九课
清代满语及北极圈、东北亚相关语言对比研究

　　清代满语及满通古斯语族语言与相关语言关系研究，也涉及北极圈及东北亚诸民族或族群语言间进行比较或对比研究的成果。其中，就涉及同日本的阿伊努语、日本语、朝鲜语，以及印第安语、因纽特语（爱斯基摩语）、萨米语等展开学术讨论的论著。例如，朝克在学习日本阿伊努语和阅读日本阿伊努语研究成果及相关语言调查报告时，发现该语言同我国阿尔泰诸语言，尤其是同满语在内的满通古斯诸语言间存在的许多共有关系，且涉及语音、词汇、语法等语言学诸多学术领域。同时，他认为，这些共有关系，不像日本语言学专家学者所说，阿伊努语与阿尔泰语系语言毫无关系，而是有着深层次十分复杂的内在联系。对此学术问题，朝克展开了比较深入的学术探讨，并先后在国内外语言学学术刊物上发表了一系列论文。他明确提出，日本阿伊努语和满语在内的满通古斯语族语言间，存在一定程度的历史性的深层共有关系。他认为，对此共有关系的讨论，需要语言学专家学者们细致认真的长期性科学探讨，才能做出最后的客观实在而令人信服的结论。同时，朝克还指出，现有的语言学资料以及所取得的一些科研成果，还无法对此问题下更快的明确结论，该学术问题的最终解决，不仅需要语言学研究成果，还需要民族学、历史学、考古学、

体质人类学等方面的科学研究。在他看来，满语在内的满通古斯语族语言跟阿伊努语间出现的这些共有词，提醒我们不能简单地把它们能看成是偶然现象或相互借用关系，必须要用科学态度一五一十地深入系统研究。对此问题展开研究时，尤其应该避免和回避带着传统的学术观点或已有的结论性眼光及学术态度去讨论，或为保护和论证某一不成熟的个人学术愿望及相关看法去论述。这样我们的科研工作，就会失去实事求是地为语言真理服务的目的。事实上，朝克在发表该论文之前，在日本《早稻田大学语言文化研究》1990年第 3 期上发表《论日本阿伊努语和通古斯诸语共有词词义关系》之文，论证日本阿伊努语和满通古斯诸语间共有词词义关系。后来，他用中文和日文又连续发表《论日本阿夷奴语和阿尔泰诸语代词的关系》(《民族语文》1993 年第 3 期)、《论日本阿伊奴语和满通古斯语的有关名词——与社会及生活用品有关的几个名词》(《满语研究》1994年第 1 期)、《论日本阿夷努语和通古斯诸语共有词的元音对应规律》(《满语研究》1999 年第 1 期) 等系列论文，论述日本阿伊努语同清代满语及满通古斯语族语言内共同使用的狩猎生产、宗教信仰、温寒带地区的动植物、温寒带自然景观及自然现象方面的名词术语、代词、动词等的语音和语义关系，包括相关语音变化规则、语音对应规律进行了深入的对比研究，从而论证了它们间存在语言学意义上共有关系。另外，朝克在 2020 年由中国社会科学出版社出版的《日本阿伊努语及阿尔泰诸语比较研究》一书中，广泛使用了包括清代满语在内的满通古斯语族语言语音、词汇、语言实例，使该项研究成果更具说服力、影响力和权威性。

  清代满语及满通古斯语族语言与朝鲜语及韩国语的对比研究方面，同样取得了较理想的学术成绩。其中，就包括奇车山在《满语研究》1995 年第 1 期上发表《朝鲜语和满语、锡伯语同源词的语音对应规律探析》的论文，从比较语言学和对比语音学的角度，探讨了清代满语书面语等的相关词语同朝鲜语间存在的共有关系，以及这些共有词内出现的语音对应现象等。与此相关，赵杰在《满语研究》1999

第十九课　清代满语及北极圈、东北亚相关语言对比研究

年第 1 期上发表《满语词与朝鲜语语系归属》，依据满语及朝鲜语的共有词，论述朝鲜语的语系归属问题。赵杰还在《第二届国际满学研讨会论文集（下）》（1999）中发表《满语、朝鲜语语音对应规律探拟》，阐述满语和朝鲜语共有词中存在的语音对应规律。

　　十分有趣的是，清代满语及满通古斯语族语言与相关语言关系的研究中，还有该语族语言同印第安语、因纽特语、萨米语等展开学术讨论的内容。例如，朝克于《民族研究》1998 年第 6 期上刊登的《论印第安诸语和满-通古斯诸语中共有的宗教称谓》及在美国《宗教学》上发表的《论美洲印第安人和中国北方民族原始宗教关系》（1997）论文里论述了清代满语及满通古斯语族语言和印第安语内共有的宗教称谓。另外，在他的《关于芬兰萨米语和满通古斯语族语言的共有词》（北京萨米语言文化国际讨论会论文，1998），以及《关于通古斯诸语和爱斯基摩语共有名词》(《满语研究》2001 年第 1 期)等论文中，分别讨论了清代满语及满通古斯语族语言同萨米语及爱斯基摩语内存在的共有名词。进而认为，这些语言内存在一定程度的共有关系。而且，这种关系所表现出的往往是与他们的早期历史文化命脉相关的深刻内涵。

　　在国外，满语与相关语言的对比研究领域，取得较明显成绩的是韩国的满语学界。尤其是从 20 世纪 50 年代以后，韩国的满语学专家学者对满语书面语和韩国书面语开展相当有学术价值和有分量的对比研究。其中，李基文 1951 年的硕士学位论文《满韩文结构共性研究》，以及于 1958 在德国威斯巴登发表的论文《满韩语比较研究》等；金东昭被《常山、李在秀博士花甲纪念论文集》收录的《韩语满语的基础词汇比较研究》（1972）、《韩语和通古斯语的语音比较研究》（晓星女子大学出版部，1981）、《韩语满语音比较》（庆北师范大学《国语教育研究》，1975）等；朴恩用在《晓星女子大学研究论文集》内撰写的《韩语满语比较研究（上）》（1974）以及《韩语满语比较研究（中）》（1975）、在《韩国古代文化与邻接文化关系》上发表的《韩

语满语形容词比较研究》（1981）等论文；朴相圭于 1981 年在《庆源工专论文集》上发表的《关于韩语满语相互关系的历史考察》；金秉义于 1982 年撰写完成的硕士论文《韩语满语格功能比较研究》；申硕焕于 1983 年在《马山大学人文科学论文集》内撰写的《满语韩语 dē 之比较研究》；还有金亨柱于 1984 年在《东亚论丛》里发表的《韩语满语接尾词比较研究》，以及崔东权于 1988 年完成的博士学位论文《关于满语韩语名词句比较研究》等。尤其是，成百仁在韩国语言学会办的《语言学》1978 年第 3 期上刊登的《韩语和满语比较研究——关于阿尔泰诸语词头破裂音体系重构问题》等。以上发表的学术论文和有关硕士、博士学位论文，对满语和韩语（朝鲜语）在语音系统、语音演变现象、语法形态变化体系、句子结构特征、基本词汇关系、词义内涵、语用格式等诸多领域存在的共有关系进行了十分有价值的对比研究和科学探讨。从而，较全面而翔实地论证了满语和韩语（朝鲜语）间富有的悠久而深远的历史关系。

　　日本的清代满语及满通古斯语族语言研究专家也做出了一些成绩。其中，包括保井克己在《满族学会学报》1944 年第 4 期上发表的《日语满语类型考》一文，从语言类型学的层面论述了日语和满语间存在的共有关系。特别是，福田昆之于 1988 年由日本 FLL 社出版的《日本语和通古斯语》之成果，在较大范围、较全面地阐述了满语及日本语间多层面、多范围、不同程度存在的错综复杂的共有关系。他的研究，在满语和日本语共有词研究方面，确实有一定影响力和学术价值。津曲敏郎的《通古斯诸语及上古日语语法类型的共同点》在《日语系统论之现在》（2003）上刊发之后，引起学术界的很大兴趣和关注。另外，河野六郎于《朝鲜》1941 年第 33 期上发表《从语言学角度看朝鲜和满族关系》，对满语和朝鲜语中存在的共有关系展开学术分析。总之，日本学者在此学术领域，取得的学术成绩不太突出。

　　综上所述，在清代满语及满通古斯语族语言同朝鲜语和日本语的对比研究成果中，占有重要位置的是朝鲜语和满语学界的专家学者所做出的学术贡献，其次是日本的有关专家学者。而且，他们的研究成

第十九课 清代满语及北极圈、东北亚相关语言对比研究

果主要体现在满语书面语同朝鲜语、日本语以及汉语中出现的有关共有现象进行对比研究方面。其中，满语同汉语的共有现象占优势。相比之下，满语同日本语进行对比研究的论文要少一些。换言之，这些比较研究或对比研究成果的发表，对于满语同其他语言的比较研究或对比研究事业带来了更广阔、更丰富、更多的思维空间和研究视野。

清代满语及满通古斯语族语言跟北极圈相关语言，包括北欧的萨米语及爱斯基摩语、日本阿伊努语和乌依勒特语及日本语，甚至同美洲的印第安语，还有与韩国语等进行对比研究的成果也有一些。其中，清代满语及满通古斯语族语言跟韩国语作对比研究有一定代表性。除此之外，也有清代满语及满通古斯语族语言，同萨米语、因纽特语、印第安语、日本语、乌依勒塔语等相关语言展开的对比研究，但其数量十分少，从而显得更加珍贵。而且，对于这些语言的共性性化结构特征研究，往往运用历史学、地理学、地名学、民族学、人类学、文化学、宗教学等方面研究方法和理论。这些研究成果的公开发表一定程度上拓展了清代满语及满通古斯语族语言研究领域，也进一步丰富和发展了清代满语及满通古斯语族语言的科研工作和研究内容。总之，清代满语同东北亚及北极圈相关语言的比较研究或对比研究，更多地体现在共有关系、相互影响关系、相互接触关系的研究等方面。

第二十课
清代满语满文研究的
三个历史阶段

前面从不同研究视角、不同研究领域、不同学术层面，较全面系统地阐述了清代满语满文科研成果时，也都不同程度地论及中华人民共和国成立后该项研究事业取得的各方面学术成绩。本课主要将前面讨论的不同内容同其他相关科研工作紧密相连，包括国内外科学研究及获得的学术成绩等，划分为三个历史阶段，进行综合性论述。

第一个历史阶段

20世纪初至20世纪40年代末是第一个历史阶段，我国清代满语研究工作的侧重点，几乎放在有关满文文献资料、满文档案、满文墓碑文的考证、注释、分析整理，以及满语词汇的研究等方面。在此研究领域取得的学术成绩在国内外相关学术刊物上相继发表的同时，也出版或油印一些研究性著作或教科书和工具书等。在国外，以西方的李盖提（Louis Ligeti）、克恰诺夫、康丹（Daniel Kahe）、日本的桑原骘藏、石田干之助、鸟居龙藏、渡部薰太郎、园田一龟、田村实造、

第二十课 清代满语满文研究的三个历史阶段

山本守、山路广明和韩国的李基文等为代表，出现了一批清代满语研究专家学者。在这一时期，国内外专家学者的成果中，对于20世纪30年代新发现的《老满文档册》《新老满文木碑》等，十分珍贵的清代满文文献资料展开相当有成效的学术讨论。在这一时期的论著，也有一些从应用语言学和描写语言学视角，对清代满文语音系统、词汇特征、语法结构，包括清代满文创制和使用等展开学术分析的内容。其中，包括渡部薰太郎的《日语满语类集语汇》（1929）、羽田亨的《满和词典》（1937）、今西春秋的《满和对译满洲实录》(1938)，以及波斯特的《满语语法》（1940）等。

总之，自从清初满文创制到20世纪40年代后期，第一历史阶段的漫长历史进程中，对于我国清代满语研究工作的成绩主要体现在：（1）创制了满文，并对新创制的满文进行了多次修改和优化；（2）编写完成多种版本的满语文教材，同时对这些教材作了多次修改与补充；（3）留下了浩如烟海的清代满语满文历史文献和档案资料，以及单语种、双语种、多语种语言、文化、历史、军事等资料；（4）发表或印刷了数量可观的有关女真语及其初级阶段的满语满文研究学术论著等。

其他相关研究成果及取得的学术成绩，可以参阅第二课内对"清代满语满文研究"中全面系统分析讨论的内容。

第二个历史阶段

20世纪40年代后期至70年代后期的30年，是清代满语研究事业的第二个历史发展阶段。在这30年时间里，国内外的满语专家学者对清代满语满文开展深入研究，同时对于清代满文档案资料进行了针对性和选择性搜集整理，并对由清代传承的严重濒危满语口语开展田野调查，收集了一定数量的第一手口语资料，并对这些口语资料作了初步分析。在这一历史发展阶段，我国在清代满文历史文献及档案资料搜集整理、翻译解读方面培养了一批优秀人才。在世界各国的清代满文历史文献及档案资料有3000多种，300万余册。其中，约200万册在我国，绝大部分收藏在中国第一历史档案馆。另外，也有一部分收藏于东北三省（沈阳故宫博物院）、内蒙古自治区、西藏自治区及台湾地区的档案资料馆和图书馆，以及相关大学及科研机构的图书资料室。其中，辞书就有50多种，约3万册。收藏清代满文文献及档案资料最多的中国第一历史档案馆，也就是当时故宫博物院的文献部，成立于1925年10月，下设古物馆、图书馆和总务处等机构。图书馆内部分设图书和文献两个部，分别负责满文图书和档案保管工作。1928年10月，文献部改称文献馆，并与图书馆分离，成为故宫博物院独立性质的清代满文文献保管部门，专门负责管理明清档案资料。中华人民共和国成立后的第三年，也就是1951年5月，故宫博物院文献馆改称档案馆；1955年12月，故宫博物院满文档案馆又改称中国第一历史档案馆，划归国家档案局；1959年10月，中国第一历史档案馆并入中央档案馆，改称中央档案馆明清档案部。

在我国收藏的少数民族档案文献资料里，数量最多的是满文历史档案和文献资料。中华人民共和国成立后，我国清代满文档案资料整理翻译解读工作迈入全新意义的历史发展阶段，进而取得鼓舞人心的学术成绩。中华人民共和国成立初百业待兴的岁月，国家拿出专项经费培养出第一批从事清代满文历史文献及档案资料研究，包括其他文种的清代文献资料研究的人才队伍。当时，满语使用人已经不多，满文专业人才更是寥寥无几，全国各大院校几乎均无满语文专业，导致从事清代满语文档案资料搜集整理和分析研究人才极缺，满文档案资料难能开展搜集整理和分析研究工作。1954年，国务院提出培养满文人才的重要性，并责成中国科学院抓紧落实。在满文教师急缺、学生难招的情况下，20世纪50年代中后期开办的满文培训班只有2名学生毕业，并分到中国科学院民族研究所工作。1960年，国务院的督促和专项经费的资助下，中央民族学院开设满文班，专门培养清代满语文研究人才。1961年9月，按计划拨付专项经费，在中央民族大学正

第二十课　清代满语满文研究的三个历史阶段

式开设学制 5 年的满文班，并招收 21 名学生。教满文的老师中，有从新疆精心选调的懂满语文、锡伯文和汉语文的三名锡伯族教员。1966 年的毕业生中，有 6 名学生分配到当时的中央档案馆明清档案部工作，并于 1972 年启动满文档案的整理和翻译工作。然而，满文档案数量巨大，整理翻译任务艰巨，仅靠有数的几位专业人员根本无法完成。

这种情况下，1972 年国务院科教组在对故宫博物院、中央民族学院、南开大学等院校开展满文教学和翻译工作深入调研基础上，于 1973 年 1 月调研组向中央提交以"关于满文档案和现有满文人才基本情况"为题的调研报告。该报告主要涉及：（1）故宫博物院收藏的清代满文档案现状及其整理翻译工作的重要性和开展学术研究的实际意义；（2）国内外从事清代满语言文字研究人才的基本情况；（3）故宫博物院满文档案工作面临的一系列新问题及应对措施三个方面内容。同时提出，清代满文档案资料搜集整理和分析研究工作的紧迫性和必要性，包括调研中统计的国内从事清代满文档案资料搜集整理工作的人数和人才极缺情况。还涉及从新疆锡伯族招收精通锡伯语言文字及懂汉语汉文的青年学子，到故宫博物院满文档案馆边工作边学习等具体建议。随后，经国务院批准，在各有关部门的积极协调和努力下，共招收包括新疆察布查尔锡伯自治县的 6 名高中应届毕业生在内的 30 名青年学员。他们于 1975 年 8 月 1 日起，在故宫博物院边学满文边直接参与清代满文档案整理翻译工作。同年 10 月 20 日，新成立的 3 年学制的满文班正式开讲满文课，课程内容涉及满语语音、满语语法、满文翻译及现代汉语、明清史、近代史等课程。满文教学中使用的是清代满文教材的油印装订本。1978 年 9 月，满文班学员圆满完成学习任务，全班 20 名学员毕业后基本上留在故宫博物院明清档案部工作。在他们的辛勤努力下，过去的 40 余年时间里，在清代满文历史文献及档案资料整理翻译工作取得很大的学术业绩。

这些成绩的取得，首先同及时培养急需人才有关，使清代满文历史文献和档案资料整理研究专业队伍增加到 29 人，壮大了清代满文历史文献和档案资料搜集整理、分类编目、翻译解读、分析研究专业队伍。其次，通过系统学习，很大程度上提升和强化了清代满语语法、汉语文、历史文献及档案资料整理翻译等方面的基础知识和理论水平，进而一定程度上提高了清代满文历史文献和档案资料整理翻译工作质量。自从 1925 年故宫博物院明清档案部成立到中华人民共和国成立的近 30 年间，我国清代满文历史文献和档案资料整理翻译出版成果可谓微乎其微，只有《阿济格略明事件之满文木牌》（1935）等，对清代满文木牌资料进行转写和译注的出版物及一些零星论文或文章。从 1949—1978 年，虽然不断充实和加强清代满文历史文献和档案资料整理翻译工作，但印刷出版的成果并不十分显著，出版有《清代地震档案史料》（1959）及满文奏折的汉译文等。

从 20 世纪 50 年代中后期至 70 年代中后期的 20 年中，除中国科学院、中国第一历史档案馆、中央民族学院、北京大学、内蒙古大学、南京大学等科研院校之外，像日本、韩国、美国、德国、俄罗斯、芬兰的一些大学也先后开设过速成形式或短期而辅助性质的满文专业班或满文课程，培养了清代满文历史文献和档案资料科研工作人员及清代满语或满通古斯语族语言研究的专门人才。另外，我国台湾地区的满文专家，对清代满文历史文献和档案资料研究方面也做出一定成绩，出版了有较高学术理论价值的专著及译著。有台湾的李学智合著或独著的《清太祖朝老满文原档（译注 I、II）》（1970）、《老满文原档论辑》（1971），以及陈捷先的《满洲丛考》（1963）等。

在此历史发展阶段，国外出版相关科研成果。其中，包括帕什阔夫的《满语简单句句法》（1950）、埃里希·豪尔的《德满词典》（1952—1955）、朴昌海和刘昌惇的《韩汉清文鉴索引》（1960）、海涅什的《满语语法》（1961）、罗布森扎布的《蒙满词典》（1968）等。同时，韩国的李基文、刘昌惇、崔鹤根，以及日本的服部四郎、今西春秋、早田辉洋、上原久、清濑义三郎则府、池上二郎、渡部薰太郎等，先后发表不少分析研究清代满语书面语的学术论文或文章。俄罗斯的清代满语及满通古斯语族语言专家也出版一些将清代满语跟通古斯诸语进行比较研究的学术著作。例如，有琴其乌斯的《通古斯-满语比较语音学》(1949)，以及苏尼克的《通古斯-满语动词》(1962)、《通古斯-满语比较辞典》(1975、1977)等。然而，感到很遗憾的是，在这一历史时期，我国国内被公开出版和发表的论著并不多见。

概而言之，在20世纪40年代后期至70年代后期的第二历史阶段的30年间，我国清代满语研究工作取得的成绩主要表现在：（1）成立了故宫博物院明清档案馆；（2）有计划、有安排、有前瞻性地分三批培养了从事清代满文历史文献和档案资料整理解读和分析研究工作的人才，壮大了清代满文历史文献和档案资料搜集整理、分类编目、翻译解读、分析研究专业队伍；（3）进一步强化了搜集整理清代满文历史档案和文献资料工作力度；（4）对于由清代传承的严重濒危满语口语实施较广泛的实地调研，搜集到一定数量的满语口语资料；（5）刊发出版了有关清代满语满文和亲属语言相比较的论著，以及出版清代满文文献资料搜集整理、翻译解读、分析阐释方面的相关成果。

第三个历史阶段

20世纪70年代后期至21世纪初的40余年时间，是我国清代满语研究的第三个历史阶段。改革开放以后，伴随我国经济社会的快速发展和崛起，满学研究及清代满文历史文献和档案资料搜集整理、分类编目、翻译解读、分析研究、印刷出版工作步入理想发展轨道，并取得一个接一个的辉煌学术成绩。首先，1980年4月，将故宫博物院明清档案部独立出来，改称中国第一历史档案馆。现在该馆内保管的明清两朝的历史文献和档案资料总数达到约1000万件（册），其中包括明朝档案3000余件（册），清代满文历史文献和档案资料总数达到200多万件（册），占全世界保存的清代满文历史文献和档案资料的三分之二。其中，绝大部分是清代朝廷及政府行政管理部门档案资料。

清朝留下的数量十分可观的满文历史文献和档案资料内容涉及政治、社会、经济、军事、司法、民族、外交、文化、宗教信仰等诸多学术研究领域，可谓包罗万象，具有重要的学术研究价值。

另外，在国外，美国的哈佛大学、英国皇家藏书馆及不列颠博物图书馆、日本的东洋文库等，也收藏有一定数量的清代满文历史文献和档案资料。

其次，中华人民共和国成立以来，特别是改革开放以后，经过几代专家学者的辛勤努力，我国已基本完成清代满文历史文献和档案资料目录整理登记工作。涉及现已基本完成的清代满文题本、录副奏折、朱批奏折及各簿册等 170 万件（册），以及中国第一历史档案馆收藏的 200 万件清代满文历史文献和档案资料的秩序整理工作，还有珲春副都统衙门满文档案、雍正朝吏科和户科史书的标准化著录工作等，进而形成著录条目 32.7 万条。此外，翻译出版清代满文档案 24 种、74 册、2470 万余字，编辑影印出版清代满汉文档案 8 种、781 册，编译出版清代满文历史文献和档案资料及图书目录 3 种、14 册、1200 万字。这些清代满文历史文献和档案资料的搜集整理、分类编目、翻译解读、印刷出版方面取得的成绩，积极推动了我国清代相关学术研究领域的科研工作。特别是在清史、满学、文献学和民族学研究领域产生积极影响。值得一提的是，自从 1979 年以后，启动并实施了一系列具有重要历史意义的清代满文历史文献搜集整理重大课题和项目工程，培养和造就一批蜚声中外的满语学界学术权威及学术大家和后续人才。

总之，从 20 世纪 80 年代以后，我国清代满文历史文献和档案资料搜集整理、分类编目、翻译解读、分析研究工作有了突飞猛进的发展，出版一系列重大成果。而且，现已完成 30%左右的清代满文历史文献和档案资料翻译解读工作，影印出版 18%到 20%的成果。这些科研工作的具体实施和顺利完成，与人才培养密切相关。例如，20 世纪 60 年代在中央民族学院满文班培养的人才（季永海、刘景宪等），对后续人才的培养发挥了十分重要作用；在 20 世纪 70 年代中期，开办

第二十课　清代满语满文研究的三个历史阶段

中华人民共和国成立后人数较多的满文班（1975—1978），参加满文人才培训学习的主要是来自新疆伊犁察布查尔锡伯自治县精通锡伯文的学生（吴元丰、赵志强、郭美兰等），这批锡伯族学生后来成长为清代满文历史文献和档案资料翻译解读工作的中坚力量。在2000年，中央民族大学同中国第一历史档案馆合办的满学培训班，有20名大学生参加，其中有16名毕业生从事清代满文文献资料翻译工作。20世纪80年代之后，故宫博物院、中国社会科学院、北京大学、中央民族大学（学院）、中国人民大学清史研究所、黑龙江大学等科研院所，先后培养近百名硕士研究生和博士研究生。其中一部分从文献学、历史学、语言文字学、民族学、文学、宗教学等学科角度参与到清史档案资料科研工作。而且，我国已完成满文识别软件，满文输入法、满文转写软件、内蒙古满文软件、新疆满文排版软件、满文图像软件、两套通用满文软件等的研发工作。所有这些，很大程度上推动和提升了我国清代满文历史文献和档案资料翻译解读工作的科学化发展进程。

第三历史阶段时期，在清代满语满文研究工作取得世人瞩目的辉煌成果。除了上面提到的中国第一历史档案馆及相关院校培养数量可观的高级人才队伍之外，还突出表现在以下四个方面。

第一，成立中国第一历史档案馆满文部（1980）、中国社会科学院民族研究所满通古斯语研究组（1980）、黑龙江省满语研究所（1981），辽宁省档案馆满文组（1982）、北京社会科学院满族研究所（1982）、中央民族学院满学所（1983）、辽宁社会科学院满学研究中心（2000）、内蒙古大学满语研究室（1986）、东北大学满学研究院（2016）等科研部门和地方性研究机构及社团组织。这些部门的先后成立，以及这些机构开办的一系列短训班、培训班、速成班，包括招收的硕博研究生等，及时有效地填补了我国满学人才的空缺，培养了一批从事满族语言文字及历史文献和档案资料研究高端人才及科研团队。

第二，先后创办黑龙江大学满语研究所的《满语研究》（1985）、辽宁省民委的《满族研究》(1985)、北京社会科学院满学研究所的《满学研究》(1992)和《满学论丛》(2011)、东北大学满学研究院的《满学研究》(2018)等一系列学术性、专业性、针对性很强的学术刊物。这使清代满语满文及其文献资料研究成果的公开发表数量明显增多，与此相关的学术研究和学术讨论变得更加活跃。这些学术刊物上刊发的清代满语满文及其文献资料研究论文，对于我国清代满语学术研究、学术讨论、学术理论注入了强大活力，使清代满语满文研究论文质量得到快速提高。据不完全统计，从20世纪70年代后期至21世纪初的40余年时间里，在国内公开发表的清代满语满文及文献资料学术论文达到2500多篇。

第三，在我国先后举办不同形式、不同内容、不同规模、不同范围、不同层级的清代满语满文及历史文献和档案资料研究国际国内学术交流会、学术研讨会、专题讨论会、高层论坛等。进而很大程度上丰富和发展了我国满学研究事业，提升了满学研究的国际话语权。

第四，由于我国清代满语和满文人才培养工作十分及时，相关研究又有较扎实的理论基础，再加上在清代满学研究第二阶段培养出的老一辈专家学者的指导，在这一历史阶段国内外公开发表和出版了满语满学研究方面的许多精品力著。尤其是出版了30余部专著和辞书等。其中，(1)清代满语研究方面有乌拉熙春的《满语语法》(1983)和《满语语音研究》(1992)、季永海等的《满语语法》(1986)、刘景宪等的《满语研究通论》(1997)等；(2)有关由清代传承的严重濒危满语口语方面的研究成果有赵杰的《现代满语研究》(1989)和《现代满语与汉语》(1993)、季永海等的《现代满语八百句》(1989)、恩和巴图的《满语口语研究》(1995)、金启孮的《满族的历史与生活——三家子屯调查报告》中的《三家子满语口语分析》(1981)、赵阿平等的《黑龙江现代满语研究》(2001)、王庆丰的《满语研究》(2005)、朝克等的《现代满语口语》(英文，2008)、爱新觉罗·瀛生的《满语口语音典》(2014)等；(3)有关清代满语教材及读本方面有乌拉熙春的《满语读本》(1985)、爱新觉罗·瀛生的《满语读本》(1986)、

第二十课 清代满语满文研究的三个历史阶段

中国第一历史档案馆的《满文教材》（满文，1991）、屈六生等的《满文教材》（1991）、金宝森等的《满文讲义》（1995）、索德的《满语入门》（蒙古文，2005）、何荣伟的《满语365句》（2009）、朝克的《满语366句会话句》（2014）等；（4）有关清代历史文献和档案资料方面的成果有季永海等的《崇德三年满文档案译编》（1988）和《随军纪行译注》（1987）、滕绍箴的《满族发展史初编》（1990）、丹东民委的《丹东满族志》（1992）、赵志忠的《〈满谜〉研究》（1993）和《〈尼山萨满〉全译》（2014）、张佳生的《满族文化史》（1999）和《中国满族通论》（2005）、张德玉的《满族发源地历史研究》（2001）、邸永君的《清代翰林院制度》（2002）、支运亭的《八旗制度与满族文化》（2002）、赵志忠的《清代满语文学史略》（2002）、阎崇年的《20世纪满学著作提要》（2003）、杨锡春等的《黑龙江省满语地名》（2008）、宋和平的《满族石姓萨满文本译注与满语复原》（上下册，2017）、高荷红的《满族说部传承研究》（2011）和《满族说部"窝车库乌勒本"研究》（2019）等之外，还有中国台湾地区庄吉发的《满汉异域录校注》（1983）、陈捷先的《满文清实录研究》（1978）和《清文清本纪研究》（1981）以及《谢遂职贡图满文图说校注》（1986）等成果；（5）清代满语书面语及文献资料词汇方面的辞书类成果有新疆维吾尔自治区古籍整理办公室的《旧清语辞典》（1987）、任世铎的《无圈点字书》（1987）、商鸿逵等的《清史满语辞典》（1990）、安双成的《满汉大辞典》（1993）、胡增益等的《新满汉大词典》（1994）、刘厚生的《汉满词典》（2005），等等。还有，对于满族民间文学、民族文化、民族习俗、萨满信仰、满族语言文化等方面以成套、文库或系列研究成果形式出版的大部头学术研究成果。所有这些，充分展示出国内满语学界强大的研究力量和雄厚理论优势，从而将满学研究事业推向更加全面系统、更加理论化、更加科学化的学术氛围。

这一时期，在美国、日本、韩国、德国等国家，先后成立了满学会或相关研究机构，开展了富有成效的一系列学术交流和学术会议，刊发具有新题材新观点的学术研究论著。在日本，满语言文字及文献资料研究专家学者服部四郎、今西春秋、早田辉洋、上原久、清濑义三郎则府、池上二郎、菅野裕臣、坂井卫、渡部薰太郎、中岛干起、津曲敏郎等先后刊发了不少清代满语满文及历史文献和档案资料研究论著。另外，韩国的成百仁、崔鹤根、金东昭、金周源、高东昊等，同样发表有关满语满文研究成果。这一时期，国外出版的代表性成果有马丁·稽穆（Martin Gimm）的《德满词汇对照集》（1978）、罗杰瑞（Jurry Norman）的《简明满英辞典》（1978）和《满英辞典》（1979）以及《满语语法》（2003）、威廉姆·罗兹克（William Rozycki）的《满语逆序词汇》（1981）、朴恩用等的《〈御制清文鉴〉索引》（1982）、福田昆之的《满语书面语词典》（1987）、河内良弘等的《满语语法》（1996）及《满语书面语词典》（1996）、池上二郎的《满语研究》（论文集，1999）、中岛干起的《清代中国语满语词典》（1999）、阿布罗林（Aburorin）《满语语法》（2000）、戈列罗娃（Gorelove.Liliya.M）的《满语语法》（2002）等。特别是，早田辉洋等有关《大清全书》方面的成果有，早田辉洋和寺村正男的《大清全书正文篇》与《大清全书索引篇》（2002）、《大清全书增补修订正文篇》（2004）、《大清全书增补修订本满文索引篇》（2004）、《大清全书增补修订汉文索引篇》（2004）等研究著作和辞书。还有，韩国的金东昭等的《女真语、满语研究》（1990）等。

总之，在这一时期，无论国内还是国外清代满语语法方面的研究成果，主要反映出的是清代满语书面语语法现象的深层次分析研究。而且，在此学术领域，做出最突出贡献的是我国满语学界的专家学者。特别是从20世纪80年代以后做出的成绩十分可喜，出版或发表了全面系统研究清代满文历史文献和档案资料，乃至清代满语满文研究领域具有相当高的学术价值和理论价值，以及富有学术代表性和权威性的一系列论著。同时，对于由清代传承的濒危或严重濒危满语口语语法现象研究方面，我国专家学者也开展有一定深度和广度的调查研究，具体实施和完成了不少国家重大科研项目，发表和出版了不少十分珍贵且有学术理论价值的论著。其次，像欧美、日本、韩国的满语学界学术同仁，也在满语语法研究领域做出了较大贡献。这为后人进一步深入研究满语及其文献资料，打下十分雄厚的研究基础，提供了相当丰富的研究理论方法。

从以上成果可以看出，对于我国清代满学研究事业，改革开放以后的40余年时间里确实取得很大学术业绩。而且，在此期间还出版了朝克的《满-通古斯诸语比较研究》（1997）、《满通古斯语族语言研究史论》（2014）、《满通古斯语族语言词源研究》（2014）、《满通古斯语族语言词汇比较》（2014）等对我国满通古斯语族语言进行比较研究的专著及词汇集。其中，《满通古斯语族语言研究史论》，对于我国境内的女真语、满语、锡伯语、鄂温克语、鄂伦春语、赫哲语6种清代满语及满通古斯语族语言文字展开学术讨论的论著、相关历史文献资料、论文集、教科书、辞书、词汇集、比较研究或对比研究成果等进行了全面系统而客观实在的论述和评价。同时，还完成胡增益等主持的"满通古斯语族语言词汇学"（国家社科基金项目，1997）、朝克主持的"我国满通古斯语族语言研究"（国家社科基金青年项目，1997）等一系列重大研究课题。所以说，20世纪对于我国清代满语及满通古斯语族语言研究第三历史阶段是该项学术研究事业走向更加成熟、更加理论化和科学化、更加辉煌的40余年。这些成果充分说明，我国满学研究事业在过去的漫长岁月里，走过了从无到有、从小到大、从局部到全面、从实践到理论的学术历程。

第二十一课
中国清代满语满学研究机构及学术研究刊物

伴随我国的改革开放，经济社会的快速发展，哲学社会科学事业进入了空前的繁荣发展阶段。我国的清代满语及满通古斯语族语言研究拉开了全新的序幕，翻开了全新的历史篇章。不仅启动了清代满语及满通古斯语族语言拉网式调研、濒危语言抢救保护、不同语言包括方言土语在内的全面分析研究、空白语言的调研、文字使用情况的大调查等一系列重要工程，同时，各地少数民族都先后成立了省部级、地方性语言文字研究机构及社团组织。这为清代满语及满通古斯语族语言科学研究事业，包括语言文字的研究注入强大的活力，使我国的满通古斯语族各研究事业取得长足发展。本课将介绍清代满语及满通古斯语族语言相关研究机构及社团组织。

一 黑龙江大学满族语言文化研究中心

黑龙江省满语研究所于1983年3月经黑龙江省委省政府批准成立，是全国专门研究清代满语及由清代传承的严重濒危满语口语，清代满文历史文献及档案资料，乃至满通古斯诸民族语言文字与历史文

第二十一课 中国清代满语满学研究机构及学术研究刊物

化的科研机构。历任所长为穆晔骏研究员、刘景宪研究员、赵阿平研究员、郭孟秀研究员、常山研究员。1999年进驻黑龙江大学，并组建了黑龙江大学满族语言文化研究中心。该中心于2000年获批"中国少数民族语言文学（满语）"硕士学位点，2005年开始招收培养满族语文与历史文化本科生；2007年开始招收本学科领域的博士研究生，2010年设中国少数民族语言文学清代满语及满通古斯语族语言博士学位点，面向国内外招生。该中心拥有黑龙江大学重点学科、黑龙江省重点学科，从而成为黑龙江省高校人文社科重点研究基地。其宗旨为抢救调查、开发利用满族语言文化遗产及同语族语言文化遗产，进行满族语言文化全面深入研究，繁荣和促进我国满族语言文化事业的发展，为满通古斯语族诸民族社会经济文化发展不断提供科学理论依据与制定决策参考。该中心，设有满族语言文化研究部、满通古斯语言文化研究部、文化人类学研究部、教学研究部、满文文献开发部、《满语研究》编辑部等。黑龙江大学满族语言文化研究中心现有研究员4人，副研究员（副教授）4人，助教2人，博士研究生导师2人，博士4人，特聘研究员（教授）55名。该中心藏书2万多册，藏有大量珍贵的满语口语、满通古斯语族语言文化田野调查录音、录像资料及数据处理光盘资料。该中心在满语基础理论研究、满语口语抢救性调查研究、满文文献整理研究、满族语言与历史文化研究等方面取得多项成果。

其中，满族语言与历史文化研究作为本学科新热点，突破满族语言、历史、文化研究的学术界定，将满族语言与历史文化相结合，进行广泛而深入的学术研究。不仅具有理论性、应用性，且具有跨学科性和交叉性，从而拓展了满学研究新路径，成为满学研究深入发展的重要标志之一。满族语言与历史文化研究作为学术研究新的生长点，以其优势与特色拓展了广阔的发展空间。随着研究的深入发展，在满族语言与历史文化研究的基础上，又拓展了满通古斯学研究新领域，运用民族学、人类学、语言学、历史学、社会学等多种理论方法，对满通古斯语族诸民族语言、历史、文化、社会、经济等发展进行深入综合研究,并对满通古斯语族诸民族与相关民族关系进行比较研究,既有宏观理论研究,又有微观实证研究。满通古斯语族诸民族研究工作,为加速抢救性研究满通古斯语族诸民族语言文化珍贵遗产,从理论研究与应用研究视角探索满通古斯语族诸民族语言文化的起源、演变、发展脉络与规律,以及为推进我国阿尔泰语学研究事业等方面均发挥着重要作用。

该中心成立以来在科研、教学、办刊、学术交流等各方面取得诸多成果,在国内外本学科领域研究中居领先地位,成为国际满通古斯语言文化研究的重要阵地之一。首先,该中心将满语基础理论研究、满族语言与历史文化研究、满通古斯语言文化抢救调查研究与数字化处理、满文历史文献与档案资料的翻译与古为今用研究、满族语言文化与相关民族语言文化比较研究、满族语言文化模式研究、满通古斯语言文化与人类学研究、满语文与汉语文相互影响与交流交融研究等作为研究方向和重点。在此基础上,完成《满族语言与文化国际共同研究》《满族语言与历史文化》等国际合作项目 7 项,以及《濒危满语赫哲语共时研究》(重点)等多项社科基金项目。出版《满语研究通论》《黑龙江现代满语研究》《满族语言与历史文化》《满通古斯语言文化研究文库》等专著、编著多部,其字数达到 668 万有余。同时,在德国的《中亚文化》、美国的 *SAKSAHA*、韩国的《阿尔泰学报》以及我国的《民族语文》等国内外重要学术刊物上发表相关学术论文、译文多篇。有多项研究成果在国内外学术界产生重要影响。特别是在社会科学优秀科研成果评奖中获各种奖项,其中省级奖 47 项,厅局级奖 73 项。其次,在人才培养方面,该中心曾为省内外文博考古系统、大专院校、民族地区开办了各种类型满语学习班,共培养不同层次的学员 350 余人。还有满语硕士学位点和中国少数民族语言文学清代满语及满通古斯语族语言博士学位点。而且,在 2001—2012 年间共培养满学领域博士生和硕士生 40 多名,本科生 200 多名。从而为开发利用满族语言文化、广泛传播满族语言文化、培养满族语言文化各方各层次人才及其高端人才,发挥了重要作用。该中心办的《满语研究》

是，唯一专门研究清代满语及满通古斯语族语言文化的学术期刊，是展示国内外满通古斯语言文化研究的学术园地，在国内外相关学术界产生很大影响。

该中心，这些年与日、美、英、俄、韩、德、法、加拿大、澳大利亚、瑞士、荷兰、芬兰、匈牙利等国及国内（含港澳台地区）有关学术机构、专家学者进行了广泛学术交流与合作，召开5次国际学术研讨会。先后接待了美、英、日等20多个国家的满学专家学者。据不完全统计，该中心科研人员先后参加国际学术会议75次、全国性学术会议60余次、省级学术会议200多次。目前，该中心不断拓展研究领域，不断增强研究深度，不断强化出精品战略，不断提升学科建设的科学化、规范化、国际化，力争在原有良好学术基础上，创建黑龙江大学民族学学科一级平台，努力挖掘满通古斯语族诸民族历史文化宝藏，为弘扬满通古斯语族诸民族语言文化精髓，完成历史重任，开创新的学术未来而努力奋斗。

二 北京市社会科学院满学研究所

北京市社会科学院满学研究所成立于1991年，是全国社科院系统中唯一专门研究满学的机构，具有显著的北京特色。该所的主要研究方向是满学理论、满族历史和语言、满文档案和文献、满族文化和宗教、八旗制度及北京史地。该所致力于创办优秀的满学研究刊物，汇集海内外专家学者的最新成果，为满学研究搭建良好平台。曾主办学术丛刊《满学研究》，已出版7辑。2011年，《满学论丛》创刊，现已出版2辑。2006年以来，进一步加强了与满学相关的学科建设，以满学理论、满族历史、满族文化、满族语言文字为重点研究方向。再说，从2008年起，北京市社会科学院满学研究所，每年都主办或与其他单位合办相关学术讨论会，同国内外满学研究机构保持广泛而密切的学术交流。而且，同韩国高丽大学、首尔大学等高等院校以及日本、美国等国家的满学研究人员形成和谐良好而长期交往的学术氛围及可持续发展的学术环境。近年来，举办清代政治制度与民族文化学术研讨会、满学历史与现状国际学术研讨会、辛亥革命百年纪念暨晚清社会变革学术研讨会、肃慎文化专家研讨会、海外满语文献及满族研究动态讲座会、交流与融合清代民族文化学术研讨会、石赞清研究座谈会等一系列学术活动。该所的学科队伍建设方面，所领导亲自带队，打造出科学合理的研究团队。进而不断深度推进满学国际交流、阿尔泰语系语言类型研究、满学与清史综合研究、远东北方土著民族的语言与文化遗产——现状与展望，以及中国满族文学学术研讨，满学青年学者论坛，《红楼梦》与满族历史文化研究、满学与高丽大学民族文化研究院等国内外富有成效而影响力的学术交流与学术研究活动。

北京市社会科学院满学研究所成立以来共出版《努尔哈赤传》《天命汗》《锡伯营职官年表》《满学论集》《清朝皇帝列传》等多部专著，出版《满学研究》学术丛刊多期，发表学术论文百余篇。其中，《努尔哈赤传》《北京史地风物书录》获第一届北京市哲学社会科学优秀成果二等奖，《燕都古籍考》获北京市新闻出版局优秀图书奖，《康熙〈御制清文鉴〉研究》获第七届北京市哲学社会科学优秀成果奖，《旧清语研究》获第八届北京市哲学社会科学优秀成果奖。近年以来，满学研究所呈现出人员更新、新老交替发展态势，对外联络不断得到加强，还推出一批新的学术成果。这些成果体现出满学研究所科研人员和院内外专家集体智慧的结晶，在国内外产生了良好学术反响，很大程度上促进了满学研究事业的发展。

三　《满语研究》

黑龙江大学主管、黑龙江省满语研究所、黑龙江大学满族语言文化研究中心主办的《满语研究》创刊于 1985 年，为双季刊，是清代

第二十一课　中国清代满语满学研究机构及学术研究刊物

满语及满通古斯语族语言研究最为重要的学术刊物。该学术刊物是国内外唯一专门研究清代满语及满通古斯语言文化的学术期刊，具有鲜明的民族文化特色与前沿性国际学术交流优势。

《满语研究》办刊宗旨是，弘扬清代满语在内的满通古斯语族语言和优秀文化，繁荣发展清代满语及满通古斯语族语言学术研究事业，开展清代满语及满通古斯语族语言学术交流，反映清代满语及满通古斯语族语言最新科研成果，促进清代满语及满通古斯语族语言文字及历史文化、文献资料研究及相关学科研究工作不断创新。特别是，清代满语及满通古斯语族语言文化走入濒危和严重濒危的关键时刻，该刊物在抢救和保护该语族语言文化珍贵遗产方面发挥着极其重要的学术作用。该刊物发扬理论联系实际作风，贯彻"百花齐放，百家争鸣"方针，注重清代满语及满通古斯语族语言、文字、历史、文化及相关学科的研究。该刊物主要设有清代满语及满通古斯语族语言语音学、语法学、语义学、词汇学、文化语言学、比较语言学、满语文教学、满语与史学、阿尔泰语言学、翻译理论、史料翻译、口承民间文学翻译、调研报告等栏目。该刊物面向从事满通古斯诸民族语言文字、历史文化、文献资料方面的研究者及高等院校科研人员，强有力推动满学及满通古斯学科学研究工作。

《满语研究》自1985年创刊至2024年共出版80期，刊出学术论文2000余篇及多篇学术信息，不断展示国内外该学术领域的最新研究成果。其中，刊载的文章，出自国内外著名清代满语及满通古斯语族语言文化研究的专家学者，许多论文或文章有其特定创新意义，以及特定学术价值和应用价值。因此，在国内外学术界产生重大影响，深受同行专家的重视与好评，成为国际清代满语及满通古斯语族语言研究、及学术交流的重要学术园地。该刊还先后被收入国际出版物数据系统、ISTIC数据库、美国旧金山科技情报中心数据库，选为中国期刊数据库全文收录期刊、中国学术期刊综合评价数据库统计期刊、中文科技期刊数据库收录期刊等。同时，还多次选送参加国际书刊展览。另外，该刊于多次入选中国民族语言类核心期刊、中国方阵双效期刊、全国优秀社科学报、国家百种重点社科期刊北方八省市优秀期刊等。还荣获黑龙江省出版精品工程奖，以及被评为全国优秀社科学报等。

《满语研究》立足中国，面向世界。其国外发行量在黑龙江省居于前列，主要发行于日本、美国、俄罗斯、英国、法国、德国、意大利、韩国、加拿大、新加坡、澳大利亚、匈牙利、丹麦、荷兰等 20 多个国家和中国香港、中国台湾地区。该刊物创办以来，先后接待来自日本、美国、俄罗斯等近 20 个国家和中国香港、中国台湾地区共 200 多批 300 多人次的学术访问和学术交流。与此同时，本刊编辑部负责人和编者亦多次应邀赴日本、韩国、俄罗斯等国进行学术访问与交流，多次参与全国性学术研讨会及专家论证会，并与全国各有关科研单位、高校及诸多专家学者开展广泛意义的办刊经验交流，不断梳理和创新该刊的学术研究思路、不断强化该刊的学术理论水平、不断拓展该刊的学术研究领域。由于黑龙江大学满族语言文化研究中心及《满语研究》期刊，在国内外学术界营造的学术地位与特殊影响，国际第五届跨文化交际学术研讨会在中国哈尔滨召开，20 多个国家的 275 名专家学者出席了本次盛会。后来，该刊同中国社会科学院民族学与人类学研究所等科研机构先后多次联合举办国际国内满通古斯语言文化学术研讨会、满通古斯语言文化与人类学学术研讨会、满学国际学术研讨会等。该刊物通过广泛而深入的学术交流，极大地促进了国内外清代满语及满通古斯语族语言文字、语言资料、语言历史、语言关系、语言接触与发展、语言濒危现象等方面的学术研究科研工作，进而充分发挥了学术园地的作用。因而，深受国内外专家学者和读者的厚爱与支持，被称为"学术交流的窗口和桥梁""世界满通古斯语族语言研究的中心阵地""独具特色而高质量的民族语言文化研究刊物"等。

第二十一课 中国清代满语满学研究机构及学术研究刊物

四 《满族研究》

《满族研究》创刊于1985年,是经国家新闻出版总署批准的国内外公开发行的刊物,由辽宁省民族事务委员会主管,辽宁省民族宗教问题研究中心(原辽宁省民族研究所)主办。《满族研究》是,目前国际满学研究领域唯一以满族族称命名的综合性学术期刊,也是中国民族类重要期刊和人大复印报刊资料重要转载来源期刊。期刊始终坚持以构建中国满学高端学术平台为方向,以保护、发掘、研究满族历史文化为主要目的,在促进满族历史、语言、文化研究、扩大满族研究成果、培养满学研究专门人才、促进国内外满学学术交流等方面发挥了积极作用。《满族研究》始终坚持为学术服务。从创刊伊始,《满族研究》就得到众多满学专家学者的大力扶持和鼓励,被评价为"具有鲜明的办刊特点和学术风格""为满学研究事业的发展做出重大贡献""是反映满族研究水平的代表性刊物"等。

《满族研究》属于季刊,先后开辟20多个学术讨论栏目,发表有关满族历史、语言、文字、文化、民俗、文献、资料、经济、社会、文学、教育研究论文3600余篇,并以满族历史、语言、文化为主要研究对象与讨论内容,刊载满学研究领域前沿性科研成果。该期刊常设栏目主要有民族理论、民族政策、满族历史、满族语言、满族文学、满族民俗、海外满学等。《满族研究》一直紧跟时代发展脉络,不断加强对满学现实重点、热点学术问题和一些前瞻性问题研究,栏目内容灵活,涉猎广泛,做到理论性与现实性紧密结合,针对性与广泛性相结合的学术讨论风格。更重要的是,该刊物在办刊实践中培养了一支稳定而具有较高满学研究理论水平的学术团队。据不完全统计,国内满学研究权威专家学者几乎都在《满族研究》上刊发过学术论文或文章,他们具有深厚的学术功底和学术理论水平成果,使该刊物始终保持满学研究高端水平。同时,该期刊积极面向中青年学者,为他们打造展示交流的理想平台，使期刊更富于创新性和开放性。经过近 40 来年学术积累和所刊发的优秀论文成果，《满族研究》已成为满学研究学术品牌。

五 《满学论丛》

北京市社会科学院满学研究所主办的《满学论丛》是满学研究学术丛刊。其宗旨是，加强海内外满学学术交流，促进满学研究事业的繁荣发展。该刊物内刊发清代历史文献、语言文化最新满学研究成果，分为总论性文章、清代政治制度、满族历史文化、清代社会政治、语言文献、学术动态六大主题。《满学论丛》第一辑于 2011 年 11 月由辽宁民族出版社出版。2011 年 11 月，该刊物与满学所同北京大学明清研究中心共同举办辛亥革命百年纪念暨晚清社会变革学术研讨会。该学术刊物一直作为满学研究重要园地之一，由辽宁民族出版社刊印出版，刊登了一系列优秀论文，对我国满学研究事业发挥越来越重要的学术作用。

附录　清代满语研究主要文献

一　满语研究论著要目

阿布罗林：《满语语法》，2000 年。
爱新觉罗·瀛生：《满语读本》，吉林教育出版社 1986 年版。
爱新觉罗·瀛生：《满语杂识》，学苑出版社 2004 年版。
爱新觉罗·瀛生：《速成自学满语基础讲义》，民族出版社 1988 年版。
安双成、王庆丰等：《满文讲义》，北京满文书院 1996 年版。
安双成：《动词词尾谈》，《满语研究》1986 年第 2 期。
安双成：《满文美术字》，新疆人民出版社 1992 年版。
安双成：《满语构词法》，韩国《阿尔泰学报》1999 年总第 9 期。
安双成：《满语虚词 be、de、i、ci、deri 的用法》，《满语研究》1991 年第 2 期。
安双成主编：《汉满大辞典》，辽宁民族出版社 2007 年版。
安双成主编：《满汉大辞典》，辽宁民族出版社 1993 年版。
敖拉：《明万历己未年满蒙盟誓文献比较研究》，《满语研究》2010 年第 2 期。
敖拉：《有关〈清太祖实录〉的几个问题》，《满语研究》2008 年第 2 期。
敖特根其其格：《满语复合名词的构词特点》，《满语研究》2005 年第 2 期。

白鸟库吉：《满洲地名解释》，《白鸟库吉全集》1970 年版，第 5 卷。

白鸟库吉：《满洲地名谈　附好太王碑文》，《白鸟库吉全集》1970 年版，第 5 卷。

白鸟库吉：《满洲地名谈附好太王碑文》，《白鸟库吉全集》1970 年版，第 5 卷。

坂井卫：《汉字里存在的金清两代满语语音比较研究》，《世界史研究》1955 年第 10 期。

坂井卫：《清代满语音所表现的蒙古语语音影响》，《熊本史学》1951 年第 7 期。

包联群：《黑龙江省泰来县温得村满语调研报告》，《满语研究》2004 年第 2 期。

保井克己：《爱辉满语》，《音声学学会会报》，1943 年。

保井克己：《满语固有词杂稿》，《满族学会会报》1945 年第 5 期。

保井克己：《满族及其语言》，《国立中央博物馆时报》，1941 年。

保井克己：《日语满语类型考》，《满族学会会报》1944 年第 4 期。

北京市民族古籍整理出版规划小组：《无圈点字书》，天津古籍出版社 1987 年版。

北京图书馆善本特藏部与故宫博物院明清档案部合编：《北京地区满文图书资料联合目录》，1979 年。

波·索德：《再论满语亲属称谓 eme》，《满语研究》2010 年第 2 期。

布村一夫：《关于满语语法》，《书香》1943 年第 10 期。

曹宗儒：《满文文牌及老满文档》，《大公报》1937 年 7 月 1 日。

长山：《〈五体清文鉴〉满语词汇特点》，《满语研究》2010 年第 1 期。

长山：《论满语 irgen》，《满语研究》2012年第1期。

长山：《满语动词 jimbi 和 genembi 的语法化》，《满语研究》2012 年第 2 期。

长山：《满语方位词词缀 -la/-le/-lo 探源》，《满语研究》2008 年第 1 期。

长山：《识别满语中蒙古语借词的方法》，《满语研究》2007 年第 2 期。

长山：《族称 manju 词源探析》，《满语研究》2009 年第 1 期。

长山等:《满语方位词 dergi、wargi 词源考证》,《满语研究》2008 年第 2 期。

长山等:《满语口语 d(ə)rgi、vεrgi 来源探析》,《满语研究》2010 年第 2 期。

朝格查:《论满族神话中数字"三"的含义》,《满语研究》1999 年第 2 期。

朝克:《论满语和蒙古语的语音关系》,《蒙古语文》1989 年第 3 期。

朝克:《论满语语音及其研究》,《满语研究》2007 年第 1 期。

朝克等:《中国濒危少数民族语言调查研究——满语现存情况调查报告》,《满语研究》2002 年第 2 期。

朝鲜王朝司译院:《(清语)老乞大》,1704 年。

朝鲜王朝司译院:《〈三译总解〉再版》,1774 年。

朝鲜王朝司译院:《八岁儿》(满文课本),18 世纪末,亡佚。

朝鲜王朝司译院:《八岁儿》(女真文课本),1639 年,亡佚。

朝鲜王朝司译院:《汉清文鉴》(满文读本),1779 年。

朝鲜王朝司译院:《千字书》(女真文课本),17 世纪,亡佚。

朝鲜王朝司译院:《三译总解》(满文课本),18 世纪,亡佚。

朝鲜王朝司译院:《尚书》(女真文课本),1639 年,亡佚。

朝鲜王朝司译院:《同文类集》,1691 年,亡佚。

朝鲜王朝司译院:《小儿论》(满文课本),18 世纪,亡佚。

朝鲜王朝司译院:《小儿论》(女真文课本),亡佚。

朝鲜王朝司译院:《新翻老乞大》(词典),18 世纪末,亡佚。

成百仁:《〈汉清文鉴〉之分析》,《正祖代的韩国文献》,文献与解释社 2000 年版。

成百仁:《〈旧满洲档〉满语语音论特征》,《韩日语文学论丛》,太学社 2001 年版。

成百仁:《〈三田渡碑〉的满文》,《东洋文化》1970 年第 9 期。

成百仁:《〈同文类解〉与〈汉清文鉴〉》,世界韩国学大会论文集《韩国学课题与展望》,韩国精神文化研究院,1988 年。

成百仁：《〈御制清文鉴〉的满语》，《韩国阿尔泰学报》2000年总第10期。

成百仁：《〈御制增订清文鉴〉的不同版本识别特征调查》，《韩国语研究》太学社2003年第1期。

成百仁：《初期〈满语词典〉的语言纪录》，《韩国阿尔泰学报》1990年总第2期。

成百仁：《关于〈汉清文鉴〉》，《金哲棱博士花甲纪念史学论集》，知识产业社1983年版。

成百仁：《关于满语辞典》，《东方学志》1986年第52期。

成百仁：《关于满语动词词尾-ci》，《文理大学报》1958年第1期。

成百仁：《关于满语书面语副动词词尾-me》，《韩国》1968年。

成百仁：《关于满语特殊文字的罗马字表记法》，《韩国语言学》1977年第2期。

成百仁：《关于满语语音论著学术问题》，《震檀学报》1978年第45期。

成百仁：《关于满语元音和谐现象》，《文理大学报》1959年第2期。

成百仁：《关于满语元音和谐现象——系统区别及区别特征》，《韩国》，1968年。

成百仁：《韩国与和满语比较研究——关于阿尔泰祖语词头破裂音体系重构问题》，《韩国语言学》1978年第3期。

成百仁：《汉清文鉴》，《正祖代的韩国文献》，2000年。

成百仁：《汉清文鉴汉语清语索引》，延世大学国学研究院，弘文阁，1998年。

成百仁：《汉清文鉴解题》，《延世大学国学研究院编〈汉清文鉴〉》，1998年。

成百仁：《满文无圈点字头研究》，《maru》1978年第3期。

成百仁：《满语长元音》，《历史语言学》，1985年。

成百仁：《满语词典的语言纪录》，韩国《阿尔泰学报》1990年总第2期。

成百仁：《满语语音论研究》，明知大学出版部，1981年。

成百仁:《满语语音史研究——清文启蒙异施清字研究其二》,《韩国语言学》1976 年第 1 期。

成百仁:《满语语音史研究——清文启蒙异施清字研究其一》,《明知大学论文集》1975 年第 8 期。

成百仁:《满族萨满神歌尼山萨满译注》,明知大学出版部,1974 年。

成百仁:《清朝清文鉴编撰》,《新国语生活》,韩国国立国语研究院,1999 年。

成百仁:《现存司译院的清学书研究》,韩国《阿尔泰学报》1994 年总第 4 期。

成百仁:《御制清文鉴》,韩国阿尔泰学研究所影印,1978 年。

成百仁:《御制清文鉴解题》,晓星女子大学出版部影印,1982 年。

成百仁:《中国满语研究现状》,《中国文化》1985 年第 3 期。

成百仁译著:《满族尼山萨满神歌》,明知大学出版部,1974 年。

程大鲲:《清代宗室亲王之封谥》,《满语研究》1997 年第 2 期。

程大鲲等:《康熙二十九年盛京包衣粮庄比丁册(一)、(二)、(三)、(四)、(五)》,《满语研究》2006 年第 1 期、第 2 期,2007 第 1 期,2008 年第 1 期、第 2 期。

池上二郎:《公文中的满文》,《北方文化研究》1968 年第 3 期。

池上二郎:《关于满语谚语》,《东洋学报》1951 年第 2 期。

池上二郎:《韩国满语研究资料的重要性》,《满语研究》1995 年第 1 期。

池上二郎:《满文罗马字转写试考》,《东洋语研究》1947 年第 2 期。

池上二郎:《满语动词词缀 ci 及 cibe》,《金口古稀论文集》,1953 年。

池上二郎:《满语书面语的元音ū》,《东洋语研究》1946 年第 1 期。

池上二郎:《满语谚语文献》,《朝鲜学报》1963 年总第 26 期。

池上二郎:《欧洲的满语文献》,《东洋学报》1962 年第 3 期。

春花:《〈满蒙藏嘉戎维五体字书〉概论》,《满语研究》2008 年第 1 期。

春花:《论〈满文大藏经〉的语言学价值》,《故宫博物院院刊》2001 年第 6 期。

春花：《论高宗对满蒙文词典的敕修及其在语言学方面的意义》，《满语研究》2007 年第 1 期。

春花：《论清代满蒙语文教科书——〈阿拉篇〉》，《满语研究》2010 年第 1 期。

崔东权：《关于满韩名词句内包文的比较研究》，成均馆大学，1988 年。

崔鹤根：《关于满语未完成体过去时词尾-fi》，《语学研究》，汉城大学，1975 年。

崔鹤根：《满语动词词缀-mbi、-me、-ha》，《语言学研究》，《金成柏博士花甲纪念论文集》，1977 年。

崔鹤根：《满语动词未完成式词缀-fi》，《语言学研究》，汉城大学，1975 年。

崔鹤根：《满语构词法研究》，《语学研究》，汉城大学，1973 年。

崔鹤根：《清太宗朝颁行满文〈大辽国史〉译注》，汉城大学，1971 年。

崔鹤根：《所谓"三田度碑"的满文碑文注释》，《国语国文学》，1970 年。

崔宰宇：《〈汉清文鉴〉的编排体例和语音转写》，《中央民族大学学报》1997 年第 3 期。

村越信夫：《满洲天气谚语》，《满蒙》1924 年第 8/9 期。

戴光宇：《〈乌布西奔妈妈〉满语采记稿译注》，《满语研究》2008 年第 1 期。

戴光宇：《三家子满语口语集合数词词缀-vɛli 考》，《满语研究》2003 年第 1 期。

戴光宇：《三家子满语语音研究》，北京大学出版社 2012 年版。

邓晶：《满语格词缀-de 的语义及其翻译》，《满语研究》2008 年第 2 期。

邓天红：《论满族语言文字的主要社会功能》，《满语研究》1996 年第 2 期。

邓天红：《满语文与清史教学》，《满语研究》2006 年第 1 期。

邓天红：《谈清代史籍中"满名汉字音译"问题》，《满语研究》1991 年第 1 期。

邓永龄：《从满语对音论中国音韵问题》，《国立中央大学半月刊》，1930 年。

附录　清代满语研究主要文献

邸永君:《关于汉语"满洲"一词之由来》,《满语研究》2005 年第 1 期。
丁石庆:《论达斡尔语中的满语借词》,《满语研究》1990 年第 1 期。
丁石庆:《清代达斡尔族满达双语现象形成的多元基础》,《满语研究》1991 年第 2 期。
丁石庆等:《语言转用之残余形式的活标本——北京市密云县檀营满族语言调查复议》,《满语研究》2007 年第 1 期。
董万仑:《〈东北史纲要〉中的满语运用》,《满语研究》1989 年第 1 期。
董万仑:《从满文记载看"诸申"的身份和地位》,《满语研究》1986 年第 1 期。
渡部薫太郎:《满语女真语汉语语音关系》,《大阪东洋学会》,1925 年。
渡部薫太郎:《满语俗语读本》,1930 年。
渡部薫太郎:《满语文典》,1918 年。
渡部薫太郎:《满语缀字全书》,《大阪东洋学会》,1930 年。
渡部薫太郎:《满族及其语言》1928 年第 8 期。
渡部薫太郎:《日语满语类集语汇》,1929 年。
额尔敦巴根:《满蒙语数词的比较》,《满语研究》1992 年第 1 期。
恩和巴图:《〈满达词典〉研究》,《满语研究》1994 年第 2 期。
恩和巴图:《论满语口语格形态及其意义》,《满语研究》1997 年第 2 期。
恩和巴图:《满语口语联系动词gⅢ-》,《民族语文》1997 年第 3 期。
恩和巴图:《满语口语研究》,内蒙古大学出版社 1996 年版。
法里春:《论满语的后置词》,《满语研究》,1985 年。
方汇等:《清代公文书中常用的几个满语动词》,《满语研究》1994 年第 2 期。
丰申巩额:《〈满汉大词典〉的编撰及其学术价值》,《清史研究》1995 年第 3 期。
冯璐:《满族人名的历史特征分析》,《满语研究》2009 年第 2 期。
服部四郎:《满语口语音韵体系与结构》,《语言研究》1956 年总第 30 期。
服部四郎:《满语语音史资料》,《声音研究》1937 年第 6 期。
服部四郎:《满洲语言》,《石墓》1935 年第 4 期。

服部四郎：《寻吉林省满语》，《语言研究》1941 年第 8 期。

服部四郎等：《满语的第一人称复数代词》，《语言研究》1955 年总第 28 期。

福田昆之：《满语书面语词典》，1987 年。

富丽：《满文文献资料整理纵横谈》，《中央民族大学学报》1984 年第 3 期。

嘎日迪等：《关于我国满文信息处理现代化技术方面的进展》，《满语研究》2002 年第 2 期。

高东昊：《关于满语拟声词结构特征》，韩国《阿尔泰学报》2002 年总第 12 期。

高东昊：《三家子满语元音 i 的同化现象》，韩国《阿尔泰学报》1999 年总第 9 期。

高荷红：《满族说部搜集史初探》，《满语研究》2008 年第 2 期。

高娃：《〈满语语法〉（修订本）读后》，《满语研究》2012 年第 1 期。

高娃：《满蒙谚语的现存应用、文献资料与研究》，《满语研究》2006 年第 2 期。

高娃：《满文本〈蒙古源流〉语言学价值及其开发利用》，《满语研究》2008 年第 2 期。

高娃：《满语蒙古语比较研究》，中央民族大学出版社 2005 年版。

高娃：《蒙古语和满语基本颜色词的比较研究》，《满语研究》2001 年第 2 期。

戈列罗娃：《满语语法》，Bril 出版，2002 年。

共由：《"山市河"语音含义探析》，《满语研究》1992 年第 2 期。

共由：《满语地名杂谈》，《满语研究》1986 年第 1 期。

共由：《泰来县依布气村现代满语情况的调查报告》，《满语研究》1997 年第 2 期。

关纪新：《"后母语"阶段的满族》，《满语研究》2009 年第 2 期。

关嘉禄、佟永功：《简明满文文法》，辽宁民族出版社 2002 年版。

关嘉禄：《关于康熙朝尼满家族四世诰封碑的考证》，《满语研究》2000 年第 2 期。

关康：《〈闲窗录梦〉作者考》，《满语研究》2010 年第 1 期。

关克笑、王佩玉等：《新编清语摘抄》，台北文史哲出版社 1992 年版。

关克笑：《老满文改革时间考》，《满语研究》1997 年第 2 期。

关辛秋：《关于满文辅音字母读音的探讨（上）》，《满语研究》2007 年第 2 期。

关辛秋：《关于满文辅音字母读音的探讨（下）》，《满语研究》2008 年第 1 期。

广禄：《满文老档与老满文》，《幼狮学报》1958 年第 1 期。

龟井高孝：《欧美现存的满语文献》，《朝鲜学报》1956 年第 2 期。

郭成康：《清宗室爵号考》，《满语研究》1985 年第 1 期。

郭美兰：《近年来中国第一历史档案馆藏满文档案编译出版概况》，《满语研究》2004 年第 2 期。

郭美兰：《清代首任伊犁将军明瑞满文奏折总析》，《满语研究》2008 年第 1 期。

郭美兰：《沈阳故宫满汉文档案综析》，《满语研究》2009 年第 2 期。

郭孟秀：《东北三省满文官印研究》，《满语研究》2004 年第 1 期。

郭孟秀：《黑河地区满语使用现状调查研究》，《满语研究》2003 年第 2 期。

郭孟秀：《略论满语濒危过程》，《满语研究》2007 年第 2 期。

郭孟秀：《论三家子满语口语使用的演变》，《满语研究》2003 年第 1 期。

郭孟秀：《满文文献概论》，民族出版社 2004 年版。

郭孟秀：《满文玉宝玉册研究》，《满语研究》2004 年第 2 期。

郭孟秀：《满语濒危原因探析》，《满语研究》2008 年第 2 期。

郭孟秀：《试论满文文献的著录》，《满语研究》2002 年第 2 期。

郭孟秀：《试论早期满文文献分类》，《满语研究》2002 年第 1 期。

Gyu-dongYutn、成百仁：《满语数量词研究》，韩国《阿尔泰学报》1994 年总第 4 期。

哈列兹：《现代满语》，1884 年。

哈斯巴特尔:《初论满语元音曲折现象》,《满语研究》2004 年第 2 期。

哈斯巴特尔:《从满语 butambi 词源文化看不同民族关系》,《满语研究》2002 年第 2 期。

哈斯巴特尔:《关于满语 -mbi 词缀》,《满语研究》2001 年第 1 期。

哈斯巴特尔:《关于满语和蒙古语动词陈述式词缀-mbi 和-mui(-mūi)、-mu(mū)的比较》,《满语研究》1999 年第 2 期。

哈斯巴特尔:《关于满语和蒙古语某些辅音的比较(一)》,《满语研究》1992 年第 2 期。

哈斯巴特尔:《关于清代官职beile "贝勒"词源》,《满语研究》2006 年第2期。

哈斯巴特尔:《满语动词词缀 -ka、-ke、-ko、-ha、-he、-ho 及蒙古语动词词缀 -ya、-ge 比较》,《满语研究》2002 年第 1 期。

哈斯巴特尔:《满语动词词缀-bu 的构词意义和使动意义——以〈满洲实录〉为例》,《满语研究》2012 年第 1 期。

哈斯巴特尔:《满语辅音 c/j 探源》,《满语研究》2005 年第 2 期。

哈斯巴特尔:《满语和蒙古语从比格词缀比较》,《满语研究》1994 年第 2 期。

哈斯巴特尔:《满语教学的感悟》,《满语研究》2010 年第 2 期。

哈斯巴特尔:《满语位格词缀和蒙古语与位格词缀》,《满语研究》1998 年第 2 期。

韩旭:《满译藏传〈佛说阿弥陀经〉词语研究》,《满语研究》2012 年第 2 期。

汉城国立大学奎章阁收藏:《同文类解》(汉韩满词典),1748 年。

汉城国立大学奎章阁收藏:《新译〈八岁儿〉》,1777 年。

汉城国立大学奎章阁收藏:《新译〈小儿论〉》,1777 年。

汉森·切斯:《清代早期满语的地位》,华盛顿大学,1979 年。

汉森·切斯《清代早期满语的地位》,华盛顿大学,1979 年。

何荣伟:《满语 365 句》,辽宁民族出版社 2009 年版。

何荣伟:《满语口语学习之我见》,《满语研究》2010 年第 2 期。

和希格:《试论满语动词的副动式》,《满语研究》2002 年第 1 期。

河内良弘:《崇德二年满文档案译注》,京都大学,《文学研究纪要》1989 年第 28 期。

河内良弘:《关于满文的可贵之处》,《中国语》1996 年第 1 期。

河内良弘:《关于明代女真外交文书》,《东方学论集》,1997 年。

河内良弘:《马和满文》,《中国语》1996 年第 2 期。

河内良弘:《满汉合璧宫中档雍正朝奏折译注》,《文学研究纪要》,京都大学,1992 年第 31 期。

河内良弘:《满语语法》,京都大学学术出版会 1996 年版。

河内良弘:《满洲语文语文典》,京都大学学术出版会 1996 年版。

河内良弘:《清初满语文献资料的现状》,《东洋史研究》1990 年第 3 期。

河内良弘:《五体清文槛译解的汉字索引》,京都大学内陆文学研究所,1968 年。

河内良弘等:《满语书面语词典》,京都大学学术出版会,1996 年。

河内良弘等:《满语书面语入门》,京都大学学术出版会,2002 年。

洪命福择编,徐命膺汇编:《方言集释》,1778 年。

胡艳霞:《黑龙江满语蒙古语地名小议》,《满语研究》2003 年第 1 期。

胡增益:《〈新满汉大词典〉编写的主要原则和方法》,《北京社会科学》1995 年第 1 期。

胡增益:《满语的 bai 和早期白话作品"白"的词义研究》,《中国语文》1989 年第 5 期。

胡增益:《满语中的名词化手段和语言经济原则》,《语言与翻译》,1989 年第 1 期。

胡增益:《新疆地区满语文使用情况考略》,《民族语文》1995 年第 6 期。

胡增益:《新满汉大词典》,新疆人民出版社 1994 年版。

户田茂喜:《满文老档日译稿》,《史学研究》1937 年第 9 期。

户田茂喜：《满语与文字、满洲文学》，《东洋文化史大系》1938 年第 6 期。

黄润华：《满文官刻图书述论》，《文献》1996 年第 4 期。

黄锡惠：《"哈尔滨"地名考释》，《满语研究》2010 年第 1 期。

黄锡惠：《〈吉林通志〉中与植物有关之满语水体名称考释》，《满语研究》1987 年第 1 期。

黄锡惠：《出版物中满语文失误考究》，《满语研究》1999 年第 1 期。

黄锡惠：《合挞剌山与哈萨里山考释》，《满语研究》1986 年第 2 期。

黄锡惠：《黑龙江省满语地名翻译的几个问题》，《满语研究》1985 年第 1 期。

黄锡惠：《满文外音字 ts 的词头、词中形式研究》，《满语研究》2012 年第 2 期。

黄锡惠：《满文小篆研究》，《满语研究》1998 年第 2 期。

黄锡惠：《满语地名中"毕拉"、"穆克"音变初探及相关河流考译》，《满语研究》1986 年第 1 期。

黄锡惠：《满语地名翻译的同音异源问题》，《满语研究》1995 年第 2 期。

黄锡惠：《满语地名翻译的语源、音变问题》，《满语研究》1991 年第 2 期。

黄锡惠：《满语地名研究》，黑龙江人民出版社 1997 年版。

黄锡惠：《满语地名研究方法谈》，《满语研究》2004 年第 1 期。

黄锡惠：《满语地名杂谈》，《满语研究》1986 年第 1 期。

黄锡惠：《满族水体通名音变研究》，《民族语文》1995 年第 1 期。

黄锡惠：《清代满文中与水文有关之满语水体考释》，《满语研究》1989 年第 1 期。

黄锡惠：《清代玺印满文篆字舛误研究》，《满语研究》2008 年第 2 期。

黄锡惠：《清代志书中以动物为名之满语水体考释（一）、（二）、（三）》，《满语研究》1987 年第 2 期、1988 年第 1 期、1988 年第 2 期。

黄锡惠：《清代志书中以动物为名之满语水体考释》，《满语研究》1987 年第 2 期。

黄锡惠:《文献中以草本植物为名之满语水体考释》,《满语研究》1992年第1期。

黄锡惠:《文献中以地形地貌的形象特征为名之满语水体考释》,《满语研究》1991年第1期。

黄锡惠:《文献中以动物为名之满语水体续考（一）、（一）续、（二）、（三）》,《满语研究》1993年第1期、1994年第1期、1994年第2期、1995年第1期、1996年第1期。

黄锡惠:《文献中以动物为名之满语水体续考（一）、（二）、（三）、（四）、（五）》,《满语研究》1993年第1期、1994年第1期、1994年第2期、1995年第1期、1996年第1期。

黄锡惠:《文献中以木本植物为名之满语水体考释》,《满语研究》1992年第2期、1993年第1期。

黄锡惠:《文献中以木本植物为名之满语水体续考（一）、（二）》,《满语研究》1992年第2期、1993年第1期。

黄锡惠:《文献中以颜色为名之满语水体考释》,《满语研究》1990年第2期。

黄锡惠:《文献中以自然地理实体地理通名为专名之满语水体考释》,《满语研究》1989年第2期。

黄锡惠:《文献中与地理方位及数词有关之满语水体考释》,《满语研究》1990年第1期。

黄锡惠:《文献中与经济生活有关之满语水体考释（一）、（二）、（三）、（四）》,《满语研究》1996年第2期、1997年第1期、1997年第2期、1998年第1期。

黄锡惠:《疑难满语水体名称续考——"毕拉""窝模"音变的再研究》,《黑龙江民族丛刊》1994年第3期。

黄锡惠编:《满族语言文字研究》,民族出版社2008年版。

黄锡惠等:《满语地名翻译中的语音对译问题》,《满语研究》2003年第2期。

季永海、刘景宪等:《满语语法》,民族出版社1986年版。

季永海、刘景宪译编：《崇德三年满文档案译编》，辽沈书社 1988 年版。

季永海、赵志忠：《尼山萨满》，《满语研究》1988 年第 2 期。

季永海、赵志忠等：《〈清语老乞大〉研究》，《满语研究》2007 年第 2 期。

季永海、赵志忠等：《满语文教学恳谈——以中央民族大学为例》《满语研究》2010 年第 2 期。

季永海、赵志忠等：《现代满语八百句》，中央民族大学出版社 1989 年版。

季永海：《〈大清全书〉研究》，《满语研究》1990 年第 2 期。

季永海：《〈儿女英雄传〉的满语语汇特色》，《民族文学研究》1985 年第 3 期。

季永海：《〈清文启蒙〉的语音研究》，《满语研究》1994 年第 2 期。

季永海：《〈清语易言〉语音探析》，《满语研究》1992 年第 1 期。

季永海：《从接触到融合——伦满语文的衰落（下）》，《满语研究》2005 年第 1 期。

季永海：《论满语中的汉语借词》，《满语研究》1985 年第 1 期。

季永海：《满文辞书史话》，《辞书研究》1982 年第 2 期。

季永海：《满文档案句子解析拾零》，《满语研究》2009 年第 2 期。

季永海：《满语探索三题》，《满语研究》2008 年第 2 期。

季永海：《满语研究二题：mandarin 与 cihau?》，《满语研究》2008 年第 1 期。

季永海：《满语语法》（修订本），中央民族大学出版社 2011 年版。

季永海：《满语元音和谐》，《民族语文论文集》，四川民族出版社 1985 年版。

季永海：《尼山萨满》，辽宁人民出版社 1995 年版。

季永海：《清代赐号考释》，《满语研究》1993 年第 2 期。

季永海：《清代满汉音韵书三种》，《满语研究》1991 年第 2 期。

季永海：《史论满文古籍文献及其整理》，《民族古籍论文集》，民族出版社 1987 年版。

季永海：《试论满文的创制和改进》，《中央民族大学学报》1981 年第 3 期。

季永海：《一件关于北京城的满文档案》，《满语研究》2010 年第 1 期。

季永海等：《满语格位范畴》，《中央民族大学学报》1983 年第 3 期。

季永海等：《三部〈尼山萨满〉译注》，《满语研究》1995 年第 1 期。

贾越：《满语颜色词 fulgiyan 词源探析》，《满语研究》2009 年第 2 期。

菅野裕臣：《关于朝鲜司译院清学书的谚文对音性质》，《满语研究》2001 年第 1 期。

江桥：《翻译满文档案要忠实于原文》，《翻译研究论文集》第 1 集，民族出版社 1987 年版。

江桥：《会考府考略》，《历史档案》1985 年第 1 期。

江桥：《康熙〈御制清文鉴〉浅析》，《民族语文》2000 年第 5 期。

江桥：《康熙〈御制清文鉴〉选词特点举要》，《满语研究》2001 年第 1 期。

江桥：《康熙〈御制清文鉴〉研究》，北京燕山出版社 2001 年版。

江桥：《论满语复合谓语、副动词做状语及连动式》，《满语研究》，1986 年第 1 期。

江桥：《满文君、臣、人类词汇初释》，《清史论集——庆贺王锺翰教授九十华诞》，紫禁城出版社 2003 年版。

江桥：《满文——谚文文献研究》，《满语研究》2006 年第 2 期。

江桥：《满文元音之汉字注音》，《满语研究》2005 年第 1 期。

江桥：《欧洲图书馆藏汉文〈文选〉的两种满译本》，《燕京学报》2001 年新 10 期。

江桥：《乾隆御制四、五体〈清文鉴〉编纂考》，《满学研究》第 6 辑，2000 年。

江桥：《清初的汉军将领石廷柱》，《历史档案》1989 年第 1 期。

江桥：《清代宫史探微》，紫禁城出版社 1991 年版。

江桥：《清代归化城地区的煤炭开采及其特点》，《内蒙古大学学报》（哲学社会科学版）1989 年第 3 期。

江桥：《清代满蒙汉文音义对照手册》，中华书局 2009 年版。

江桥：《清代满语中的汉语借词抽样分析》，韩国《阿尔泰学会论文集》，2005 年。

江桥:《清代民族关系史研究的重要文献——康熙〈御制清文鉴〉及其延伸》,《民族史研究》第 3 辑,民族出版社 2002 年版。

江桥:《清代乾隆朝五百名知县的统计分析》,《庆祝王锺翰教授八十五暨韦庆远教授七十华诞学术论文合集》,黄山书社 1999 年版。

江桥:《清代区域社会经济研究》,中华书局 1992 年版。

江实:《蒙古语语满语词汇关系》,《东洋史研究》1964 年总第 21 期。

姜冬云:《满语"四时"解》,《满语研究》1986 年第 2 期。

结城佐织:《关于满语书面语的颜色词》,《语法研究》,东京外国语大学亚非语言文化研究所,2000 年第 29 期。

今九经:《阿济格略明事件之满文木牌》,《东洋史研究》1935 年第 2 期。

今九经:《满汉混用歌本〈吃螃蟹〉》,《蒙满》1935 年第 9 期。

今西春秋、八木良子:《〈旧清语〉解题》,《朝鲜学报》1968 年总第 48 期。

今西春秋、八木良子:《〈满蒙古文鉴〉解题》,《朝鲜学报》1968 年总第 49 期。

今西春秋、八木良子:《五体清文件满语后续词索引》,《东方学研究》1967 年第 2 期。

今西春秋:《〈旧清语〉解题》,《朝鲜学报》1968 年总第 48 期。

今西春秋:《〈满蒙古文鉴〉解题》,1968 年。

今西春秋:《崇德三年满文原档》,《东方学纪要》1959 年第 1 期。

今西春秋:《对校清太祖实录》,1974 年。

今西春秋:《关于满语的 soki 一词》,1962 年。

今西春秋:《汉清文鉴解说》,《朝鲜学报》1958 年第 12 期。

今西春秋:《旧清语译解》,《东方学纪要》1969 年第 3 期。

今西春秋:《满和对照满洲实录》,《东洋史研究》1936 年第 1 期。

今西春秋:《满和蒙和对译满洲实录》,日本刀水书房,1992 年。

今西春秋:《满日对译满文老档》,《书香》1943（10/11/12）—1944（1/3/9/12）。

今西春秋:《满文老档的目次》,《东方学纪要》1959 年第 1 期。

今西春秋:《满文老档的重抄年份》《东方学纪要》1959 年第 1 期。

今西春秋：《满文老档乾隆附注译解》，《东方学纪要》1959 年第 1 期。

今西春秋：《满文老档太宗记事录册补记》，《东方学纪要》1959 年第 1 期。

今西春秋：《满语特殊字母二三》，《东方学纪要》1959 年第 1 期。

今西春秋：《乾隆北京地图》，1939 年。

今西春秋：《五体清文鉴满语后续单词索引》，1962 年。

今西春秋：《五体清文鉴译解》（上册）1966 年，（下册）1968 年。

今西春秋：《校注异域录》，1964 年。

今西春秋与八木良子：《满语 m、n 音的相同》，《朝鲜学报》1962 年第 23 期。

金宝森：《评〈满汉大词典〉》，《满族研究》1995 年第 4 期。

金东昭：《〈清语老乞大〉满语书面语形态音素记述》，《语文学》，1972/1974 年。

金东昭：《改订版〈同文类解〉满语书面语词汇》，晓星女子大学出版部，1982 年。

金东昭：《国语满语基础语汇比较》，《常山、李在秀博士花甲纪念论文集》，1972 年。

金东昭：《韩满语音比较》，韩国庆北师范大学《国语教育研究》，1975 年。

金东昭：《韩语满语的基础词汇比较研究》，《常山、李在秀博士花甲纪念论文集》，1972 年。

金东昭：《满文三种祈祷文》，韩国《阿尔泰学报》1995 年总第 5 期。

金光平、金启孮等：《爱新觉罗氏三代满学论文集》，远方出版社 1996 年版。

金亨柱：《汉语满语接尾词比较研究》，《东亚论丛》，1984 年。

金九经：《满文字母拼音表》，1930 年。

金美：《满语地名的语义特征》，《民族语文》2002 年第 5 期。

金民洙：《〈八岁儿〉注释》，《韩国语》，韩国语学会，1956 年。

金启孮：《波斯湾历史与生活——三家子屯调查报告》，1981年。

金启孮：《三家子满语口语分析》，1981年。

金荣一：《〈清语总解〉的虚词be之研究》，《1981论文集》，韩国釜山教育大学，1981年。

金荣一：《满语书面语i之研究》，《李洙诰教授花甲纪念论文集》，1981年。

金鑫：《乾隆改定辽金元三史译名探析》，《满语研究》2009年第1期。

金毅：《清代满文篆字的新资料》，《满语研究》2003年第2期。

金毅等：《清代满文篆字应用情况调查报告》，《满语研究》1998年第2期。

金英姬：《满语书面语的不定式》，《延世语文学》，延世大学，1976年。

金周源、朝克等《满语口语资料》，首尔大学，2008年。

金周源：《满语元音系统的变化》，韩国《阿尔泰学报》1990年总第2期。

金周源等：《朝鲜王朝实录的女真语和满语》，韩国《阿尔泰学报》2004年第14期。

津曲敏郎：《关于满语（一人称复数代词》，《韩国阿尔泰学报》2001年第11期。

津曲敏郎：《关于满语动词词尾》，《北方文化研究》1981年第14期。

津曲敏郎：《关于满语动词词尾-ci的句末用法及-cina》，韩国《阿尔泰学报》2000年第10期。

津曲敏郎：《满语入门20讲》，大学书林，2002年。

L.米西格：《乌兰巴托国家图书馆满文图书目录》，乌兰巴托，1959年。

黎冉：《满语词语的形象色彩及其修辞作用》，《满语研究》1991年第1期。

黎冉：《试析动词ombi及其常用形态的词义表达》，《满语研究》1991年第2期。

黎冉：《试析满语分句的连接关系及连接手段》，《满语研究》1992年第2期。

黎艳平：《bi 与 bimbi 浅论》，《满语研究》1993 年第 1 期。

黎艳平：《论满语词的借代义和比喻义》，《满语研究》1992 年第 2 期。

黎艳平：《论满语的摹拟词》，《满语研究》1987 年第 2 期。

黎艳平：《满语模拟词补谈》，《满语研究》1993 年第 2 期。

黎艳平：《谈 ningge 一词在满语中的作用》，《满语研究》1989 年第 1 期。

黎艳平：《谈动词 sembi 在句中的用法》，《满语研究》1988 年第 1 期。

李兵：《满语和锡伯语元音系统结构的历时比较》，《新疆师范大学学报》1998 年第 2 期。

李德启：《儿女英雄传里的满语释义》，《文献丛编》1948 年第 12 期。

李德启：《老满文上论》，《文献丛编》1937 年总第 26 期。

李德启：《满文老档之文字及史料》，《文献丛编》1939 年第 2 期。

李德启：《满洲文字之来源及其演变》，《北平图书馆馆刊》1931 年第 6 期。

李芳：《子弟书称谓新探》，《满语研究》2009 年第 2 期。

李刚：《乾隆朝满文寄信档及其特点》，《满语研究》2009 年第 2 期。

李基文：《18 世纪满语方言资料》，《震檀学报》，1973 年。

李基文：《满语语法》，《韩国语》，1958 年。

李基文：《十八世纪满语方言资料》，《震檀学报》1973 年第 36 期。

李健民等：《清代首任黑龙江将军萨布素满文题奏研究》，《满语研究》2008 年第 2 期。

李理：《清帝东巡驻跸地方满语地名考略》，《满语研究》1992 年第 2 期。

李鹏年等：《清代六部成语词典》，天津人民出版社 1990 年版。

李勤璞：《棍噶札勒参呼图克图的三体印章》，《满语研究》2012 年第 2 期。

李勤璞：《辽阳〈大金喇嘛法师宝记〉碑文研究》，《满语研究》1995 年第 2 期。

李勤璞：《乾隆五十三年给霍罕伯克三体敕谕满洲文试译》，《满语研究》1999 年第 2 期。

李勤璞：《盛京四寺满洲语碑文校译》，《满语研究》1998 年第 2 期。

李书：《谈满语中的 be》，《满语研究》1986 年第 1 期。

李婷：《谈谈满文古籍分类如何借鉴〈四部法〉的问题》，《满语研究》2002 年第 2 期。

李雄飞：《北京大学图书馆馆藏满文古籍孤本提要》，《满语研究》2006 年第 1 期。

李雄飞：《〈北京大学图书馆馆藏满文古籍孤本提要〉补叙》，《满语研究》2007 年第 1 期。

李雄飞：《古文满译杂议》，《满语研究》1999 年第 2 期。

李学智：《老满文原档与满文老档之比较研究》，《中国东亚学术研究计划委员会年报》1965 年第 4 期。

李学智：《清太宗无圈点满文大钱考》，《大陆杂志》1961 年第 23 卷第 4 期。

李学智：《清太祖朝老满文原档（译注 I、II）》，《老满文原档论辑》，1971 年。

李义风择编：《三译总解》，1789 年。

李云霞：《满文的起源及其发展演变》，《满语研究》2003 年第 1 期。

栗林君著、朝克译：《蒙古语满语的共有词语音比较》，《民族语言情报资料》，总第 10 期。

栗振复：《满语动词的句中时态》，《满语研究》1990 年第 1 期。

栗振复：《谈谈几个虚词》，《满语研究》1992 年第 1 期。

刘昌惇：《〈汉清文鉴〉语汇研究》，《国语国文学》，1957 年。

刘厚生：《满文本〈金瓶梅序〉今译》，《满语研究》1989 年第 2 期。

刘厚生：《满语文教程》，吉林文史出版社 2009 年版。

刘厚生等：《简明满汉词典》，河南大学出版社 1988 年版。

刘景宪、赵阿平等：《满语研究通论》，黑龙江朝鲜民族出版社 1997 年版。

刘景宪：《对满语 manggi 和 nakū 的探析》，《满语研究》1996 年第 1 期。

刘景宪：《关于满语中性元音和谐问题的探讨》，《满语研究》1998 年第 1 期。

刘景宪：《论动词 sembi、ombi、bimbi 的语法功能》，《满语研究》1997 年第 1 期。

刘景宪：《论满语元音和谐律》，《满语研究》1995 年第 2 期。

刘景宪：《自学满语教材》，《满语研究》1985 年第 1 期。

刘景宪等：《关于满语复数研究》，《民族语文》1993 年第 4 期。

刘景宪等：《满语音节拼读现象和复合元音的产生》，《民族语文》1997 年第 3 期。

刘景宪等：《抢救满语 迫在眉睫——三家子满族村满语现状调查报告》，《满语研究》1997 年第 2 期。

刘景宪等：《中国当代满语文研究的内容及成果》，《黑龙江民族丛刊》1994 年第 1 期。

刘小萌：《〈《旧清语》研究——满洲早期的语言与文化〉读后》，《满语研究》2003 年第 1 期。

刘小萌：《从满语词汇考察满族早期的经济生活》，《满语研究》1989 年第 2 期。

刘小萌：《关于江宁将军额楚满文诰封碑》，《满语研究》2001 年第 1 期。

刘小萌：《库图勒考》，《满语研究》1987 年第 2 期。

刘子扬等：《〈满汉老档《太宗朝》〉综析》，《满语研究》1995 年第 2 期。

刘子扬等：《〈满文老档〉综析》，《满语研究》1992 年第 2 期。

柳泽明等：《东洋文库藏雍乾两朝〈镶红旗档〉概述》，《满语研究》2012 年第 1 期。

陆西华：《满文阅读档案指南》，美国夏威夷大学出版社 2000 年版。

吕欧等：《满汉合璧〈射的说〉研究》，《满语研究》2010 年第 2 期。

罗布森扎布：《蒙满词典》，1968 年。

罗福颐：《满洲金石志》，长春"满日文化协会"编印，1937 年。

罗杰瑞：《关于满语有关词源问题》，《语言教育纪要》1992 年总第 44 期。

罗杰瑞：《简明满英辞典》，华盛顿大学，1978 年。

罗杰瑞：《满英辞典》，华盛顿大学，1979 年。

罗杰瑞：《满语词源二例研究》，《满语研究》2005 年第 2 期。

罗杰瑞：《满语有关词汇的来源问题》，《早稻田大学语言教育研究所》1992 年总第 44 期。

罗盛吉：《康熙帝皇十四子称名与玉牒真伪》，《满语研究》2012 年第 1 期。

罗盛吉等：《康熙〈大清一统志·黑龙江图〉考释》，《满语研究》2009 年第 1 期。

马丁·稽穆、豪尔·瓦亚斯：《德满词汇对照集》，威斯巴登，1978 年。

梅田博之古稀纪念论丛刊行委员会编：《〈旧满洲档〉满语语音论特征》，《韩日语文学论丛》，太学社 2001 年版。

孟达来：《从核心关系词的分布看蒙古语和满通古斯诸语的词汇关系》，《满语研究》2001 年第 1 期。

闵泳珪：《〈清语老乞大〉辩疑》，《人文科学》，延世大学，1964 年。

穆林德夫：《满语语法》，内蒙古大学油印本，1988 年。

穆麟多夫：《满语语法分析讲义》，1892 年。

穆晔骏：《阿勒楚喀满语的数词与格助词》，《满语研究》1986 年第 1 期。

穆晔骏：《阿勒楚喀满语语音简论》，《满语研究》1985 年第 1 期。

穆晔骏：《阿勒楚喀语元音发生的音变特点》，《满语研究》1988 年第 2 期。

穆晔骏：《巴拉语》，《满语研究》1987 年第 2 期。

穆晔骏：《拉林满语语音概论》，《满语研究》1986 年第 2 期。

穆晔骏：《论巴拉语的语音变化》，《满语研究》1988 年第 1 期。

穆晔骏：《十二字头拉林口语读法解》，《满语研究》1987 年第 1 期。

内藤虎次郎：《满文老档邦文译稿》，遗稿出版物，1937 年。

聂鸿音：《谢德林图书馆收藏的满文写本和刻本》，《满语研究》2004 年第 1 期。

朴昌海、刘昌惇：《〈韩汉清文鉴〉索引》，延世大学东方学研究所印，1960 年。

朴恩用、李娟子：《〈清文虚字指南〉用语研究》，《国文学研究》，晓星女子大学，1969年。

朴恩用：《〈同文类解语录解〉的出典》，《国文学研究》，晓星女子大学，1970年。

朴恩用：《〈同文类解语录解〉研究》，《晓星女子大学研究论文集》，1968年。

朴恩用：《初刊〈汉清文鉴〉》，《晓星女子大学研究论文集》，1971年。

朴恩用：《韩国语满语比较研究》，《国文学研究》，1972年。

朴恩用：《韩语满语比较研究（上）（中）》，《晓星女子大学研究论文集》，1974年、1975年。

朴恩用：《韩语满语形容词比较研究》，《韩国古代文化与邻接文化关系》，1981年。

朴恩用：《满语书面语形态素研究（接续词编）》，《国文学研究》，1969年。

朴恩用：《满语书面语形态素研究》，《晓星女子大学研究论文集》，1969年。

朴恩用：《满语书面语研究》，《国文学研究》，1969年。

朴恩用：《满语书面语研究》，莹雪出版社1969年版。

朴恩用：《满语形态素研究》，《晓星女子大学研究论文集》，1967年。

朴恩用：《满语语法特性》，《国文学研究》，1972年。

朴恩用：《满语语法特征（上）（下）》，《晓星女子大学研究论文集》，1972年、1973年。

朴恩用：《音译〈清文虚字〉指南》，《国文学研究》，晓星女子大学，1968年。

朴恩用：《音译清文虚字指南编，同用语研究》，《国文学研究》1968年第1期。

朴恩用等：《〈御制清文鉴〉索引》，韩国晓星女子大学出版部，1982年。

朴相圭：《〈清太祖朝老满文原档〉（第二册）汉译文的勘正》，《满语研究》1985年第1期。

朴相圭：《关于韩语满语相互关系的历史考察》，《庆源工专论文集》，1981年。

朴相圭：《满洲祭文一考》，《韩国民俗学会论文集》，1984年。

奇车山：《〈祭祀全书巫人诵念全录〉译注》，《满语研究》1997年第1期。

奇车山：《朝鲜语和满语、锡伯语同源词的语音对应规律探析》，《满语研究》1995年第1期。

奇车山：《汉语和满语支语言共同词比较研究》，《语言与翻译》1998年第3期。

奇车山：《满语数词"tofohon"及几个数词探析》，《满语研究》1996年第1期。

奇车山等：《旧清语辞典》，1987年。

清格尔泰：《关于满文字母的六元音的读音》，《清格尔泰民族研究文集》，民族出版社1998年版。

清格尔泰：《满文的读音和转写法》，《满语研究》1995年第1期。

清格尔泰：《满洲语口语语音》，《内蒙古大学学报》1982年专刊。

清濑义三郎则府：《满语腭化音》，《语言研究》，1984年。

清裔：《论满语形动词和动名词》，《满语研究》1991年第2期。

屈六生：《论满语seme的几种常用法及词性》，韩国《阿尔泰学报》2000年总第10期。

屈六生：《论清末八旗学堂的满文教育》，韩国《阿尔泰学报》2001年总第11期。

屈六生：《论清末满语的发展——兼评〈满蒙汉三合教科书〉》，《满语研究》2004年第2期。

屈六生：《满文教材》，新疆人民出版社1991年版。

屈六生：《满语中的多义词、同义词、反义词》，《满语研究》1986年第2期。

屈六生：《满语中的兼类词举隅》，《满语研究》1991年第2期。

屈六生：《试析清代满文档案汉译中的管界问题》，《满语研究》1990年第2期。

全在昊：《18 世纪晚期的〈三译总解〉语汇索引》，庆北大学《语文论丛》，1977 年。

沙林宝：《满语教科书》，蒙古国国立大学，1999 年。

山本谦吾：《关于满语书面语词尾 -mbihe——满语老档满语书面语研究报告 2》，《GK》1950 年第 16 期。

山本谦吾：《关于满语书面语连接形式——名词形容词动词的连接形式》，《GK》1951 年第 17 期。

山本谦吾：《满文老档》，东洋文库，1955—1963 年。

山本谦吾：《满语基础语汇集（人体篇）》，《GK》1960 年第 37 期。

山本谦吾：《满语基础语汇集（衣物篇）》，《迹见学园纪要》1962 年第 1 期。

山本谦吾：《满语基础语汇集（移动、交通篇）》，《GK》，1963 年。

山本谦吾：《满语口语基础语汇集（人体篇）》，东京大学，1969 年。

山本谦吾：《满语口语基础语汇集》，东京外国语大学亚非语言文化研究所，1969 年。

山本谦吾：《满语书面语形态论》，《世界语言概要（下）》1955 年第 17 期。

山本谦吾：《满语学小书目》《迹见学园纪要》1954 年第 1 期。

山本谦吾：《美国的满文图书目录》《言语研究》1953 年第 22 期。

山本谦吾：《意义素假定一例——关于满语书面语的活用性》，《GK》1954 年第 25 期。

山本谦吾：《有圈点满文老档满语书面语研究》，《东方语研究》1947 年第 3 期。

山本守：《满语虚词研究》，《SR》，1935 年。

山崎雅人著、许明玉译：《关于满语文语的变异形态》，《满语研究》1996 年第 1 期。

商鸿逵、刘景宪等：《清史满语词典》，上海古籍出版社 1990 年版。

上原久：《〈满洲实录〉的格助词》，《埼玉大学纪要》，1952 年。

上原久：《〈满洲实录〉的满文校定》，《亚洲语言研究》，1952 年。

上原久：《〈满洲实录〉的满文校定》，《亚洲语言研究》1952 年第 3 期。

上原久：《〈满洲实录〉的满语书面语格助词》，《埼玉大学纪要》1952 年第 2 期。

上原久：《〈满洲实录〉的满语书面语格助词》，《埼玉大学纪要》1952 年第 2 期。

上原久：《关于满语数词》，《语言研究》1956 年第 29 期。

上原久：《关于满语元音和谐》，《AGK》1952 年第 5 期。

上原久：《关于满洲实录中的主语结构》，《国语》1953 年第 2 期。

上原久：《关于满洲实录中的主语结构》，《国语》1953 年第 2 期。

上原久：《论满语接续词及句子以〈满洲实录〉为资料》，《埼玉大学纪要》1958 年第 6 期。

上原久：《论满语无规则变化次——以〈满洲实录〉为资料》，《埼玉大学纪要》1955 年第 4 期。

上原久：《满语无活用性论——以〈满洲实录〉为例》，《人文科学》1955 年第 4 期。

上原久：《满洲实录的满文校定》，《AGK》1952 年第 3 期。

申硕焕：《满韩语 de 之比较研究》，《马山大学人文科学论文集》，1983 年。

神田信夫：《满学五十年》，日本刀水书房，1992 年。

沈微：《清代国书与宝印》，《满语研究》1994 年第 2 期。

沈一民：《入关前清（后金）南略次数考——兼论〈清实录〉之失载》，《满语研究》2007 年第 1 期。

沈原：《论满语判断句》，《满语研究》1989 年第 1 期。

沈原等：《满语元音简论》，《满语研究》1995 年第 1 期。

矢岛直一：《满语 gurun 小考》，1943 年。

双山：《满语构词词缀 -rgi 探源》，《内蒙古民族师范学院》1997 年第 3 期。

司徒：《清代三仙女传说中人名和地名考释》，《满语研究》1987 年第 1 期。

斯达理：《满文本清太祖努尔哈赤〈圣训〉的考证及历史价值初探》，《满语研究》2004 年第 1 期。

斯勒巴特尔：《蒙古语察哈尔土语中的满语借词》，《满语研究》1995年第1期。

嵩克：《满语句子成分的位置》，《满语研究》1992年第1期。

宋和平：《萨满神歌满文浅析》，《满语研究》1995年第2期。

孙伯君：《乾隆敕编九种〈西番译语〉初编本及其定名》，《满语研究》2012年第2期。

孙建冰等：《从满文文献看三仙女传说的演变》，《满语研究》2012年第1期。

孙文良：《满族大辞典》，辽宁大学出版社1990年版。

索德：《满语"入门"》，民族出版社2005年版。

索德：《蒙满语书面语构词词缀比较研究》，中央民族大学研究生院油印本，1988年。

索德等：《蒙满书面语部分构词附加成分比较》，《满语研究》1991年第1期。

唐均：《满语判断标记词及其句法功能》，《满语研究》2005年第1期。

陶克敦巴雅尔：《满蒙古语〈一人称代词比较研究〉（蒙）》，《蒙古语言文学》1993年第2期。

腾绍箴：《"满洲"名称考述》，《民族研究》1996年第4期。

佟加·庆夫：《单清语词典（满汉对照）》，新疆人民出版社1993年版。

佟颖：《〈皇清职贡图〉及其研究》，《满语研究》2009年第1期。

佟颖：《〈皇清职贡图〉满语词汇分析》，《满语研究》2010年第1期。

佟颖：《满语同义连用现象研究——以〈皇清职贡图〉为例》，《满语研究》2012年第1期。

佟永功：《对清末至民国年间呼伦贝尔地方公文中使用满文情况的考察》，《满语研究》2000年第2期。

佟永功：《功在史册：满语满文及文献》，辽海出版社1997年版。

佟永功等：《从满文文献看满语的形动词》，《中央民族学院学报》1985年第3期。

佟永功等：《乾隆朝"钦定新清语"探析》，《满语研究》1995年第2期。

佟永功等：《盛京满文兴衰谈》，《满语研究》1985年第1期。

图门：《满蒙家畜及狩猎用语共有词分析》，中央民族大学研究生院油印本，1988年。

王敌非：《〈满文老档〉词汇探索二题》，《满语研究》2010年第2期。

王敌非：《〈重刻清文虚字指南编〉研究》，《满语研究》2009年第1期。

王敌非：《论〈老乞大〉的满译本》，《满语研究》2012年第2期。

王敌非：《满译〈左传〉词语研究——以〈郑伯克段于鄢〉为例》，《满语研究》2012年第1期。

王敌非：《清代满文读本会话类文献研究》，《满语研究》2010年第1期。

王敌非《满语语气词研究》，《满语研究》2009年第2期。

王昊等：《〈满洲〉名称考释》，《史学季刊》1996年第3期。

王庆丰：《论满语动词的形态变化》，《满语研究》1987年第1期。

王庆丰：《满语（爱辉满语）研究》著，民族出版社2005年版。

王庆丰：《试论满语的元音 o、u、ū》，《满语研究》1986年第1期。

王小红：《浅析满语"be"字在句子中的作用及其汉译方法》，《满语研究》2002年第2期。

王小红：《谈谈满语 sembi、hendumbi、gisurembi 三个"说"字的区别》，《满语研究》2004年第1期。

王小虹：《满文档案汉译浅说》，《满语研究》1998年第2期。

王小虹：《谈满语动词后缀 ci》，《满语研究》2005年第1期。

王忠欢等：《满语教学状况调查报告》，《满语研究》2007年第2期。

威廉姆·罗兹克：《满语逆序词汇》，美国印第安纳大学，1981年。

威廉姆·罗兹克：《满语中的蒙古语成分》，美国印第安纳大学，1994年。

维姬 M.辛尼曼：《关于〈五体清文鉴〉的马皮毛片类词》，华盛顿大学，1995年。

魏·南希·常：《康熙满文诏书选译》，华盛顿大学硕士论文，1984年。

乌拉熙春：《满语读本》，内蒙古人民出版社1985年版。

乌拉熙春：《满语语法》，内蒙古人民出版社1983年版。

乌拉熙春：《满语支语言的松紧元音》，《民族语文》1995年第2期。

乌拉熙春：《满语支语言中的过渡音》，《民族语文》1997 年第 1 期。

乌拉熙春：《满洲语语音研究》，玄文社 1992 年版。

乌兰巴根：《〈元史〉满文翻译和蒙古文翻译的学术意义》，《满语研究》2009 年第 2 期。

乌日根等：《谈满蒙语语音相近词的语义关系》，《满语研究》1991 年第 2 期。

乌云格日勒等：《清代民族语文翻译研究》，《满语研究》2010 年第 1 期。

吴宝柱：《论满语颜色词》，《满语研究》1992 年第 2 期。

吴宝柱：《满蒙古语数词比较研究》，《蒙古语言文字》1993 年第 4 期。

吴宝柱：《满语方位词词根辨析》，《满语研究》1994 年第 2 期。

吴宝柱：《满语方位词附加成分辨析》，《满语研究》1996 年第 2 期。

吴宝柱：《满语附加成分的分类及其特点》，《满语研究》1992 年第 1 期。

吴宝柱：《满语附加成分的语义结构分析》，《满语研究》1991 年第 1 期。

吴宝柱：《试论满语复合词的语义结构》，《满语研究》1991 年第 2 期。

吴碧宇：《满语疑问标记分类及其功能研究》《满语研究》2008 年第 2 期。

吴雪娟：《从满文档案看五大连池火山》，《满语研究》1998 年第 2 期。

吴雪娟：《东北边疆满文档案研究》，《满语研究》2008 年第 2 期。

吴雪娟：《论满文翻译的可译性限度》，《满语研究》2003 年第 2 期。

吴雪娟：《论满文翻译的历史与现状》，《满语研究》2005 年第 1 期。

吴雪娟：《论满文翻译观》，《满语研究》2005 年第 2 期。

吴雪娟：《满文翻译研究》，民族出版社 2006 年版。

吴雪娟：《满文文献研究》，民族出版社 2006 年版。

吴雪娟：《满语地名"兴安"及其语义辨析》，《满语研究》2009 年第 2 期。

吴雪娟：《满语谜语浅谈》，《满语研究》1994 年第 1 期。

吴雪娟：《满语文教学思索——以黑龙江大学为例》，《满语研究》2010 年第 2 期。

吴雪娟：《清代满文舆图概述》，《满语研究》2006 年第 2 期。

吴雪娟：《试析满族人名与文化》，《满语研究》2004 年第 1 期。

吴雪娟：《谈清代满文档案中的公文套语》，《满语研究》1992 年第 1 期。

吴雪娟：《五大连池满语地名考释》，《满语研究》2008 年第 1 期。

吴雪娟：《有关五大连池火山爆发历史的满文档案》，《北方文物》1998 年第 2 期。

吴雪娟等：《满语第六元音研究》，《满语研究》2009 年第 2 期。

吴元丰：《黑龙江地区柯尔克孜族历史满文档案及其研究价值》，《满语研究》2004 年第 1 期。

吴元丰：《论满语复句》，《满语研究》1989 年第 1 期。

吴元丰：《清代军机处满文月折包及其史料价值》，《满语研究》2007 年第 1 期。

吴元丰：《清代理藩院满蒙文题本及其研究价值》，《满语研究》2012 年第 2 期。

吴元丰：《清代内阁满文档案述略》，《满语研究》1997 年第 1 期。

吴元丰：《清代新疆历史满文档案概述》，《满语研究》2010 年第 2 期。

细谷良夫：《〈折奏成语〉满语索引》，Bunkeironsō 1979 年第 4 期。

小仓进平等、藤冈胜二译：《满文老档》，岩波书店 1937 年版。

小堀严：《爱辉附近的满语》，《民族学研究》1949 年第 2 期。

晓春：《〈蒙汉合璧五方元音〉研究》，《满语研究》2011 年第 2 期。

晓春：《满语否定动词 akuu 的语义及起源》，《中央民族大学学报》2002 年第 6 期。

晓春：《蒙古语联系助动词 ge 和满语联系助动词 sembi 的比较研究》，《满语研究》2001 年第 1 期。

肖可：《满语动词使动态、被动态补谈》，《满语研究》1993 年第 1 期。

肖可：《满语同义词的辨析与运用》，《满语研究》1991 年第 1 期。

肖可：《颜色词"白色"的民族文化内涵义》，《满语研究》1995 年第 1 期。

新村出：《长崎唐通史的满语》，《新村出全集》1914 年第 3 期。

新村出：《长崎唐通史的满语学》，《艺文》，1917 年。

新村出：《高桥景保得满语学》，《新村出全集》1914 年第 3 期。

新村出：《满语学史料补遗》，《新村出全集》1914 年第 3 期。

新村出：《满语学史料补遗》，《艺文》，1914 年。

新村出：《日本满语学史料部分内容》，《新村出全集》1914 年第 3 期。

新疆人民出版社编：《清代满语文启蒙教材合编〈满语入门〉》，新疆人民出版社 1989 年版。

徐莉：《北京地区满文图书概述》，《满语研究》2004 年第 1 期。

徐莉：《满文〈四书〉修订稿本及其价值》，《满语研究》2008 年第 1 期。

徐小慧：《齐齐哈尔满文文献、档案调查报告》，《满语研究》2003 年第 1 期。

薛莲：《大连图书馆馆藏满文〈新约全书〉考略》，《满语研究》2008 年第 1 期。

雅路：《满文档案翻译工作中的几个问题》，《满语研究》1991 年第 2 期。

阎崇年：《满文的创制与价值》，《故宫博物院院刊》2002 年第 2 期。

阎崇年：《满文——中西文化交流的桥梁》，《中外文化交流》1996 年第 1 期。

阎立新：《大连图书馆馆藏满文文献概述》，《满语研究》2004 年第 1 期。

杨惠滨：《满语研究灰色文献若干问题刍议》，《满语研究》2006 年第 2 期。

尹铁超：《"嘎仙"语义考》，《满语研究》2000 年第 2 期。

印丽雅：《京剧〈请清兵〉满语唱词译释》，《满语研究》1996 年第 1 期。

永志坚：《满汉合璧六部成语》，新疆人民出版社 1990 年版。

于鹏翔：《论满文元音字母的相变》，《满语研究》1990 年第 2 期。

于鹏翔：《满文辅音字母的原形研究》，《满语研究》1993 年第 1 期。

羽田亨：《满和辞典》，京都满蒙调查会，1937 年。

羽田亨：《清文鉴满语的日文解释与翻译》，《东洋史研究》1936 年第 1 卷第 6 号。

鸳渊一：《满语满文及满族文学》，《东洋文化史大系》，1938 年。

早田辉洋、寺村正男：《大清全书》，东京外国语大学亚非所，2002 年。

早田辉洋：《〈满文金瓶梅〉里的满语书面语的有关形容词》，《文学研究》，

早田辉洋：《〈满文金瓶梅〉里的满语书面语的有关形容词》，《文学研究》，

早田辉洋：《从满语及日语语音史思考语音变化及原有语音体系的保持》，日本研究，1993 年第 13 期。

早田辉洋：《电脑处理满文资料》《亚非语法研究》1996 年第 25 期。

早田辉洋：《分析满语单词的语义结构》，《月刊语言》1995 年第 9 期。

早田辉洋：《关于〈满文金瓶梅〉里的满语书面语 juken 》，《九州大学语言学研究报告》总第 11 期。

早田辉洋：《关于〈满文金瓶梅〉里的满语书面语单数和复数关系》，《九州大学语言学研究报告》总第 10 期。

早田辉洋：《关于〈满文金瓶梅〉里的满语书面语反映的近代汉语》，《语言教育研究论丛》总第 13 期。

早田辉洋：《关于满语书面表示"只"之意的一些单词的分析》，《内陆亚语言研究》1999 年第 14 期。

早田辉洋：《关于满语书面语中的两种 tere 的用法》，《亚非语法研究》1996 年第 25 期。

早田辉洋：《满文金瓶梅序文译注》，《亚非语法研究》1994 年第 23 期。

早田辉洋：《满文金瓶梅译注》，1998 年。

早田辉洋：《满文金瓶梅译注第 1 至第 10 章》，《语言教育》2000 年第 3 期。

早田辉洋：《满文金瓶梅译注第 11 至第 15 章》，《语言教育》2000 年第 4 期。

早田辉洋：《满语书面语的"理由+命令"之句子结构》，《韩国阿尔泰学报》1995 年总第 5 期。

早田辉洋：《满语元音体系》，《满语书面语、满语口语、近代汉语比较对照研究报告书》，2002 年。

扎哈洛夫：《满语语法》，1879 年。

扎昆等：《谈满文中人名的写法》，《满族研究》1995 年第 3 期。

扎昆译著：《咸丰九年三姓八旗人丁户口册（一）》《满语研究》2009 年第 1 期。

张虹：《简论乾隆帝对完善满语文的贡献》，《满语研究》2002 年第 1 期。

张虹：《老满文改革的初始时间》，《满语研究》2006 年第 2 期。

张虹等：《乾隆朝〈钦定新清语〉（一）、（二）、（三）》，《满语研究》1993 年第 2 期、1994 年第 2 期、1995 年第 2 期。

张莉：《简论满文的创制与改进》，《满语研究》1998 年第 1 期。

张玉：《论满语祈使句》，《满语研究》1990 年第 1 期。

章宏伟：《〈清文翻译全藏经〉丛考》，《满语研究》2008 年第 2 期。

赵阿平、朝克等：《黑龙江现代满语研究》，黑龙江教育出版社 2001 年版。

赵阿平：《论满语词的构成》，《满语研究》1989 年第 2 期。

赵阿平：《论满语词汇的特点》，《满语研究》1990 年第 1 期。

赵阿平：《论满语特有词语的翻译》，《语言与翻译》1994 年第 2 期。

赵阿平：《满汉谚语语义辨析》，《满语研究》1992 年第 1 期。

赵阿平：《满语多义词与同音词的辨别及运用》，《满语研究》1991 年第 2 期。

赵阿平：《满语教学与研究中的文化因素问题》，《中央民族大学学报》1994 年第 4 期。

赵阿平：《满语语义文化内涵探析（一）》，《满语研究》1992 年第 2 期。

赵阿平：《试论满语词的组合类型》，《满语研究》1989 年第 1 期。

赵阿平：《谈虚词 de 与 ci 在满语书面语中的用法》，《满语研究》1988 年第 2 期。

赵阿平等：《萨布素家族与〈付察哈拉家谱〉的初步调研报告》，《满语研究》1997 年第 2 期。

赵冰：《满语动词体研究》，《满语研究》2012 年第 2 期。

赵杰：《北京话的满语底层和〈轻音〉儿化探源》，北京燕山出版社 1996 年版。

赵杰：《满语对北京语音的影响》，《满语研究》2002 年第 1 期。

赵杰：《泰来满语语音位解析》，《满语研究》1987 年第 1 期。

赵金纯：《初探三家子满语中动词"时"的表示法》，《满语研究》1986年第1期。

赵奎泰：《〈八岁儿〉满语书面语研究》，韩国庆北师范大学《国语教育研究》，1981年。

赵奎泰：《〈三译总解〉满语书面语研究》，《刘昌君博士花甲纪念论文集》，1984年。

赵奎泰：《满语书面语词缀 -fi 的语法功能和意义》，《赵奎泰教授花甲纪念》，《国语学论丛》，1982年。

赵令志：《满语副动词 fi 与 pi 浅析》，《满语研究》2006年第1期。

赵令志：《清代满汉合璧字辞书及其作用探析》，《满语研究》2009年第2期。。

赵盛利：《辩析满语的多种复句》，《满语研究》1989年第2期。

赵盛利：《辩析满语的主动态、被动态和使动态》，《满语研究》1989年第1期。

赵维和等：《辽东满族望族八大姓姓氏探源》，《满族研究》1996年第1期。

赵展：《满汉合璧剧本〈烟鬼叹〉刍议》，《满语研究》2000年第2期。

赵振纪：《清史国语解》，《学艺》1936年第4期。

赵志强：《〈旧清语〉研究（一）、（二）、（三）、（四）》，《满语研究》1990年第2期、1991年第2期、1992年第1期，第1993年第1期。

赵志强：《〈旧清语〉研究》，北京燕山出版社2002年版。

赵志强：《八旗满汉称谓解读》，《满语研究》2006年第1期。

赵志强：《从〈清文启蒙〉看清代前期满族人的双语使用》，《满语研究》2000年第1期。

赵志强：《简论满语动词的体》，《满语研究》2009年第1期。

赵志强：《老满文研究》，《满语研究》2003年第2期。

赵志强：《论满语的 akū——兼与锡伯语比较》，《满语研究》2007年第2期。

赵志强：《满语动词的连用形式与副动形式》，《满语研究》2000 年第 1 期。

赵志强：《满语动词过去时新解》，《满语研究》2002 年第 1 期。

赵志强：《清代的满语研究》，《北京社会科学》1993 年第 1 期。

赵志强：《清代满族曲艺子弟书的语言特点》，《满语研究》1990 年第 1 期。

赵志忠：《清代文学作品中的满语词》，《满语研究》1995 年第 2 期。

赵志忠：《试析满族亲属称谓》，《满语研究》2005 年第 1 期。

赵志忠：《谈满语动词 arambi》，《满语研究》2002 年第 1 期。

郑天挺：《清史满语解》，《真理杂志》1944 年第 1 期。

中岛干起：《关于电脑分析〈御制增订清文鉴〉之研究》，韩国《阿尔泰学报》1995 年总第 5 期。

中岛干起：《满语语言学及文献学研究》，《语言文化接触研究》，东京外国语大学亚非所，1993 年。

中岛干起：《清代中国语满语词典》，东京外国语大学亚非所，1999 年。

中岛干起《满语的实词化》，《满语研究》2005 年第 1 期。

庄吉发：《满汉异域录校注》，台北文史哲出版社 1983 年版。

庄吉发：《清语老乞大》，台北文史哲出版社 1976 年版。

邹兰欣：《简达乾隆时期的满语文的推广、应用及发展》，《满族研究》2001 年第 1 期。

邹兰欣：《满文篆书简论》，《满语研究》1986 年第 1 期。

佐藤文比古：《清朝初期的满语字碑》，《满洲史学》1937 年第 1 期。

二　满语综合性研究及比较研究论著索引

阿里克桑德尔：《通古斯诸语语法教科书》，1856 年。

爱新觉罗·瀛生：《北京土话中的满语》，北京燕山出版社 1993 年版。

爱新觉罗·瀛生：《谈谈满语的京语》，《满语研究》1987 年第 1 期、

2004 年第 1 期。

安成山、郭阮儿：《锡伯语满语口语基础》，新疆人民出版社 2007 年版。

安成山：《锡伯族与满语文》，《满语研究》1997 年第 2 期。

安俊：《锡伯语言文字乃满语满文的继续》，《满语研究》1985 年第 1 期。

敖特根其其格：《论语义分析对确定同源词的作用——以蒙古语族和满-通古斯语族语言为例》，《满语研究》2006 年第 2 期。

巴达荣嘎：《满蒙语的互相影响》，《满语研究》1989 年第 2 期。

巴达荣嘎：《满语与达斡尔语的关系》，《满语研究》1993 年第 2 期。

巴根：《清代满蒙翻译考略》，《满语研究》2004 年第 1 期。

白立元：《满汉词义的对比与翻译》，《满语研究》1989 年第 2 期。

白立元：《谈〈翻译转换法〉在满译汉中的运用》，《满语研究》1988 年第 1 期。

彼德格勒公共图书馆编：《彼德格勒公共图书馆所藏满文资料汇编》，列宁格勒，1991 年。

波·索德：《蒙古语巴尔虎土语中的满语借词》，《满语研究》2009 年第 2 期。

波·索德：《蒙古语科尔沁土语中的满语借词考》，《满语研究》2005 年第 2 期。

布村一夫：《满语史》，《满铁调查月报》，1943 年。

昌盛：《满语与锡伯语关系刍议》，《中央民族大学学报》1991 年第 1 期。

长田夏树：《满语和女真语》，《神户语言学会报》1949 年第 1 期。

朝克：《〈黑龙江志稿〉呼伦县和室韦县的地名考释》，《民族研究》1993 年第 1 期。

朝克：《〈黑龙江志稿〉有关地名探源》，《满学研究》，1994 年。

朝克：《达斡尔语中的满-通古斯语借词》，《民族语文》1988 年第 4 期。

朝克：《鄂温克语和满语同源词的语音对应规律》，《中央民族学院学报》1988 年第 5 期。

朝克：《关于芬兰萨米语和满通古斯语的共有词》，北京萨米语言文化国际讨论会论文，1998年。

朝克：《关于满-通古斯语族语言的分类》，《世界民族》2000年第3期。

朝克：《关于满通古斯诸语的辅音结构》，《满语研究》1995年第1期。

朝克：《论达斡尔语中的满通古斯语借词》，《民族语文》1988年第4期。

朝克：《论满-通古斯语形容词的级》，《内蒙古大学学报》1990年第2期。

朝克：《论满通古斯诸语的音变规则》，《满语研究》1996年第2期。

朝克：《论满通古斯诸语言的历史研究》，《黑龙江民族丛刊》2000年第4期。

朝克：《论满通古斯诸语研究的理论意义》，《鄂温克研究》1999年第2期。

朝克：《论日本阿夷奴语和满通古斯诸语的有关名词——与社会及生活用品有关的几个名词》，《满语研究》1994年第1期。

朝克：《论印第安语诸语和满通古斯诸语中共有的宗教称谓》，《民族研究》1998年第6期。

朝克：《满通古斯语族语言比较研究》，民族出版社1997年版。

朝克：《满通古斯语族语言词源研究》，中国社会科学出版社 2014年版。

朝克：《满通古斯语族语言研究史论》，中国社会科学出版社 2014年版。

朝克：《满-通古斯诸语比较研究》，民族出版社1997年版。

朝克：《蒙古语和满通古斯诸语代词比较研究》，《内蒙古大学国际蒙古学会议论文简介》，内蒙古大学出版社1998年版。

朝克：《中国满通古斯语族语言词汇比较》，中国社会科学出版社2014年版。

成百仁：《韩国语和满通古斯语族语言比较研究——现状以及有关问题》，《大东文化研究》1990年第24期。

成百仁：《满语和阿尔泰语学研究》，太学社1999年版。

成百仁:《满语和阿尔泰诸语研究文集》,太学社1999年版。

成百仁:《满语书面语的形成过程》,《国语醇化的路》,1978年。

成百仁:《蒙古文和满文》,《国语生活》1985年第3期。

池上二郎:《通古斯满洲诸语资料译注》,北海道大学图书刊行会,2002年。

出村良一:《满通古斯语由动词转化的后续词》,《东洋学报》1930年第3/4期。

出村良一:《满通古斯语元音考察》,《日本研究》1932年第3期。

达古拉:《辨别满语的蒙古语借词和同源词的方法和原则》,《内蒙古大学学报》2002年第3期。

邓天红:《谈清代史籍中"满名汉字音译"问题》,《满语研究》1991年第1期。

东京外大亚非所:《论蒙古语和满语的共同构词成分》,《语言文化接触》,1993年。

方汇:《黑龙江省满语研究所概况》,《满语研究》1992年第1期。

冯璐:《满族人名的历史特征分析》,《满语研究》2010年第2期。

傅莉莉等:《试论民族基地与语言兴衰的关系——满语衰亡原因考证之一》,《松辽学刊》2000年第5期。

高尔茄瓦斯卡雅:《通古斯语满语动名词概论》,列宁格勒,1959年。

高娃:《满蒙汉谚语语义比较》,《满语研究》2005年第1期。

高娃:《满语蒙古语比较研究》,中央民族大学出版社2005年版。

共由:《满语地名翻译的同音同形异义问题》,《满语研究》1994年第1期。

郭孟秀编:《满通古斯语言与历史研究》,民族出版社2006年版。

哈勘楚伦、胡格金台:《达斡尔语与满蒙古语异同比较》,台北学海出版社1977年版。

哈斯巴特尔:《女真语与满语的关系》,《满语研究》2008年第2期。

河野六郎:《从语言学角度看朝鲜和满族关系》,《朝鲜》,1941年。

河野六郎:《黑河满语的特点——朝鲜语及满语比较研究报告》,《学严》，1944年。

贺灵主编：《锡伯族民间传录清代满文古典译著辑存》，新疆人民出版社2011年版。

贺灵主编：《锡伯族民间散存清代满文古典文献》，新疆人民出版社2008年版。

黄定天：《论俄国的满学研究》，《满语研究》1996年第2期。

黄定天：《苏联的满学研究》，《满语研究》2000年第2期。

黄新亮：《满语借词与满族习俗变迁浅议》，《满语研究》2007年第1期。

季永海：《论汉语中的满语借词》，《满语研究》2006年第1期。

季永海：《满-通古斯语族通论（上）（下）》，《满语研究》2003年第1期、2003年第2期。

季永海：《满语鄂伦春语名词比较研究——兼谈语言发展的普遍规律》，《中央民族大学学报》2006年第6期。

季永海等：《满语研究中的一些问题》，《满语研究》1986年第2期。

今西龙：《关于满语》，《支那问题》1924年第28期。

今西龙：《满语》，Seikyūsessō 1931年第2期。

今西龙：《满语之话》，《青丘论丛》1931年第2期。

金秉义：《韩语和满语格功能比较研究》，晓星女子大学，1982年。

金东昭：《女真语满语研究》，新世界出版社1993年版。

金宁：《满语与锡伯语之间的关系》，美国华盛顿大学，1994年。

金周源等：《朝鲜王朝实录的女真语和满语》，韩国《阿尔泰学报》2004年总第14期。

津曲敏郎、冈田宏明：《赫哲语的形态特征和满语的影响》，北海道大学文学部，1993年。

久堡智之：《满语书面语、满语口语、近代汉语比较对照研究》，九州大学，2002年。

卡丽娜：《论满通古斯诸语的格形态及功能》，《满语研究》1995年第2期。

Ki-moonlee：《韩国语中的满通古斯语借词》，韩国《阿尔泰学报》1991

年总第 3 期。

黎艳平：《满译汉浅谈》，《满语研究》1989 年第 2 期。

李基文：《满韩文结构共性研究》，汉城大学，1951 年。

李基文：《满韩语比较研究》，威斯巴登，1958 年。

李树兰等：《富裕满语和锡伯语》，《语言与翻译》1992 年第 4 期。

李树兰等：《富裕满语和锡伯语（续）》，《语言与翻译》1993 年第 1 期

李树兰等：《满-通古斯语言语法范畴中的确定/非确定意义》，《民族语文》1988 年第 4 期。

刘景宪：《韩国语和满通古斯语族语言比较研究——现状以及有关问题》，《大东文化研究》1990 年第 24 期。

刘景宪：《满通古斯语言、文化研究的新进展》，《满语研究》1996 年第 2 期。

刘景宪等：《满通古斯语研究的一部杰作——评价 D.O.朝克新著〈鄂温克语研究〉》，《满语研究》1997 年第 1 期。

马彪：《哈尔滨方言状态词缀的类型学特征——兼与周边的满语等语言对比》，《满语研究》2009 年第 1 期。

毛汶：《满文汉化考略》，《国学论衡》1937 年第 9 期。

米吉德道尔基：《蒙古语满语书面语比较》，1976 年。

穆鸿利：《女真语与满语之比较研究》，《满语研究》1995 年第 1 期。

牛汝极等：《一部接触语言学理论的力著——赵杰〈北京话的满语底层和"轻音""儿化"探源〉评介》，《满语研究》1999 年第 2 期。

清濑义三郎则府：《从女真语到满语腭化音和谐现象的消失》，《国际阿尔泰学论文集》，威斯巴登，1997 年。

清濑义三郎则府：《从女真语到满语方言的谱系关系》，《中亚学》1998 年第 42 期。

清濑义三郎则府：《关于女真和满语舌面音和小舌音》，《国际阿尔泰学论文集》，威斯巴登，1996 年。

清濑义三郎则府：《满语和蒙古语谚语表述中反映出的近代朝鲜语的 e

音》,《朝鲜语言学》(卷3),国际朝鲜语学学会,1983年。

清濑义三郎则府:《女真方言和满语书面语之间的系统关系》,《中亚学》2000年第44期。

清濑义三郎则府:《女真语满语的 q、γ、χ 音》,《国际阿泰学会学报》,1996年。

任世铎:《无圈点字书》,1987年。

任玉函:《"哏叨"探源》,《满语研究》2012年第2期。

三上香哉:《满语和日语》,《每日新闻》,1973年。

石滨纯太郎:《满蒙古语系统》,《岩波讲座东洋思潮》1934年第5期。

斯琴巴特尔:《蒙古语中满语借词 ombolo 及其相关问题探析》,《满语研究》2009年第2期。

佟加·庆夫:《论满语文对锡伯语文的传承作用》,《满语研究》1993年第2期。

佟克力:《论锡伯族继承和使用满语满文的社会历史背景》,《西域研究》2002年第4期。

王岸英:《〈语言大典〉介绍》,《满语研究》1991年第2期。

王会银:《浅论清代满族改操汉语问题——兼谈满汉民族关系》,《中央民族学院学报》1991年第4期。

乌拉熙春:《从名词复数后缀、格后缀的异同看满洲语与女真语的关系》,《满语研究》2006年第2期。

乌日根:《满语借用汉语的方式和方法》,《满语研究》1992年第1期。

吴雪娟:《满语地名"兴安"及其语义辨析》,《满语研究》2012年第2期。

吴雪娟:《五大连池满语地名考释》,《满语研究》2008年第1期。

徐俐力、张泰湘:《论女真语、满语在东北史研究中的作用》,《满语研究》2001年第2期。

杨惠滨:《入关前满族语言中的物质经济文化基因》,《满语研究》2001年第1期。

野村正良：《有关满语信息》，《语言研究》1941年第9期。

毅松：《达斡尔族的满文私塾》，《满语研究》1999年第2期。

羽田亨：《清文鉴满语的日文解释与翻译》，《东洋史研究》1936年第1期。

鸳渊一：《满语》，《亚洲问题讲座》，1939年。

早田辉洋：《北京锡伯族满语口语资料》，《九州大学同窗会会报》总第28期。

张丹：《浅谈汉文化对满语言文化兴衰的影响》，《黑龙江史志》2002年第2期。

张嘉鼎：《北京现存满语杂记》，《满语研究》1989年第2期。

张杰：《清代满族语言文字在东北的兴废与影响》，《北方文物》1995年第1期。

张晰：《从语言特征谈我国满-通古斯语言的分类》，《满语研究》1995年第1期。

赵阿平：《满通古斯语言与萨满文化论略》，《民族语文》1996年第3期。

赵阿平：《满语教学与研究中的文化因素问题》，《中央民族大学学报》1994年第4期。

赵阿平：《满族语言文化教学方略》，《满语研究》2003年第1期。

赵阿平：《满族语言与历史文化》，民族出版社2006年版。

赵阿平：《中国满-通古斯语族语言文化研究及发展》，《满语研究》2004年第2期。

赵阿平编：《满通古斯语言与文化研究》，民族出版社2006年版。

赵阿平等：《21世纪满通古斯语言文化研究的新发展》，《满语研究》2001年第2期。

赵阿平等：《濒危满语、赫哲语格、时形态探析》《满语研究》2007年第2期。

赵阿平等：《满-通古斯语言与萨满文化（一）（二）（三）》，《满语研究》1997年第1期、1998年第1期、1998年第2期。

赵阿平等:《满通古斯语族语言文化抢救调查——富裕县三家子满族语言文化调查报告》,《满语研究》2002年第2期。

赵阿平等:《满通古斯语族语言文化抢救调查——五常、阿城满族语言文化现状考察报告》,《满语研究》2002年第1期。

赵阿平等:《满通古斯语族语言文化抢救调查——新疆察布查尔县锡伯族语言文化调查报告》,《满语研究》2003年第2期。

赵阿平等:《满语、赫哲语濒危原因对比探析》,《满语研究》2007年第1期。

赵阿平主编:《满通古斯语言文化研究文库》,民族出版社2004年版。

赵杰:《北京香山满语底层之透视》,《中央民族学院学报》1993年第1期。

赵杰:《满汉对照口语译例——老汗王起家》,《满语研究》1990年第2期。

赵杰:《满语、朝鲜语语音对应规律探拟》,《第二届国际满学研讨会论文集》(下),1999年。

赵杰:《满语词与朝鲜语语系归属》,《满语研究》1999年第1期。

赵杰:《满语的变化》,《中央民族学院学报》1987年第4期。

赵杰:《满族话与北京话》,辽宁民族出版社1996年版。

赵杰:《融合过程中的满语和汉语》,《满语研究》1993年第1期。

赵杰:《现代满语研究》,民族出版社1989年版。

赵杰:《现代满语与汉语》,辽宁民族出版社1993年版。

赵振才:《通古斯-满语与文化(一)、(二)、(三)、(四)、(五)、(六)、(七)、(八)》,《满语研究》1986年第1期、第2期,1987年第1期,1988年第1期,1989年第1期,1990年第1期,1991年第1期,1992年第1期。

赵振纪:《北京话中的满语成分》,《华周刊》1934年第3期。

赵志强:《论满语的akū——兼与锡伯语比较》,《满语研究》2007年第2期。

赵志忠:《满语与赫哲语之比较》,《满语研究》2003年第2期。

赵志忠：《清代满族曲艺子弟书的语言特点》，《满语研究》1990 年第 1 期。

中国第一历史档案馆、鄂温克旗古籍整理办公室合编：《清宫珍藏海兰察满汉文奏折汇编》，辽宁民族出版社 2008 年版。

周庆生：《中国满通古斯诸语社会语言学研究六十年》，《满语研究》1994 年第 1 期。

周澍田等：《论满族语言文字的演变》，《满语研究》1998 年第 2 期。

后　记

　　经过几十年的科研和教学工作实践积累，并在极其丰富的资料基础上，我终于完成了这本《清代满语言文字研究概论》教材书稿，心里确实感到很高兴。我们深深地懂得，开展冷门绝学领域科研工作，特别是撰写经300年历史岁月留下浩如烟海的文献资料之清代满语满文研究概论，确实是一件很不容易的事情。如果不懂或搞不清有关清代满语满文研究历史，不熟悉过去人们在此学术领域所做的科研工作及其成果，那么根本就没有能力完成该教材的撰稿工作。所以，人们常说，吐故纳新、温故知新、古为今用，首先要吃透或弄通前人的科研工作，才能够按部就班地顺利完成总结性、全面性的研究概论。因此，我们必须认真而虚心地静下心来带着学习和探索的治学态度，带着深思和发展的眼光，去读前人撰写和发表的研究成果，哪怕是文献资料或者是调研日志，我们都应该好好读，科学地汲取营养，充实我们的知识世界、拓展我们的知识视野、强化我们的知识结构、打牢我们的知识理论基础。毫无疑问，人类文明的进步，包括科学技术的发展，要求我们与时俱进地不断提高科学研究理论水平。不过，我们也应该理性地承认，前人付出的巨大努力和取得的学术成绩，为我们今天和未来不断推动科学研究事业具有极其重要的现实意义和长远学术理论价值。当然，在这一科学研究道路上，还有许多坎坷与曲折，也有许多挑战和必须面对的一系列学术问题。对于过去取得的学术成绩和成果，我们必须用辩证唯物主义理论视角客观而辩证地看待和开发利用，这样我们才能更好地选定各项研究课题，以及明确把握研究目标和方向，真正意义上做好科学研究工作，拿出优秀且经得起历史考验的学术成绩。

出于以上思考，于 2004 年本人牵头实施中国社会科学院 B 类重大项目"中国民族语言文字研究史论"，目的就是帮助从事民族语言文字研究的年轻学者，充分而熟练掌握前人研究成果，更好地开展各自承担的科研工作。那么，伴随该项课题的结束，参加项目的中青年学者们，对于各自学科的历史发展有了较全面的了解和认识，进而对于他们现在或将来的研究奠定了较扎实的学术理论基础。该项目成果，结项时被评为优秀，并经反复多次修改补充变成三卷四册（第一卷"北方卷"、第二卷"南方卷——上、下两册"、第三卷"索引卷"）研究成果，由中国社会科学出版社于 2013 年出版。这套书梳理了古今中外对我国民族语言文字研究的科研成果和学术理论观点，也为今后的我国民族语言文字研究事业奠定了雄厚基础，为我国民族语言文字研究人才的培养提供了一套十分重要的历史读本。在该项重大项目里，本人也承担并完成包括清代满语在内的满通古斯语族语言文字研究史的撰写任务。这项科研工作任务的完成，给今天撰写《清代满语言文字研究概论》同样打下坚实基础，提供了相当理想的前提条件。换言之，该书也就是在前期积累和前面提到的科研成果基础上再做补充修改，并遵循编写教材的格式和要求，以及教学课程设计与安排编写完成。当然，教材里增加了不少新的教学内容。

尽管本人为了写好这本书做出很大努力，但对清代满语的一些研究及其成果未能进行更深的分析研究和全面阐述。特别是对于清代满语满文及其满文历史文献研究及其成果，应该还需要展开更为深入广泛而全面系统的讨论和讲解。另外，清代满语满文研究成果里，由于历史条件及所处的社会环境和年代的不同，不同专家学者在不同的研究成果中，对于某一个学术问题提出不同的学术观点和看法。甚至同一个专家在不同时期，对同一个学术问题展开的讨论出现有所不同的结论。而且，有些学术观点出现相互矛盾或冲突现象。该书对这些学术问题做了必要的梳理或调整，同时回避了一些尖锐的冲突性学术问

后　记

题和矛盾。尤其是对清代历史文献资料及其研究成果中，涉及赞美封建王朝制度的内容全部删除。此外，为了让学生们更好更理想地掌握教学内容，以及清代满语满文同清代历史文献研究的内在关系和学术脉络，对于前人研究及其成果里出现的复杂难懂的学术问题或相关内容，严格按照教学工作要求和目的做了言简意赅又通俗易懂的解释。

如同任何科研成果都追求最完美的结局一样，本人同样带着这样的心愿和治学态度完成了本书的撰写工作。但是，我认为本书还存在不少不足之处。对此，本人想在以后的教学和科研工作实践中不断完善和提高教材内容。在这里，诚恳希望学术同仁提出宝贵批评意见。

朝克
2024 年 8 月北京